Karte: A. Skowronski

Jetsun Pema
in Zusammenarbeit mit Gilles Van Grasdorff

ZEIT DER DRACHEN
Die Autobiographie
der Schwester des Dalai-Lama

Aus dem Französischen
von Veronika Cordes

Hoffmann und Campe

Die Originalausgabe erschien unter dem Titel
Tibet, mon histoire beim Verlag Ramsay, Paris

Die Deutsche Bibliothek – CIP-Einheitsaufnahme
Padma <rJe-btsun>:
Zeit der Drachen : die Autobiographie der Schwester des
Dalai-Lama / Jetsun Pema. Aus dem Franz. von Veronika Cordes.
– 1. Aufl. – Hamburg : Hoffmann und Campe, 1997
Einheitssacht.: Tibet <dt.>
ISBN 3-455-11185-8

Copyright © 1996 by Editions Ramsay, Paris
Für die deutsche Ausgabe
Copyright © 1997 by Hoffmann und Campe Verlag, Hamburg
Schutzumschlaggestaltung: Buchholz, Hinsch, Hensinger
unter Verwendung eines Fotos von Ernst Haas/Magnum/FOCUS
Satz: Dörlemann Satz, Lemförde
Druck und Bindung: Clausen & Bosse, Leck
Printed in Germany

Den Kinder Tibets
sowie all denen, die sie unterstützen
und ihrem Leben wieder einen Sinn gegeben haben.

INHALT

VORWORT
VON ELIE WIESEL

Das Drama des tibetischen Volkes, das von China unterdrückt wird, kann und darf niemanden unter uns gleichgültig lassen. Wir dürfen seine Leiden weder durch Schweigen noch durch Resignation vergrößern. Die Tibeter haben ein Recht auf ihre religiöse Freiheit, auf ihre Vorstellung vom Glück und auf die Verwirklichung ihres eigenen Schicksals, so wie alle anderen zivilisierten Gemeinschaften der Welt. Dies ist die Botschaft von Jetsun Pema, die uns in ihrer menschlichen Wahrheit und in ihrer Entschlossenheit, niemals vor der Stärke und dem Gesetz der Eroberer zurückzuweichen, ergreift.

Ich kenne den ehrwürdigen Bruder von Jetsun, den Dalai-Lama, der mich mit seiner Freundschaft ehrt und dessen Spiritualität in religiösen und kulturellen Kreisen bewundert wird, überall dort, wo man an die Würde des Menschen glaubt. Wir wissen seit langem, welche schwere und ungerechte Prüfung Tibet durchmacht. Aber erst durch den Dalai-Lama habe ich erfahren, wie ihr gewaltloses und dennoch niemals verzagtes Gesicht aussieht.

Warum besteht eine große Nation wie China darauf, die Hoffnungen des kleinen tibetischen Volkes zu ersticken, eines Volkes, das sich in seiner Vorstellung der menschlichen Geschichte mehr auf die Göttlichkeit beruft als auf die Politik? Versteht die chinesische Führung nicht, daß sie wenig zu verlieren und viel zu gewinnen hätte, wenn sie seine geistige Souveränität achten würde?

Bei unserer ersten Begegnung fragte mich der Dalai-

9

Lama nach dem Geheimnis oder dem Mysterium, die das Überleben des jüdischen Volkes ausmachen. Er interessierte sich dafür, weil er eine frappierende Ähnlichkeit in der Geschichte unserer beiden Völker sah. Seiner Meinung nach erleidet das tibetische Volk heute das Exil, das das jüdische Volk seit zweitausend Jahren kennt. Die Frage, die er den Juden stellt, ist einfach: »Werden Sie, die kein Feind je vernichten konnte, uns die Lehre ihrer Existenz vermitteln?« Ihm, dem großen geistigen Führer der Tibeter, verdanken wir eine Annäherung, die, wenn nicht aus den religiösen Dogmen, so doch wenigstens aus der Gemeinschaft der Gläubigen rührt.

So ungefähr verstehe ich den Sinn des Zeugnisses, das Jetsun Pema in dieser Autobiographie ablegt.

Sie berichtet von ihrer Ausbildung in Indien, in der Schweiz und in England, bevor ihr Bruder sie mit der Erziehung der tibetischen Flüchtlingskinder betraut. Für sie gibt es keine wichtigere Aufgabe, als diese Kinder, die weder Vergangenheit noch Zukunft haben, an Körper und Geist am Leben zu erhalten. Um sich ihnen mit ganzer Kraft zu widmen, hat Jetsun Pema ihre politische Arbeit für die tibetischen Frauen und für andere Organisationen ihres Bruders aufgegeben.

Wir alle sollten dieses Buch über ihr Leben und ihren Kampf lesen, ein Buch, das Hoffnung atmet.

Elie Wiesel

EINFÜHRUNG

Im Juni 1995 erhielt ich einen Brief von Gilles Van Grasdorff. Er wollte meine Biographie schreiben. Wer würde schon so etwas lesen wollen, habe ich mich damals gefragt, zumal es, wie mir schien, nichts Besonderes zu erzählen gab. Aber Gilles Van Grasdorff ließ nicht locker. Ich sollte doch, meinte er, von meiner Arbeit berichten, bei der ich soviel Engagement bewiesen habe: der Kinderbetreuung im Tibetan Children's Village (TVC). Darüber hinaus sei dies eine Gelegenheit, das Leben der Flüchtlinge aus Tibet, Eltern wie Kindern, während der ersten Jahre im Exil zu schildern.

Wir sind auf weltweite Unterstützung angewiesen. Um möglichst vielen Menschen die Tragödie nahezubringen, die sich in meiner Heimat abspielt, ergriff ich die Gelegenheit, im Rahmen der Schilderung von fünfundfünfzig Jahren meines eigenen Lebens die Leidensgeschichte einer ganzen Generation Tibeter aufzuzeigen. Mein Bericht beschränkt sich also nicht darauf, von einer einzelnen Frau aus Tibet zu berichten, sondern von einem ganzen Volk.

Und so ist schließlich dieses Buch entstanden. Ich habe mich bemüht, so gut wie möglich die Geschichte Tibets von 1940 bis 1995 darzustellen, die traumatischen Ereignisse nachzuzeichnen, die dieser Periode ihren Stempel aufgedrückt haben. Sollte mich zuweilen mein Erinnerungsvermögen im Stich gelassen haben, bitte ich meine Leser, mir etwaige Ungenauigkeiten nachzusehen.

Im Jahr 1980 habe ich, auf Veranlassung Seiner Heiligkeit des Dalai-Lama, Tibet besucht, mit dem Auftrag, mir ein Bild von den dort herrschenden Zuständen zu machen. Die Eindrücke, die ich auf meiner hundertfünf Tage währenden Rundreise gewann, werden nicht nur mir unvergeßlich bleiben, sondern dürften auch für unsere Freunde von Interesse sein.

Wenngleich die Tendenz heutzutage dahin geht, Gewalt als legitim zu erachten, weiß ich, daß viele Männer und Frauen weiterhin an Wahrheit und Gerechtigkeit glauben und bereit sind, diese Prinzipien zu verteidigen. Ich bin überzeugt, daß die Stimme meines Volkes – das, obwohl es sich nichts hat zuschulden kommen lassen, nicht länger für sich sprechen darf – von einigen noch immer gehört wird. Um ihretwillen habe ich mich entschlossen, unsere Geschichte aufzuschreiben.

Jetsun Pema

ERSTER TEIL

1939–1964

1.
FRÜHE KINDHEITS-
ERINNERUNGEN

Wir Tibeter sind Buddhisten und glauben an Reinkarnation*, die Wiedergeburt. Wenn ich auf mein bisheriges Leben zurückblicke, ist deshalb mein erster Gedanke, daß ich ein gutes Karma gehabt haben muß. Als Schwester des Dalai-Lama[*1] bin ich in einer Familie mit zwei weiteren anerkannten Reinkarnationen aufgewachsen.

Nach dem Karma ist das ganze Leben ein Lernprozeß. Jedes Ereignis formt den Menschen in der Weise, daß er in mehr oder weniger ähnlichen Situationen gleichsam instinktiv reagiert. Wir sind also in unserem Verhalten nicht frei; Willen und Wunsch hängen von der Summe unserer Handlungen ab. Das Karma ist demnach eine Entwicklung neuer Verhaltensweisen durch die Schulung bedingter Reflexe und nicht eine Schicksalsfügung. Der Buddhismus ist bestrebt, dem Menschen diese Konditionierung bewußt zu machen und ihn davon zu befreien, um ihm die Möglichkeit zu geben, im Wissen um die Ursachen zu handeln.

Ich bin 1940 geboren, in Lhasa, am siebten Tag des siebten Monats des tibetischen Kalenders. In Tibet beginnt das Jahr mit dem Neumond einen oder zwei Monate vor dem westlichen Frühlingsanfang und umfaßt zwölf Mondmonate von jeweils durchschnittlich dreißig Tagen, wobei der Astrologe bestimmte Tage, die er als ungünstig erachtet, auslassen und dafür andere, verheißungsvollere, verdoppeln kann.

Amala – ich ziehe es vor, diesen tibetischen Begriff zu

---

[1] Für alle mit * gekennzeichneten Begriffe siehe das Glossar S. 295.

verwenden – hat insgesamt sechzehn Kinder geboren, von denen neun bereits im frühen Alter starben. Meine Familie stammt aus Taktser, einem kleinen Dorf im Nordosten Tibets, in der Provinz Dhomey. Auch das Karma meiner Eltern scheint günstig gewesen zu sein: Vor dem Dalai-Lama wurde ihnen, in Gestalt meines älteren Bruders Thubten Jigme Norbu, die Reinkarnation des Abtes des Klosters von Kumbum geboren.

Als ich ein Alter erreicht hatte, in dem man bereits verständiger ist, erzählte mir Amala, daß Pala* 1933 von einem Besuch im Kloster Kumbum mit der traurigen Botschaft vom Ableben des dreizehnten Dalai-Lama, Thubten Gyatso, ins Dorf zurückgekehrt war. Jeder Dalai-Lama wird sowohl als Emanation von Chenrezi, dem Bodhisattwa* des Mitgefühls, wie auch als Reinkarnation seines unmittelbaren Vorgängers angesehen. Die Suche nach der neuen Reinkarnation hatte unverzüglich begonnen.

Mein Bruder Tenzin Gyatso, dreizehntes Kind der Familie, war gerade zwei Jahre alt, als hochgestellte Persönlichkeiten in der Region Dokham erschienen. In Taktser machten sie schon bald das türkisgrün gedeckte Haus ausfindig, das dem Regenten in einer Vision erschienen war, als er sich 1935, nach dem tibetischen Kalender im Holz-Schwein-Jahr, am heiligen See von Lhamoe Lhatso in Chokhorgyal, etwa hundertfünfzig Kilometer von Lhasa entfernt, aufgehalten hatte. Es war das Haus meiner Eltern.

Zwei Männer sprachen vor. Der eine, Lama Kewtsang Rinpoche*, der Superior des Klosters Sera, begehrte meinen Bruder zu sehen, um ihn dann den ganzen Tag über – so berichtete Amala, die den wahren Grund des Besuchs nicht erriet – mit stetig wachsendem Interesse nicht mehr aus den Augen zu lassen. Als der Abend anbrach, baten der Lama* und sein Begleiter, über Nacht bleiben zu dürfen. Am nächsten Morgen, als sie sich anschickten, das Haus zu verlassen, wachte mein Bruder auf und sagte, er wolle mit ihnen gehen, was ihm jedoch verwehrt wurde. Einige Tage später sprach eine Abordnung von Lamas und tibetischen Würdenträgern bei meinen Eltern vor, die noch immer nicht ahnten, daß diese Männer auf der Suche nach der Reinkarnation des dreizehnten Dalai-Lama waren.

Mein Bruder mußte Prüfungen ablegen, die sich als beweiskräftig erwiesen und Würdenträger und Lamas zu dem Schluß kommen ließen, daß sie wirklich und wahrhaftig dem vierzehnten Dalai-Lama gegenüberstanden.

Im sechsten Monat des Erde-Hase-Jahres, nach westlicher Zeitrechnung 1939, verließen ein Teil meiner Familie und Seine Heiligkeit, der eben seinen vierten Geburtstag gefeiert hatte, Taktser in Richtung Lhasa, eine Reise, die drei Monate und dreizehn Tage dauern sollte. Es ist anzunehmen, daß es meinen Eltern sehr schwerfiel, ihrem Dorf, Haus und Hof und den Freunden Lebewohl zu sagen, einer ungewissen Zukunft entgegen, einzig in dem Bewußtsein, daß einer ihrer Söhne der neue Dalai-Lama war. Was für eine tibetische Familie immerhin etwas Außergewöhnliches bedeutet. Auch meine Eltern dürften zu Recht stolz gewesen sein, haben aber, wie es ihre Art war, sicherlich verstanden, sich in diesem für ganz Tibet historischen Augenblick Zurückhaltung aufzuerlegen.

Bei ihrer Ankunft in der Hauptstadt wurden ihnen von der Regierung Annehmlichkeiten in Aussicht gestellt, von denen sie mit Sicherheit niemals zu träumen gewagt hatten, außerdem Diener und Dienerinnen, die sich um ihr Wohlergehen kümmerten. Der Bau eines Hauses, auf ihre Bedürfnisse zugeschnitten, wurde auf halbem Weg zwischen dem Potala und der Stadt in Auftrag gegeben. Bis zu dessen Fertigstellung sollten sie unweit des Norbulingka wohnen, der Sommerresidenz Seiner Heiligkeit. Nun verließen auch Achala*, ihr Mann Phuntsok Tashi sowie Chola*, damals Abt des Klosters Kumbum, die Region Taktser und begaben sich nach Lhasa zu meinen Eltern.

Bei meiner Geburt wohnten meine Eltern noch nicht in dem geräumigen Haus, das den hübschen Namen Tchang Seb-Shar* tragen sollte. Erst kurz vor meinem fünften Geburtstag zogen sie dorthin um, und ich darf wohl behaupten, daß mir eine überaus glückliche und auf jeden Fall ganz andere Kindheit als meiner älteren Schwester beschert war. Sie hat später einmal, als wir bereits erwachsen waren, erklärt, ich sei »mit einem silbernen Löffel im Mund geboren«. Ein Ausspruch, an den zu denken ich oftmals Gelegenheit bekommen sollte. Nach ihrer Übersiedlung nach Lhasa brauchten meine Eltern nicht mehr auf dem Feld zu arbeiten wie früher, als meine achtzehn Jahre ältere Schwester noch klein war. Sie hat mir oft von Taktser erzählt ...

Vor 1940 war Taktser ein Dorf mit etwa dreißig Einwohnern, umgeben von saftigem Weideland und durchzogen von einem kleinen Fluß. Es lag an der von Karawanen frequentierten Straße zwischen Siling und Labrang Tashi Khyil, einem bedeutenden Kloster in der Provinz Dhomey. Der Duft der Koniferen, die auf den Hängen der umstehenden Berge standen, erfüllte die Luft, und in den Wäldern wuchsen saftige Beeren. Während der Regenzeit führte der Fluß bräunlichen Schlamm mit sich. Im fünften und sechsten Monat des Jahres, wenn es mehrere Tage hindurch regnete, war es beinahe unmöglich, das Haus zu verlassen, weil man Gefahr lief, im Morast steckenzubleiben.

Entstanden ist das Dorf aus einer Siedlung von Nomaden, die, nachdem sie zunächst ihre schwarzen Jakhautzelte auf den umliegenden Höhen aufgeschlagen hatten, schon bald erkannten, daß Gerste, Hafer, Kartoffeln und viele andere Gemüsearten – Rettich, Rüben, Kohl, Knoblauch – in dem fruchtbaren Boden prächtig gediehen. Sie errichteten feste Unterkünfte, und der Marktflecken wurde zusehends größer.

Unser Haus, rechteckig und mit einem großen Innenhof, grenzte an zwei weitere Gebäude und lag etwas oberhalb des Dorfes. Mit Sonnenuntergang wurden die einzige Tür und die kleinen Fenster geschlossen, und die Familie

18

fühlte sich sicher wie in einer Festung. Das Dach war von zwei Kaminen und drei Luftschächten durchbrochen. Zur Zeit der Schneeschmelze, wenn es zudem kräftig regnete, leiteten Dachtraufen aus Wacholdersträuchern, die zuweilen die bizarrsten Formen annahmen, das Wasser in den Hof.

Mit leiser Wehmut stellte ich mir vor, wie meine Eltern in diesem Dorf gelebt hatten, mit den lustig im Wind flatternden Gebetsfahnen, die zu knattern begannen, sobald Sturm aufzog. Der Schilderung meiner Schwester vom Bau eines neuen Hauses lauschte ich besonders aufmerksam. Das Fundament, erklärte sie mir, hatte aus Lehmziegeln bestanden, die in Holzformen hergestellt und dann getrocknet wurden. Das mit Rundhölzern gedeckte Dach wurde mit Zweigen verkleidet, auf die man anschließend ein Gemisch aus Lehm und Öl auftrug; danach wurde das Ganze festgetreten, und die Isolierung war perfekt. Als letztes wurde das Haus weiß gekalkt und Gebetsfahnen angebracht. In unserem damaligen Hof erhob sich ein Mast von zehn Fuß. Dreizacke und weitere Fahnen schmückten die Türrahmen.

Auch die Inneneinrichtung beschrieb meine Schwester so, daß ich mir ein ganz genaues Bild machen konnte ... Meine Familie war nicht reich gewesen, auch wenn sie nichts entbehren mußte. Ein geschmückter Vorhang verbarg die Eingangstür, deren hölzerne Angeln mein Vater mit Schafshäuten umwickelt hatte, damit sich die Tür geräuschlos öffnen und schließen ließ. An der Nordseite lagen das Zimmer, in dem sich der Hausaltar befand, sowie das elterliche Schlafzimmer, nach Westen zu der Kuhstall, das Gästezimmer und ein weiteres Zimmer, im Süden der Pferdestall, der Hundezwinger und der Schafstall. Der Hof und auch der Gang, der die Zimmer miteinander verband, waren mit lehmverfugten Steinplatten ausgelegt, während die Wohnräume Holzfußböden aufwiesen.

Das Familienleben fand vornehmlich in der Küche statt, die, getrennt durch den Herd und eine Zwischenwand aus

Holz, in zwei unterschiedlich große Hälften unterteilt war. Vom Hof her betrat man den geräumigeren Teil, dessen Decke von einer Stütze abgefangen wurde, an der wiederum der Wasserbehälter stand, ein irdenes Gefäß mit leuchtend grüner Lasur.

Auf dem gemauerten Herd stand ein Wasserkessel. Er wurde mehrmals am Tag aufgefüllt, so daß jederzeit Tee zubereitet werden konnte. Hinter dem Herd führten drei Stufen hinauf zu einem Podium, dem Platz, wo die Familie im Winter ihre Mahlzeiten einnahm und auch schlief, weil unmittelbar darunter die Abzüge der Feuerstellen verliefen.

Der Fußboden im anderen Teil der Küche bestand aus gestampftem Lehm. Hier lagerten meine Eltern das Brennmaterial – Holz, getrocknete Jakfladen, Reisig und Stroh, das verbrannt wurde, um Gerste zu rösten. Das Küchengerät war aus Kupfer und Messing, Töpfe und Schüsseln aus Ton. Milch dagegen pflegte Amala in einem hölzernen Bottich aufzubewahren.

Immer wieder mußte mir meine Schwester erzählen, wie Amala mit meinem Bruder, dem kommenden Dalai-Lama, in den Stall ging, wo neben acht Kühen auch sieben *dzomos** standen, die Amala eigenhändig melkte. Dann bekam mein Bruder eine Schale noch warmer Milch, ehe er hinüber in den Hühnerstall lief, um die Eier einzusammeln. Ich mußte jedesmal schallend lachen, wenn die Sprache darauf kam, daß man ihn einmal entdeckt hatte, wie er auf einem Nistplatz hockte und wie ein Huhn gakkerte.

Meine frühen Kindheitserinnerungen ranken sich ebenfalls um ein Haus, um unser Haus im Lhasa, ein imposantes Gebäude mit an die sechzig Räumen, umgeben von einem üppigen Garten und weitläufigem Gelände. Als meine Schwester ihr erstes Kind bekam, war ich selbst knapp neun Monate alt. Ich bin also mit meinem Neffen Tenzin Ngawang aufgewachsen, zu dem sich zwei Jahre später noch meine Nichte Khando Tsering gesellte. Wenn ich –

einmal abgesehen von dem Brüderchen, das kam, als ich fünf war – außerdem die Kinder der bei uns lebenden Diener mitzähle, kann ich sagen, daß ich von frühester Jugend an von einer Schar mehr oder weniger Gleichaltriger umgeben war.

Welch ausgelassene, muntere kleine Gesellschaft wir waren! Zumal das Haus, der Garten und das umliegende Gelände, von der Außenwelt durch eine unüberwindliche Mauer getrennt, schier grenzenlose Freiheit gewährte. Stundenlang spielten wir Verstecken. Natürlich paßten Amala und meine Schwester und auch meine Tante, die Schwester meines Vaters, auf uns auf. Die Familie ist das A und O der tibetischen Gesellschaft; häufig umfaßt ein solcher Familienverbund nicht nur Eltern und Kinder, sondern auch Onkel, Tanten und deren Kinder.

An das Brüderchen, das zwei Jahre nach mir geboren und leider nur zwei Jahre alt wurde, habe ich so gut wie keine Erinnerung. Von meiner Schwester weiß ich, daß, als es starb, meine Eltern die Orakel und Astrologen zu Rate zogen – häufig Lamas, die entsprechend der tibetischen Tradition jeweils nach dem Zeitpunkt des Todes die Art der Bestattung bestimmen. Sie erhielten die Weisung, den Leichnam nicht zu begraben, sondern mit konservierendem Salz zu bedecken und im Keller aufzubewahren, um dem Toten zu ermöglichen, im selben Haus wiedergeboren zu werden. Meine Familie hielt sich an die Weisung und trug auch ein Zeichen aus Butter auf. Als das nächste Kind auf die Welt kam, ein Junge, der jüngste meiner sechzehn Geschwister, wies er an der Stelle, an der auf dem Leichnam seines älteren Bruders Butter aufgetragen worden war, ein Mal auf.

Zu jener Zeit begab sich Amala zwei- bis dreimal im Monat zum Potala oder zum Norbulingka, wo Seine Heiligkeit der Dalai-Lama, inzwischen zehn Jahre alt, lebte. Jedesmal war meine Mutter vorher vollauf damit beschäftigt, besondere Leckereien für ihn vorzubereiten, vor allem Amdobrot zu backen. Gelegentlich durften ich, mein

Neffe und meine Nichte sie begleiten, was uns Gelegenheit bot, ausnahmsweise einmal unser Anwesen zu verlassen.

Solange Seine Heiligkeit noch ein Kind gewesen war, hatte ihn meine Mutter häufig besucht. Bis dann eines Tages seine Erzieher erklärten, daß die unbeschwerte Jugendzeit nun vorbei sei und sich Seine Heiligkeit ab sofort ganz auf sein Studium konzentrieren müsse. So wurde der Abstand zwischen diesen Besuchen größer, aber dennoch sind mir diese Ausflüge unvergeßlich.

Wenn wir den Weg zum Potala zu Pferd zurücklegten, ließen wir die Tiere hinter dem Palast warten. Häufiger jedoch gingen wir zu Fuß, wobei wir Hunderte von Stufen steigen mußten, um zu diesem Bauwerk zu gelangen, sicherlich einem der gewaltigsten der Welt, dessen Gründung auf einen tibetischen König zurückgeht und der im 17. Jahrhundert vom fünften Dalai-Lama erweitert wurde. Der Mittelteil des Gebäudes erhebt sich dreizehn Stockwerke hoch; hier befinden sich riesige Zeremoniensäle, Kapellen, Meditationszellen und die Mausoleen der Dalai-Lamas. Der Westflügel beherbergt eine Gemeinschaft von Mönchen; die Verwaltung, Versammlungssäle sowie eine Schule für die verbeamteten Mönche befinden sich im Osten.

Wenn Pala uns begleitete, hielt ich mich beim Treppensteigen an seiner Hand fest. Wenn ich erschöpft war und entsprechend quengelig, munterte er mich mit einem liebevollen Lächeln auf. Einige Jahre später erzählte mir Amala, daß der Potala nicht nur der Ort sei, an dem Seine Heiligkeit der Dalai-Lama lebte, sondern daß im Palast, abgesehen vom Waffensaal, dem Munitionslager und den Kellern, in denen die Rücklagen der Regierung verwahrt wurden, auch Bibliotheken mit mehr als siebentausend Büchern untergebracht seien, Zeugen der Zeit und der Entwicklung der tibetischen Kultur. Sogar uralte Pergamente befänden sich dort und Bücher, deren Seiten aus Palmblättern bestünden, die man vor mehreren hundert

Jahren aus Indien importiert habe, darüber hinaus zweitausend heilige Texte, mit einer besonderen Tinte niedergeschrieben, einer Mischung aus Gold-, Silber-, Eisen- und Kupferstaub, gelegentlich auch noch unter zusätzlicher Beigabe von zermahlenen Muscheln oder Steinchen.

Über die Treppe gelangten wir zum Sitz Seiner Heiligkeit, der sich hundertzwanzig Meter über der Stadt erhob. Vorbei am Kloster Namgyal*, überquerten wir den Hof, wo uns weitere Stufen erwarteten, passierten die bis zu zehn Meter hohen und zuweilen mit Gold und Edelsteinen verzierten Mausoleen der früheren Dalai-Lamas. Durch einen Tempel, an dessen Altar meine Mutter eine *khata** niederlegte, gelangten wir in einen finstern Gang, dann galt es abermals Stufen zu überwinden, extrem hohe diesmal und für mich entsprechend mühsam zu erklimmen. Endlich erreichten wir eine Terrasse, wo einen die gleißende Sonne zwang, die Augen zuzukneifen. Von dort aus ging es in einen Raum, der reichlich dunkel wirkte und Einzelheiten nur schwer erkennen ließ. Und genau dort pflegte Seine Heiligkeit ungeduldig auf meine Mutter zu warten.

Zum Auftakt einer jeden Audienz erteilte uns der Dalai-Lama den Segen. Dann begann für uns Kinder ein schier endloses Warten. Meine Mutter ging auf ihren Sohn zu, plauderte mit ihm, zeigte ihm, was sie mitgebracht hatte. Erst später begriff ich, wieviel ihr diese kleinen Vertraulichkeiten bedeuteten. Auch wenn der Dalai-Lama mein eigener Bruder war, so hatte ich ihm doch stets größte Ehrfurcht entgegenzubringen.

Besser als im Potala gefiel es mir, ehrlich gestanden, im Norbulingka, wohin sich Seine Heiligkeit bei den ersten Anzeichen von Frühling begab, in einer langen Prozession, an der alle hohen Würdenträger von Lhasa teilnahmen. Vom siebten Dalai-Lama im 18. Jahrhundert erbaut, besteht diese Residenz, deren Name »Juwelenpark« bedeutet, aus einer Reihe kleinerer Paläste und Tempel inmitten einer von wuchtigen Mauern umschlossenen bezaubernden Gartenanlage.

Im Norbulingka wurde meine Mutter von Seiner Heiligkeit auf der Veranda seines Hauses empfangen. Von dort aus waren es nur ein paar Stufen, und schon befand man sich in den Gärten, umgeben von Pappeln, Weiden, Wacholdersträuchern und vor allem Obstbäumen. Die Kirschbäume liebten wir ganz besonders, riesige Bäume, die sich beträchtlich von den europäischen Arten unterscheiden und sehr saure Früchte tragen. Und erst die Nußbäume! Je heftiger der Wind blies, desto besser, weil wir dann um so mehr Nüsse aufsammeln konnten. Wie viele sind uns bei solchen Böen auf den Kopf geprasselt! Da einige dieser Bäume sehr hoch waren, sind wir nicht selten mit kapitalen Beulen nach Hause gekommen.

Wenn wir uns zu lange im Garten herumtrieben, wurde Seine Heiligkeit, zu jener Zeit fast elf, gelegentlich unruhig. »Wo sind denn die Kinder?« fragte er dann, worauf Amala nach uns rief. Wir kamen auch sofort angelaufen, weil wir wußten, daß wir nicht den Unmut Seiner Heiligkeit erregen durften. Wenn uns aber niemand vermißte, vergnügten wir uns nach Herzenslust, wagten uns sogar hin und wieder in die traumhaft schönen Gartenbereiche mit den farbenprächtigen Pfauen.

Ich war gerade sieben Jahre alt, als Pala 1947 starb. Meine Kindheit ist demnach mehr von der Persönlichkeit meiner Mutter geprägt. Dennoch ist die Erinnerung an meinen Vater wach geblieben. In Tibet steht man im allgemeinen sehr früh auf. So auch Pala, der sich jeden Morgen gleich nach Sonnenaufgang in die Stallungen begab. Er liebte Pferde, besaß selbst etwa zwanzig, und wenn in Lhasa Rennpferde aus dem Amdo eintrafen, war er mit der erste, der sie in Augenschein nahm ... Wie oft hat mich, wenn ich nach ihm rief, ein Diener in eine Decke gewickelt und in den Pferdestall getragen. Dort blieb ich dann bei meinem Vater, bis wir gemeinsam ins Haus zurückgingen.

Pala war ein derartiger Pferdenarr, daß er im Haus eine Treppe hatte bauen lassen, die zu den Ställen führte. Und noch etwas anderes fällt mir zu ihm ein ... Die hohen tibetischen Beamten nahmen ihre Tätigkeit um acht Uhr auf, um sich zwei Stunden später beim Dalai-Lama einzufinden und anstehende Amtsgeschäfte sowie die Tagesordnung zu besprechen. Auf diesen Versammlungen, zu denen die Beamten allesamt eine Holzschale mitbrachten, wurde salziger Tee und Reissuppe oder aber gedämpfter Reis mit Rosinen serviert. Auch mein Vater nahm an ihnen teil. Gegen elf Uhr wartete ich auf seine Rückkehr, weil er mir in seiner Holzschale immer einen Leckerbissen mitbrachte. Wenn es lediglich Reissuppe war, konnte ich richtig wütend werden!

Dann, eines schönen Tages, als ich ihm wie stets einen guten Morgen wünschen wollte, versagte man mir höflich, aber bestimmt den Zutritt zu seinem Zimmer. Ich fing bitterlich an zu weinen, weil ich nicht begriff, warum ich plötzlich nicht mehr zu ihm durfte. Ein Diener erklärte mir, daß Kinder nicht in das Zimmer eines Schwerkranken dürften. Später an diesem Tag gestattete mir Amala dann doch, meinen Vater aufzusuchen; mit der Zeit jedoch, als seine Kräfte zusehends schwanden, mußten diese Besuche unterbleiben. Ich litt entsetzlich und weigerte mich, mit den anderen Kindern zu spielen, weil mein Vater krank sei und mich in seiner Nähe brauche.

Palas Krankheit begann mit stechenden Magenschmerzen. Kurz vor Beginn des Neujahrsfests verschlimmerte sich sein Zustand. Familie und Dienerschaft lösten sich an seinem Krankenbett ab. Regelmäßig erschienen Ärzte und verschrieben Medikamente, aber nichts schien ihm Erleichterung zu bringen. Ängstlich beobachtete ich die hektische Betriebsamkeit im Haus, aber niemand sagte mir, was genau los war.

Am letzten Tag des ausklingenden Jahres verschlechterte sich der Zustand meines Vaters dramatisch. Amala schickte sofort einen Boten zu Seiner Heiligkeit, um die Abwesenheit der Familie bei den Neujahrsfeierlichkeiten zu entschuldigen.

Nach einer Nacht des Bangens, in der meine Mutter bereits auf das Schlimmste gefaßt war, ging es meinem Vater plötzlich sehr viel besser, sogar so gut, daß er darauf bestand, am Altar die traditionellen Opfergaben für das neue Jahr darzubringen. Auch den Tee wollte er im Kreise der Familie und der Dienerschaft einnehmen.

Seine Schmerzen waren wie weggeblasen. Deshalb wagte mein älterer Bruder, einigen Freunden einen Neujahrsbesuch abzustatten. Kaum daß er fort war, mußte nach ihm geschickt werden, mit der Aufforderung, sofort umzukehren, da mein Vater einen Rückfall erlitten hätte. Bei seinem Eintreffen war mein Vater bereits tot, ohne daß er, wie Amala sagte, über Gebühr hatte leiden müssen.

Es war Winter, es war kalt und grau. Ich weiß noch, wie untröstlich ich war und daß ich nur noch geweint habe. Je mehr mein Neffe und meine Nichte mich anflehten, doch endlich aufzuhören, desto heftiger kullerten die Tränen. Immer wieder flüchtete ich mich zu meiner Mutter, der der Schmerz im Gesicht geschrieben stand. Mein jüngster Bruder saß auf ihrem Schoß. Dicht bei ihr hockte Lobsang Samten.

Gönsar Rinpoche, ein Lama aus unserem Bekanntenkreis, sprach die Totengebete, und um das Sterbebett versammelten sich viele Mönche. Wieder rief man die Astrologen, damit sie den Zeitpunkt bestimmten, zu dem der Verstorbene das Haus verlassen sollte, den Weg, den er nehmen sollte, sowie die Art der Bestattung, die meist durch Aufbahren im Freien erfolgt, durch Verbrennen (was vornehmlich religiösen Würdenträgern vorbehalten ist), Beisetzen in der Erde oder in einem Fluß.

Wenn die Vorgaben für die Bestattung nicht befolgt werden, droht der Familie des Toten Unheil in Form von Krankheiten oder Armut. Auch die Rituale, die während der Trauerzeit einzuhalten sind, legen die Astrologen fest: Fasten, das Lesen heiliger Texte, das Entzünden von Butterlampen, die die Seele des Verstorbenen reinigen und seine Wiedergeburt begünstigen sollen. Ihrem Ratschluß zufolge war der in neue Kleider gehüllte Leichnam meines Vaters in sitzender Stellung aufgebahrt worden. Am dritten Tag, vor Sonnenaufgang, brachte man ihn ins Gebirge, wo er feierlich verbrannt wurde. Die sich anschließende Trauerzeit dauerte traditionsgemäß neunundvierzig Tage.

Für uns sieben Kinder und vor allem für unsere Mutter war der Tod meines Vaters ein entsetzlicher Verlust. Selbst ich spürte die unendliche Traurigkeit, die in unserem Haus Einzug hielt, obwohl ich damals noch klein war. Sieben Jahre hatten wir nun schon in Lhasa gelebt, und urplötzlich, von einem Tag auf den anderen, war Amala nicht nur zuständig für alles, was unseren Alltag betraf; sie mußte sich auch um die geschäftlichen Angelegenheiten der Familie kümmern, um die Verwaltung von Besitz und Ländereien in verschiedenen Regionen Tibets, aus denen wir ein Einkommen bezogen. Zum Glück stellte ihr die Regierung eingedenk der zu erwartenden Probleme umgehend einen persönlichen Berater ab, so daß meine Mutter ein paar Tage auf einer unserer Besitzungen in der Nähe von Gyantse ausspannen konnte.

Kurz zuvor war Amala zum sechzehntenmal Mutter geworden. Als er zwei Jahre alt war, erkannte man in meinem jüngsten Bruder, Tendzin Choegyal, die Reinkarnation von Ngari Rinpoche, einem engen Freund des dreizehnten Dalai-Lama, der zu Lebzeiten bereits seinem Gefährten gegenüber geäußert hatte: »In unserer nächsten Existenz werden wir einander noch näher sein.« Und wirklich – durch die Reinkarnation waren sie jetzt Brüder!

Nach der Reinkarnation meines älteren Bruders, dem Abt des Klosters Kumbum, und der Seiner Heiligkeit des Dalai-Lama bedeutete diese dritte Wiedergeburt in ein und derselben bäuerlichen Familie etwas ganz Besonderes, und für meine Mutter in ihrer Trauer und ihrem Kummer war das eine hohe Ehre. Eigentlich hätte mein kleiner Bruder ins Kloster gebracht und dort seine Ausbildung erhalten sollen. Da sich Amala jedoch gegen dieses Ansinnen heftig zur Wehr setzte, weil Tendzin Choegyal ihrer Meinung nach noch viel zu klein war, zogen bei uns zu Hause Mönche ein, um hier ihren erzieherischen Aufgaben nachzukommen.

Die Aufmerksamkeit, die dem kleinen Nachzügler geschenkt wurde, war durchaus geeignet, den Neid der anderen Kinder zu erregen: Tendzin Choegyal kam eindeutig eine Sonderstellung zu, und alle – Diener, Mönche, Freunde, Besucher – verwöhnten ihn nach Strich und Faden. Für die Tibeter, die von Kindesbeinen an vom Buddhismus geprägt sind, versteht es sich von selbst, einem Mönch größtmöglichen Respekt entgegenzubringen, und noch mehr einem Rinpoche, einer Reinkarnation wie meinem kleinen Bruder.

Wenn wir miteinander spielten, mußten wir also immer darauf achten, ihm auch den kleinsten seiner Wünsche zu erfüllen und ihn bei Laune zu halten. Der Einfluß des Buddhismus ist in Tibet allgegenwärtig, fast unbewußt. Er bestimmt das tägliche Leben. Deshalb lernt man schon sehr früh, dem anderen mit Aufmerksamkeit zu begegnen, mit Toleranz und Ehrfurcht. In dieser Atmosphäre sind wir aufgewachsen.

In jeder Familie, ob sie nun reich ist oder arm, gibt es einen mehr oder weniger großen Platz, der dem Altar vorbehalten ist, manchmal sogar – wie bei uns – einen eigenen Raum. Wenn ich mich recht erinnere, beteten irgendwelche Mönche dort den ganzen Tag über, gelegentlich auch nachts. Weitere Mönche, Eremiten, die meine Eltern wie so viele tibetische Familien bei sich aufnahmen und die jeweils ein, zwei oder auch drei Jahre blieben, lebten in einem Teil des Hauses, den wir nicht betreten durften. Die Diener versorgten sie mit Essen, und hin und wieder stattete Amala ihnen einen Besuch ab. Diese Mönche beteten für den Frieden und für das Wohlergehen der Familie und für Seine Heiligkeit den Dalai-Lama.

Für Kinder, die in einer solchen Umgebung aufwachsen, wird die Religion zum festen Bestandteil ihres Lebens. Wenn sie sehen, wie die Eltern ihr *pudja**, das Gebet, zelebrieren, ahmen sie sie unwillkürlich nach, ohne daß man ihnen das eigens beibringen müßte. Somit wird durch sie, in ihnen die Religion weitergetragen.

Dennoch möchte ich hierzu etwas anmerken. Selbst wenn im Leben der Tibeter der Buddhismus ständig präsent ist, bedeutet das noch lange nicht, daß sie sich der Grundlagen ihrer Religion bewußt sind. Die meisten von ihnen dürften kaum in der Lage sein zu erklären, warum sie sich Tag für Tag so und nicht anders verhalten. Der Buddhismus ist in Tibet keine institutionalisierte Lehre; es bleibt jedem einzelnen überlassen, inwieweit er bestrebt ist, seiner Religion auf den Grund zu gehen.

Wer dies tun möchte, kann einen wiedergeborenen Lama aufsuchen oder ihn zu sich nach Hause bitten oder, noch einfacher, an einer der Zeremonien teilnehmen. Auch öffentliche Unterweisungen durch bedeutende Lamas bieten sich an. Dazu muß man jedoch wissen, daß jeder Lama seine eigene Auffassung von Buddhismus vertritt und daß seine Einführung in die Lehre sich von der eines anderen, je nachdem, welcher Schule* er angehört, unterscheiden kann.

Obwohl von Haus aus fromm, wird dem Tibeter die Religion beileibe nicht aufgezwungen. Nur bei zukünftigen Mönchen oder Nonnen ist es Vorschrift, im Kloster die heiligen Texte zu studieren und sich einer mehrjährigen, äußerst strengen Ausbildung zu unterwerfen. Folglich unterschied sich auch das Leben meines kleinen Bruders von unserem. Zum Mönch bestimmt, erhielt er zu Hause regelmäßig Besuch von seinen Lehrern, die ihn in Gebeten und heiligen Texten unterwiesen. Wie oft haben wir – meine Nichte, mein Neffe und ich – ihn dabei gestört und im Zimmer herumgejohlt! Und wenn ich dann seinen Blick auffing – wieviel Neid sprach daraus!

Mit der Zeit war Amala zu dem Schluß gelangt, daß es nicht ewig so weitergehen durfte. Wir konnten nicht länger in den Tag hinein leben, immer nur spielen und herumtoben. Wir sollten eine Schulbildung erhalten, die ihr selbst, Tochter einer bäuerlichen Familie aus Taktser, versagt geblieben war. Zwar hatten meine Eltern seit der Zeit, da mein älterer Bruder als Reinkarnation erkannt worden war und die Leitung des Klosters von Kumbum übernommen hatte, im Dorf Ländereien besessen, die der Familie ein gutes Auskommen sicherten. Mit der Ernennung Seiner Heiligkeit war es allerdings mit diesem beschaulichen Landleben ein für allemal vorbei gewesen. In Lhasa hatte sich Amala der veränderten Situation anpassen müssen. Und das war, glaube ich, der Auslöser für ihren Entschluß, uns zur Schule zu schicken.

2.

ZEIT DER DRACHEN

Unlängst fiel mir ein Zitat Seiner Heiligkeit wieder in die
Hände, das aus einer Rede vor der Generalversammlung
der Vereinigung tibetischer Frauen stammt: »In Wahrheit
ist die Mutter ein Lama, weil sie uns als erste in dieser so
wichtigen Tugend unterweist: im Mitgefühl. Erst dann folgen die Lamas, die das *dharma** vermitteln. Die Intensität
der Unterweisung durch den ersten Lama, die Mutter, bestimmt die Bereitschaft des Kindes, Mitgefühl zu entwikkeln, wie es die Lamas lehren ...«

Lama bedeutet »Lehrer«. Seine Heiligkeit hat zu Recht
die Mutter als ersten Lama bezeichnet und zweifellos auch
als den besten. Immerhin ist sie es, die dem Kind mit gutem
Beispiel vorangeht.

Zu meiner Zeit gab es in Tibet noch keine Trockenmilch. Die Frauen stillten ihre Kinder bis zur Geburt des
nächsten Babys. In aristokratischen Kreisen leistete man
sich eine Amme; in Familien wie der unseren war das
nicht der Fall. Deshalb war es normal, wenn ein zwei oder
drei Jahre altes Kind an der mütterlichen Brust nuckelte.
Diese lange Stillzeit knüpfte ein enges Band zwischen Mutter und Kind. Die moderne Psychologie erkennt längst an,
wie positiv sich ein solcher Kontakt auswirkt, während
die Ärzte der Muttermilch eine für die Entwicklung des
Kindes entscheidende Bedeutung beimessen.

Die tibetische Frau war das eigentliche Oberhaupt der
Familie. Die traditionelle Gesellschaftsstruktur basierte auf
einem Modell, nach dem die Familie als wirtschaftliche

Einheit angesehen wurde, innerhalb der die Frau die Finanzen zu verwalten hatte. Sobald eine wichtige Entscheidung anstand, versammelte man sich um die Mutter, die dann, wenn keine Einstimmigkeit erreicht wurde, einen Kompromiß finden mußte, der alle zufriedenstellte.

Obwohl man in Tibet auch Polyandrie und Polygamie antraf, war Monogamie die vorrangige Form des Zusammenlebens. Zu Scheidungen kam es selten, wenngleich ihnen keine Hindernisse in den Weg gelegt wurden, falls Mann oder Frau darum nachsuchten. Die Ehe wird vielmehr als Vertrag zwischen zwei Familien angesehen. Wenn also die Jungvermählte zu ihrer angeheirateten Familie zieht, wird alles, was sie mitbringt, fein säuberlich notiert, damit sie im Fall einer Scheidung ihr Eigentum wieder mitnehmen kann.

Zusätzlich zu der Verantwortung, die auf ihnen lastete, wendeten die tibetischen Frauen viel Zeit für die Erziehung ihrer Kinder auf. So auch meine Mutter. In Taktser trug Amala ihr damals Jüngstes stets auf dem Rücken; bei der Feldarbeit legte sie es am Rande des Ackers ab und schützte es mit einem Schirm, den sie an einem in den Boden gerammten Pfahl befestigte, gegen Sonne und Wind. Besagtes Baby war übrigens kein anderer als Seine Heiligkeit.

Bis zu seinem fünften Lebensjahr ist das Kind ununterbrochen mit der Mutter zusammen und lernt von ihr. Was mich betrifft, so habe ich gleich drei ungewöhnliche Frauen als Lehrmeisterinnen gehabt: Amala, meine ältere Schwester sowie meine Tante, die Schwester meines Vaters.

Wie wichtig dieses ständige Umhegtwerden ist, weiß ich heute, wo die meisten Kinder nicht die Zuwendung bekommen, die sie brauchen. Weil beide Elternteile berufstätig sind, bleiben sie, sobald die Schule aus ist, mehr oder weniger sich selbst überlassen. Einige werden jetzt sagen, daß solche Kinder selbständiger sind. Ist das gut? ... Ich meine eher, daß ein Kind, das in der Obhut der Mutter aufwächst, sich besser entwickelt, an Sicherheit gewinnt und später dann seinerseits die Aufmerksamkeit und Liebe, die man ihm in so reichem Maße hat zukommen lassen, weiterschenkt.

Vermutlich werden einige Leser meine Einstellung als antiquiert bezeichnen. Ansichtssache. Die Tibeter jedenfalls gestehen ihren Kindern zu, nicht zu schnell erwachsen zu werden und so unbeschwert und fröhlich und glücklich zu sein, wie man es allen Kindern wünschen möchte.

In unserem großen Haus gab es immer jemanden, der uns zuhörte und sich gern mit uns abgab. Doch eines Tages hielt Amala die Zeit für gekommen, uns in die Schule zu schicken. Ich wurde immerhin bald sieben ...

Im früheren Tibet fand die schulische Ausbildung in verschiedenen Einrichtungen statt. Die Mönche hielten ihren Unterricht in den Klöstern ab, und es gab ein gut ausgebautes Universitätsnetz. Die vom siebten Dalai-Lama begründete Schule von Tse* bildete den von der Regierung angestellten Nachwuchs für die Klöster aus; im Anschluß daran durchliefen die für Verwaltungsposten vorgesehenen Diplomanden dieser Schule eine theologische Hochschulausbildung. Für weltliche Beamte empfahl sich der Besuch der Tzitrug-Schule. Der Erwerb praktischer Fertigkeiten nahm bei der Erziehung einen wichtigen Platz ein. Das Medizinische Zentrum von Tchakpori, eines der ältesten Tibets, war ausschließlich Mönchen vorbehalten. Laien erhielten ihre Ausbildung im Ärztezentrum von Mentsikhang, das gleichzeitig die beste Adresse für das Studium der Astrologie war.

Darüber hinaus gab es in Lhasa auch eine ganze Reihe von Privatschulen, von Beamten ins Leben gerufen und vornehmlich von den eigenen Kindern, deren Freunden und ein paar Auserwählten besucht.

Amala wollte mich nicht in eine Klasse mit zu vielen Schülern schicken. Ihr war daran gelegen, daß ich die bestmögliche Ausbildung erhielt, nicht anders als meine beiden älteren Brüder, die einen hervorragenden Privatlehrer, einen Mönch, gehabt hatten. Leider war dieser Mönch inzwischen von der Regierung in eine andere Region Tibets berufen worden. Sein Assistent, ebenfalls ein Mönch, war jedoch in Lhasa geblieben, und an ihn wandte sich Amala, damit er unseren Unterricht übernehme.

Ich sage »unsere«, weil wir – mein Neffe, meine Nichte, ich selbst und die drei Kinder unserer Diener – bis dahin unzertrennlich gewesen waren und meine Mutter es für sinnvoll erachtete, es auch in Sachen Schule so zu halten: Meine Spielgefährten sollten meine Klassenkameraden werden. Auch der Sohn eines Beamten gesellte sich zu unserer kleinen Truppe.

Der Unterricht begann sehr früh; außerdem brauchten wir zum Haus unseres Lehrers mit dem Pferd etwa zwanzig Minuten. Wir mußten also vor Morgengrauen aufstehen, was uns derart schwer fiel, daß die Diener gelegentlich ihre liebe Not hatten, uns aus dem Bett zu scheuchen. Wenn sich mein Neffe und meine Nichte mit ihren erst vier beziehungsweise fünf Jahren einmal allzu mißgelaunt gaben, wurden sie von den Dienern ermahnt, sich an mir, der Älteren, ein Beispiel zu nehmen. Diese Vorbildfunktion erfüllte mich, wie ich gestehe, mit Stolz!

Trotz der morgendlichen Anlaufschwierigkeiten war der Gedanke, ab jetzt in die Schule zu gehen, ungeheuer aufregend – noch dazu hoch zu Roß! In dreitausendfünfhundert Metern Höhe ist es um diese Tageszeit bitterkalt. Eingewickelt in Decken, nach dem Genuß einer heißen Schale Tee und etwas *tsampa**, machten wir uns auf den Weg. Wenn es einmal im Winter besonders frostig und windig war, bereiteten Amala und meine Schwester ein Gemisch aus Milch und Honig, das uns die Diener dann auf Gesicht und Hände strichen. Und damit die Lippen nicht aufplatzten, wurden sie mit Bienenwachs abgedeckt, was alles andere als unangenehm war und mich unterwegs immer wieder dazu verleitete, mit der Zunge darüberzufahren ...

Wenn wir die Schule erreichten, war der Lehrer gewöhnlich noch nicht da. Wichtige Verwaltungsangelegenheiten hielten ihn den ganzen Vormittag über auf. Sein Assistent nahm uns in Empfang und begann mit dem Unterricht ... Das erste, was jedem tibetischen Schulkind beigebracht wird, ist das Gebet, und dieses erste Gebet ist Jampal Yang, dem Bodhisattwa der Weisheit gewidmet. Da wir noch nicht lesen konnten, sprach uns der Mönch immer wieder Zeile um Zeile vor, eine gute Stunde lang, bis wir das Gebet auswendig aufsagen konnten. Nachdem wir das mehrere Tage wiederholt hatten, lehrte er uns das Mantra* ...

Nach dem schier endlosen Rezitieren bekamen wir eine kleine Holztafel ausgehändigt, etwa dreißig Zentimeter breit und mit Kreidepuder bestäubt. Unser Lehrer stellte sich abwechselnd hinter jeden Schüler und zog, ebenfalls mit Kreide, horizontale Linien auf das Brett. Dann schrieb er mit einer Bambusspitze akribisch genau die tibetischen Buchstaben vor. Die Tafel auf dem Schoß, fuhren wir jetzt mit Tinte diese Buchstaben nach, ganz genau, denn schon der kleinste Ausrutscher genügte, und man landete im Kreidepuder!

Was diese Lehrmethode höchst umständlich machte, war, daß wir die Tafel, sobald sie vollgeschrieben war, waschen und sorgfältig trocknen mußten, um sie dann wieder mit Kreidepuder zu bestäuben. Erneut zog dann der Assistent Zeilen, schrieb Buchstaben vor, und wir fuhren sie immer und immer wieder nach. Vor lauter Anstrengung bekam ich regelrecht Blasen an den Händen. Glauben Sie mir: Wenn eine Blase platzt, man aber weiterschreiben muß, ist der Schmerz schier unerträglich. Andererseits wird in den tibetischen Schulen auf Schrift und Kalligraphie derart großen Wert gelegt, daß ich die damit verbundenen Qualen wohl oder übel in Kauf nahm ...

Gegen zehn Uhr dreißig brach der schönste Augenblick des Tages an. Ein Diener brachte uns das Mittagessen. Da er gern Opernarien sang, spitzten wir, sobald unsere kleinen Mägen zu knurren anfingen, die Ohren. Wenn wir dann von Ferne seine kräftige Stimme vernahmen, wußten wir, daß das Essen nahte.

Das Mittagessen war gleichzeitig die tägliche Pause. Ich teilte das, was Amala liebevoll zubereitet hatte, mit meinem Neffen und meiner Nichte und auch mit den drei Kindern unserer Diener und dem Sohn des Beamten, dem ein anderer Diener ebenfalls etwas zu essen gebracht hatte. Wenn uns das, was uns unser Klassenkamerad als Gegenleistung anzubieten hatte, nicht zusagte, konnte es durchaus vorkommen, daß wir uns weigerten zu teilen; ein Verhalten, das Amala sicherlich nicht gebilligt hätte. Er seinerseits sah uns nur traurig an, verstand offenbar nicht den Grund für unser sonderbares Benehmen.

Der gesamte Nachmittag war dem Vorlesen gewidmet. Im Gegensatz zu meinem Neffen und meiner Nichte, die sich sehr gelehrig zeigten, löste ich bei dem Assistenten nur Kopfschütteln aus, weil ich mich ausgesprochen unbeholfen anstellte. Um diese Zeit erschien der Lehrer selbst! Nachdem er uns begrüßt hatte, nahm er seinerseits erst einmal sein Mittagessen ein. Und ausgerechnet mich, bei der es mit dem Lesen haperte, rief er dann gern zu sich ins Büro, damit ich ihm, während er speiste, vorlas! Eine regelrechte Quälerei war das, zumal wir keine große Auswahl an Büchern hatten und ich mich mit heiligen Texten oder ellenlangen Schriftrollen mit an die Regierung gerichteten Eingaben herumplagen durfte.

Anfangs noch legte er mir einfachere Texte vor, im Laufe der Zeit jedoch zusehends kniffligere. Dazu kam, daß mir ständig der Essensduft in die Nase stieg und mich hungrig machte, obwohl ich doch erst kurz zuvor meine Mahlzeit beendet hatte. Ich lauerte förmlich darauf, daß mir mein Lehrer einen Happen von seinen Köstlichkeiten anbot. Vergebens … Hin und wieder zeigte er sich von meiner Leseleistung angetan und verkürzte zur Belohnung die Tortur; andererseits mußte ich stets darauf gefaßt sein, daß er, streng wie er war, von mir verlangte, besonders lange Sätze zu wiederholen. Für mich ein Alptraum ohne Ende.

Gegen drei Uhr nachmittags war die Schule aus. Die Pferde wurden gebracht, und wir konnten nach Hause reiten, wo uns Amala etwas Leckeres auftischte, über das wir uns heißhungrig hermachten ...

Im Gegensatz zu westlichen Gepflogenheiten waren Hausaufgaben in Tibet während der gesamten Schulzeit ein Fremdwort. Sobald wir mit dem Essen fertig waren, durften wir nach Herzenslust herumtoben, was wir denn auch taten.

Das geräumige Elternhaus eignete sich bestens für unseren Lieblingszeitvertreib, das Versteckspielen, an dem sich gelegentlich auch die älteren Diener beteiligten. Und obwohl wir glaubten, jeden Schlupfwinkel im Haus zu kennen, blieben weiterhin viele unentdeckte übrig.

Auch Seilhüpfen oder Schaukeln standen hoch im Kurs, vor allem bei den Mädchen. Unweit der Ställe stand ein mächtiger Baum. Auf unsere Bitte hin stieg der Pferdeknecht dort hinauf und befestigte ein Seil, das uns als Schaukel diente, um die wir uns nicht selten balgten. Kaum hatten wir aufgegessen, setzte ein Wettlauf in den Garten ein, wurde der erste, der bei dem Baum ankam, von den nachfolgenden weggeschubst ...

Was wir noch gern taten, war, beim Koch um Hammelknochen zu betteln, die wir, sobald sie ganz trocken waren, zerkleinerten und an einem dicken Stein glattschliffen, um sie anschließend grün, gelb oder rot anzumalen ... Tibetische Kinder kennen kaum richtiges Spielzeug und sind um so mehr auf ihre Phantasie angewiesen. Mit den Knöchelchen jedenfalls ließ sich so einiges anfangen. Zum Beispiel konnte man Löcher in die Erde buddeln, in die man dann jeweils ein Knöchelchen steckte, jeder ein eigenes und in einer Farbe, über die vorher lang und breit abgestimmt worden war. Jetzt wurde abwechselnd ein flacher Stein in die Luft geworfen. Wenn dieser Stein im

Loch seines eigenen Knöchelchens landete, hatte man gewonnen und durfte die Knöchelchen der anderen kassieren. Natürlich durfte man auf keinen Fall ein gegnerisches Loch treffen; dann nämlich hatte man verloren. Ich für meinen Teil stellte mich bei diesem Spiel sehr geschickt an, riskierte häufig auch, zwei oder drei Knöchelchen gleichzeitig zu setzen ...

Ein besonders beliebter Sport der Tibeter ist das Drachensteigen. Mit den ersten schönen Tagen war der Himmel übersät von diesen farbenprächtigen Flugkörpern aus Papier. Regelrechte Luftschlachten fanden da statt, ausschließlich unter Erwachsenen, und wir, die Kleinsten, waren begeisterte Zuschauer bei diesem Festival der eleganten Bewegungen gegen einen tiefblauen Hintergrund. Manchmal stürzte ein Papierdrachen mit zischendem Geräusch im Garten ab, und natürlich rannten wir dann hin und bemächtigten uns seiner.

Auch mein Bruder Lobsang Samten mit seinen damals achtzehn Jahren teilte diese Leidenschaft. Einer seiner Freunde kam häufig zu uns nach Hause, und alle halfen wir dann mit, den Papierdrachen meines Bruders für die nächste Schlacht einsatzfähig zu machen. Wir zerkleinerten Flaschen, vermischten die pulverisierten Scherben mit Leim und imprägnierten die Drachenschnur mit diesem Brei. Ein reichlich mühseliges Unterfangen, das wir jedoch mit großer Sorgfalt durchführten, weil uns am Sieg meines Bruders gelegen war.

Je mehr der Drachen fertig wurde, um so größer wurde die Spannung. Wir begaben uns aufs Dach des Hauses, und Lobsang Samten ließ ihn steigen, um einen Gegner herauszufordern. Ein Kontakt der beiden Drachen fand nicht sofort statt; Sturzflüge, Einkreisen des Kontrahenten, Ausweichmanöver, Scheingefechte sollten erst einmal den Gegner einschüchtern. Dann plötzlich, begleitet von unserem Kreischen, ging Lobsang Samten zum Angriff über. Worauf es bei dem Spiel ankam, war, mit dem »feindlichen« Drachen auf Tuchfühlung zu gehen und dessen

Schnur zu durchtrennen. Der Flugkörper geriet dann aus dem Gleichgewicht und stürzte zu Boden. Wenn sich der Gegner hartnäckig wehrte, tobte die Schlacht um so länger. Unsere Schreie feuerten meinen Bruder zu höchstem Einsatz an, war es doch üblich, daß der Besiegte für den Sieger ein Essen ausrichtete. Meinem Bruder ist es mehr als einmal gelungen, sich solche Festessen zu erkämpfen.

Selbst in der Schule, während wir mit Schreiben beschäftigt waren, verzog sich unser Lehrer gelegentlich auf die Terrasse, um mit seinem Drachen zu üben. Dann mußten wir ihm unsere Tafeln draußen vorzeigen. Müßig zu erwähnen, daß wir anschließend unsere Tafeln um so schneller reinigten, trockneten und wieder vollschrieben, um sie erneut auf der Terrasse zu präsentieren. Manchmal verfolgte der Lehrer derart konzentriert die Flugbewegungen seines Drachens, daß er das, was wir geschrieben hatten, gar nicht zur Kenntnis nahm. Dann setzten wir uns ganz still in eine Ecke und sahen ihm, nicht ohne eine gewisse Bewunderung, zu, wie geschickt er mit der Drachenschnur hantierte.

Die Knaben, so auch mein Neffe, waren nicht ganz frei von Zerstörungswut, die sie vor allem im Frühjahr überkam, wenn sie das Anwesen nach Vogelnestern absuchten, um sie dann mit Steinen zu bombardieren. Unfähig, ihnen Einhalt zu gebieten, blieben meiner Nichte, mir und den anderen kleinen Mädchen nichts übrig, als ihnen nachzuschleichen und die noch nackten jungen Vögel und auch die unbeschädigten Eier im Gras aufzusammeln. Da sich leider herausstellte, daß keine Vogelmutter mehr die Kleinen fütterte oder sich wieder auf die Eier setzte, die wir angefaßt hatten, drängten wir die junge Brut meiner armen Tante auf, die sie anschließend durchfüttern mußte. Als ob sie nichts weiter zu tun gehabt hätte!

Die Grünfläche auf unserem Anwesen war reichlich holperig. Bei Regen bildeten sich regelrechte kleine Tümpel, und in diesem von der Sonne angenehm erwärmten Wasser plantschten wir mit Vergnügen barfuß herum.

Ich glaube, es ist an der Zeit, von meinem ersten Kontakt mit dem Westen zu berichten. Ich war damals gerade sieben Jahre alt geworden. Zwei Österreicher, die während des Zweiten Weltkriegs in Indien interniert gewesen waren, hatten in Tibet Zuflucht gesucht. Sie waren das Stadtgespräch in Lhasa, jeder wollte die beiden sehen ...

Mein Bruder Lobsang Samten freundete sich mit ihnen an, vor allem mit dem, der Heinrich Harrer hieß. Und so kam es, daß ich zum erstenmal einen Europäer erblickte. Wenn er uns besuchte, was zunehmend häufiger geschah, stemmte er mich auf seine Schultern und trug mich herum. Er liebte die Natur und hatte sogar Pappeln und Obstbäume im Garten gepflanzt. Nur mit Mühe verbarg ich mein Staunen: noch nie hatte ich einen derart großen, derart dünnen Mann gesehen. Er trug eine Stoffhose und ein Hemd, und was mich vor allem faszinierte, waren seine blauen Augen und die blonden, seidenweichen Haare, die ich, auf seinen Schultern thronend, immer wieder befühlen konnte. Wie ich heute offen gestehen kann, ging allerdings ein eigenartiger Geruch von ihm aus!

Der Österreicher liebte die Berge, unternahm ausgedehnte Wanderungen mit Lobsang Samten und Freunden aus Lhasa. Er brachte ihnen auch das in Tibet bis dahin völlig unbekannte Schlittschuhlaufen bei. Wir Kinder lauschten mit angehaltenem Atem den Abenteuern und Geschichten, die sie zu erzählen wußten, und sahen zu, wie sie mit lautem Gelächter »auf dem Eis spazierengingen«, wie wir das nannten.

Heinrich Harrer speiste oft bei uns zu Hause. Eines Tages überraschte er uns mit einem westlichen Gericht. Ich sehe ihn noch vor mir, wie er mit einer dampfenden Platte das Zimmer betrat, sie auf dem Tisch abstellte, und sagte: »Hier, probiert mal. Und dann sagt mir, ob es euch schmeckt!« Nach einigem Zögern kosteten meine Mutter und meine Schwester von diesem fremdartigen Gericht. Und weil es ihnen ganz offensichtlich mundete, bekamen auch wir Kinder, die wir gespannt Amalas Urteil abgewartet hatten, etwas davon ab. Seitdem gehört Brathühnchen zu meinen Leibspeisen.

Als ich mit meiner älteren Schwester Lhasa verließ, hielt sich Heinrich Harrer noch immer in Tibet auf. Auf seinem Rückweg nach Europa suchte er meine zu der Zeit bereits in Indien lebende Mutter auf; ich selbst traf ihn in Kalimpong wieder.

Eines Abends berichtete uns Amala vom feierlichen Einzug Seiner Heiligkeit des Dalai-Lama am 7. Oktober 1939 in Lhasa und seiner Inthronisation, die kurz nach den Feierlichkeiten zum Auftakt des Eisen-Drachen-Jahres erfolgte. Damals wurden auch seine neuen Namen verkündet[1]. Seine Heiligkeit war damals knapp fünf Jahre alt, ich selbst noch gar nicht geboren.

Zum Empfang des vierzehnten Dalai-Lama in der tibetischen Hauptstadt hatte die Regierung die Paläste neu tünchen und für unsere Familie eine vorläufige Bleibe herrichten lassen. In den Klöstern wurden für die Prozession Fahnen genäht; mit wachsender Ungeduld sah die gesamte Bevölkerung diesem außergewöhnlichen Ereignis entgegen. Gesandte aus dem Ausland trafen in der Stadt ein, mitunter mit kostbaren Geschenken für Seine Heiligkeit. Der Chogyal von Sikkim* beispielsweise schickte ihm zwei prächtige Schimmel.

Das gelbseidene Pfauenzelt, das ausschließlich zum Empfang eines neuen Dalai-Lama in Lhasa errichtet wird, mußte, da es lange nicht zum Einsatz gekommen war, nachgenäht, ausgebessert und gereinigt werden. Etwa vier Meter fünfzig hoch, spannte es sich über eine Fläche von dreißig Quadratmetern.

Nach alter Tradition sollte in Rigya, fünf Kilometer vor Lhasa, ein Zeltlager entstehen. Jeder Beamte, ob Mönch oder Laie, sollte innerhalb dieses Geländes sein Zelt er-

---

[1] Jetsun Ngawang Lobsang Yeshi Tenzin Gyatso Sisum Wangyur Tsungpa Mepai Dhe Palsangpo.

richten. In der Mitte würde das Zelt Seiner Heiligkeit stehen ... Einige angesehenere Bürger ließen sich ein neues Zelt anfertigen, andere begnügten sich mit der Instandsetzung des bereits vorhandenen. Jedenfalls waren alle vollauf beschäftigt. Die Schneider rissen sich die Beine aus, um die Nachfragen nach Leinwand, Fahnen und neuer Kleidung zu befriedigen.

Mehr oder weniger die gesamte Bevölkerung von Lhasa hatte sich in Rigya eingefunden, als schließlich Seine Heiligkeit der vierzehnte Dalai-Lama erschien und vor den Mitgliedern des Kashag*, dem Premierminister und den Superioren der Klöster Drepung, Sera und Ganden, den Zentren des tibetischen Buddhismus, seine erste Audienz abhielt. Auf Gesänge und Gebete folgten Tänze, was ebenfalls der Tradition entsprach; Gebäck und getrocknete Früchte wurden verteilt, und zur Feier des Tages durfte sich jeder nach Herzenslust mit getrocknetem Jakfleisch satt essen.

Unsere Familie verbrachte zwei Nächte in Rigya, dann setzte sich auf Geheiß des regierungseigenen Astrologen der Zug nach Lhasa in Bewegung. Die Sänfte Seiner Heiligkeit, von sechzehn in grüne Seide gekleideten und rotbehüteten jungen Beamten getragen, befand sich in der Mitte dieser eindrucksvollen Prozession, die immer größer wurde. Der Sänfte voran ritt auf einem prächtigen Pferd der Lonschen*, der ein mongolisch anmutendes Gewand und eine mit goldenen Bändern geschmückte Kopfbedeckung trug. Ihm folgte, in seinem schönsten Staat und auf einem mit Brokat und Goldfäden herausgeputzten Pferd, der Regent, der den Dalai-Lama bei Abwesenheit oder Minderjährigkeit vertritt.

Der Astrologe führte die Prozession an. Er war ganz in Weiß gekleidet und trug das Banner von Sipakhorlo*. Hochgestellte Persönlichkeiten wie die Shap-pes* und der Tsi-pon* hielten sich im näheren Umfeld Seiner Heiligkeit auf. Diese Aufstellung war vor dem Aufbruch aus dem Zeltlager festgelegt worden, und eine unübersehbare

Schar von Mönchen achtete darauf, daß jeder den ihm zugeteilten Platz einhielt.

Pala, dem man den Titel Gyalyap*, Vater des Dalai-Lama, verliehen hatte, war wie ein Shap-pe gekleidet; Amala, ab sofort Gyalyum*, Mutter des Dalai-Lama, zeigte sich im Festtagsgewand der Region Amdo, einer Tracht, die den Einwohnern von Lhasa fremd war und um so größeres Staunen hervorrief.

Als sich der Zug in Bewegung setzte, vernahm man das Schlagen des *da-ma*, einer aus Ladakh stammenden Trommel, die nur bei besonderen Anlässen eingesetzt wird, wie auch die *suna*, eine Flöte, deren Klang die Bevölkerung an jenem Morgen ganz besonders gern lauschte. Das Zusammenspiel dieser beiden Instrumente löst bei den Tibetern Ehrfurcht, gepaart mit einem tiefempfundenen Glücksgefühl, aus. Zahlreiche Glöckchen begleiteten den *da-ma* und die *suna*. Hinter den Musikanten tanzten etwa zwanzig kleine Jungen zum Rhythmus traditioneller Lieder. Zwei *da-ma* unterschiedlicher Klangfärbung waren zu beiden Seiten eines Ponys in Seide und Satin befestigt, das von einem Mann in schwarzem Hemd, Brokatjacke und weißem Turban geführt wurde. Auch die Tambour- und Flötenspieler trugen über ihren weißen Hemden Brokatgewänder, dazu flache Hüte und lange, goldene Ohrringe.

Beim Einzug Seiner Heiligkeit in Lhasa knatterten Fahnen und Banner aus farbenprächtiger Seide im Wind. Der Weg, den der Dalai-Lama und sein ständig wachsendes Gefolge nahmen, war mit gelben und weißen Kreidestrichen markiert. Rauchschwaden quollen aus Weihrauchfässern, die alle dreißig Meter aufgestellt waren. Gruppen von Mönchen sowie die Regimenter der tibetischen Armee bildeten ein langes Ehrenspalier. Zu beiden Seiten der Sänfte Seiner Heiligkeit waren die Vorhänge zurückgeschlagen worden, damit der junge Dalai-Lama die vielen Menschen sehen konnte, die gekommen waren, um ihm zu huldigen – eine Menschenmenge, der

Tränen des Glücks und der Ergriffenheit in den Augen standen.

Am Ortseingang von Lhasa trat das Orakel von Nechung* auf den Dalai-Lama zu. Der Mann war in Trance, und Amala zufolge wirkte dadurch sein Gesicht verzerrter und erschreckender als jede unserer traditionellen Masken. Er bot Seiner Heiligkeit eine *khata* dar und berührte dabei mit dem Kopf dessen Stirn. Woraufder junge Dalai-Lama zur Verblüffung der Umstehenden wie selbstverständlich und so, als kennten sich die beiden seit langem, dem Orakel die *khata* um den Hals legte. Von da ab begleitete das Orakel die Sänfte, bis Seine Heiligkeit, unsere Familie und zahlreiche Beamte den Jokhang*-Tempel betraten.

Dort nahm der Dalai-Lama auf einem überhöhten Thron Platz, vor einem Bildnis des Buddha. Die Lamas und Mönche vertieften sich ins Gebet, während die Tibeter im ganzen Land den Göttern in verschiedenen Tempeln *khatas* darbrachten. Auf den privaten Hausaltären, auf denen sich die Opfergaben häuften, funkelten Tausende von Lichtern. Später wurde Seine Heiligkeit nacheinander zum Tempel von Ramoche Tsuklakhang* und anschließend zum Norbulingka geleitet. In der Halle des späteren Sommerpalastes des Dalai-Lama nahmen der Regent, der Lonschen, zahlreiche Beamte, Lamas, Mönche und ausländische Repräsentanten als Zuschauer an traditionellen und heiligen Tanzdarbietungen teil, während Diener ihnen mit Milch, Butter und einer Prise Salz gewürzten tibetischen Tee und Gebäck anboten.

Amala hatte ihren Bericht mit dem Hinweis beendet, daß Seine Heiligkeit bis zu dem Tage im Norbulingka geblieben war, den ihm der regierungseigene Astrologe als günstig für den Einzug in den Potala bestimmt hatte.

Ein andermal, im Freundeskreis, erzählte mir Amala von meiner Geburt und wie ich zu meinem Namen gekommen war. Eine Geschichte, die mich so verblüffte, wie sie die anderen amüsierte.

Kurz nach der Übersiedelung Seiner Heiligkeit und unserer Familie nach Lhasa war es in der Hauptstadt einmal mehr hoch hergegangen. Man feierte gerade Shotoen*. Im Norbulingka kamen über mehrere Tage hinweg Opern von verschiedenen Ensembles zur Aufführung, zum erstenmal in Anwesenheit Seiner Heiligkeit.

Das Haus, das unsere Familie übergangsweise bewohnte, lag unweit der Sommerresidenz Seiner Heiligkeit, das heißt, man konnte von uns aus die Bühne einsehen. Amala, obgleich hochschwanger, war wegen dieser Festlichkeiten stark in Anspruch genommen. Und natürlich suchte ich mir den ungünstigsten Augenblick aus, um das Licht der Welt zu erblicken!

Es war am fünften Tag des Shotoen. Überall herrschte Hochbetrieb. Die Diener hatten alle Hände voll zu tun; die Beamten, die Freunde und Gäste saßen in der Oper.

Ans Niederkommen gewöhnt – ich war das vierzehnte Kind –, hatte meine Mutter vorsorglich eine Schere sowie Tücher und Windeln bei sich, die sie in ihrem *ambag* verstaut hatte, einer Art Brusttasche, die sich aus dem Wikkeln der *tschupa** ergibt und in der die Tibeter alle möglichen nützlichen Dinge, auch Dokumente, verstauen … Kurz und gut, ich kam im Areal des Norbulingka zur Welt, in dem Haus, das wir damals vorübergehend bewohnten, genauer gesagt in der Vorratskammer, dem einzig ruhigen Ort des Gebäudes. Meine ältere Schwester war bei der Geburt dabei.

Einige Tage nach meiner Geburt suchte Amala Seine Heiligkeit auf, um ihn zu bitten, einen Namen für mich zu bestimmen. Ohne zu zögern antwortete der Dalai-Lama: »Jetsun Pema[1].« Es war der erste Name, den der damals erst fünfjährige vierzehnte Dalai-Lama einem Kind gab. Jetsun ist auch der erste Teil des unendlich langen Namens Seiner Heiligkeit.

---

[1] *Jetsun* = tugendhaft; *Pema* = Lotos.

3.

DIE TRADITION,
FESTE ZU FEIERN

Der erste Tag des neuen Jahres wurde in Tibet offiziell Losar genannt. Am Ende eines jeden Jahres stellte der Astrologe einen neuen Kalender für das darauffolgende auf. Die Festlichkeiten begannen am neunundzwanzigsten Tag des letzten Monats des ausklingenden Jahres mit der Torgya-Feier im Potala. Durch diese Zeremonie sollte Unheil für die Zukunft abgewendet werden.

Die tibetischen Monate haben keine Namen, sondern sind durch Zahlen gekennzeichnet. Die sieben Tage der Woche sind dagegen nach der Sonne, dem Mond und den fünf sichtbaren Planeten benannt. Im alten Tibet folgte der Ablauf des Kalenders einem zwölfjährigen Zyklus, wobei jedes Jahr einem Tier zugeordnet war: Pferd, Schaf, Affe, Vogel, Hund, Schwein, Maus, Stier, Tiger, Hase, Drachen und Schlange. Im 11. Jahrhundert unserer Zeitrechnung wurde ein Zyklus von sechzig Jahren eingeführt und die Tiernamen mit den fünf Elementen – Holz, Feuer, Erde, Eisen, Wasser – gekoppelt. Jedes dieser Elemente war zweimal ein und demselben Tier zugeordnet. Zur Unterscheidung der beiden Jahre gleichen Namens bezeichnete man das erste als männlich und das zweite als weiblich; dem weiblichen Holz-Stier-Jahr ging also das männliche Holz-Stier-Jahr voraus. Dieser Zyklus, Rabjung genannt, galt ab 1027 nach Christus. Ein Jahr nennt sich Lokhor. Die doppelten Stunden von Tag und Nacht werden durch die zwölf Tiere bestimmt. Der Tagesanbruch ist Hase; Sonnenaufgang: Drachen; Vormittag: Schlange; Mittag:

Pferd; Nachmittag: Schaf; Abend: Affe; Sonnenuntergang: Vogel; Dämmerung: Hund; Anbruch der Nacht: Schwein; Mitternacht: Maus; Ende der Nacht: Stier; Morgendämmerung: Tiger.

Zu Losar rüstete sich die gesamte Bevölkerung. Die Tempel wurden gesäubert und erhielten einen neuen Anstrich, die Tücher aus Brokat oder Satin, die die Abbilder der Gottheiten zierten, wurden ausgewechselt. Zwei Wochen vor Neujahr galt es, einen jungen Weizen- oder Gerstensproß als Opfergabe einzutopfen. *Tsampa* und Getreide in dafür vorgesehenen Holzkästchen, die mit vergoldeten und versilberten Papierfähnchen geschmückt waren, sowie gefärbte Butter wurden ebenfalls geopfert, zusammen mit einer Schale *chang*, Gerstenbier, sowie *khabse*, einer Art Gebäck.

Aber kommen wir auf Torgya, die Feier zum Jahresende im Potala, zurück. Die Mönche des Klosters Namgyal hatten aus diesem Anlaß ein farbenprächtiges Schauspiel ausgerichtet. Die gelben Seidenvorhänge der Gemächer Seiner Heiligkeit bauschten sich im Wind, zum Entzücken der Schaulustigen, gilt doch die Intensität und die Kraft des Windes als vielversprechendes Zeichen für das neue Jahr. Tänzer führten verschiedene legendäre Episoden aus der Geschichte Tibets auf, und zwischendrin schossen Soldaten in jahrhundertealten Kettenhemden immer wieder mit ihren Gewehren in die Luft. Der Pulverdampf aus ihren Büchsen machte es einem manchmal schwer, das Geschehen auf der Bühne zu verfolgen.

Wenn dann Mönche in Tiermasken auf die Bühne stürmten, wurden sie mit lautem Gelächter begrüßt. Die Tänze, die sie aufführten, dauerten Stunden. Sobald jedoch die Tänzer mit den schwarzen Hüten erschienen, senkte sich atemlose Stille über die Menge. Jedermann wußte, daß diese Gestalten – die über ihren ebenfalls schwarzen Kostümen Ketten aus menschlichen Knochen, *rügyen* genannt, trugen, was bei der kleinsten Bewegung ein schauerliches, schier übernatürliches Rasseln auslöste – Dämonen verkörperten.

Die Vorführungen endeten mit einer Pantomime. Im Hof wurde ein riesiges Reispapier ausgebreitet, auf dem die Umrisse eines Menschen abgebildet waren, und zum Klang von Trommeln, Trompeten und Zimbeln bewegten sich die Tänzer gestikulierend um dieses Papier herum, verscheuchten symbolisch alle unheilvollen Einflüsse des zurückliegenden Jahres. Immer wilder wurden die Tänze, bis plötzlich der große Magier das Reispapier packte und zu einer riesigen Kugel zusammenballte, die er in siedendes Öl warf. Dann goß er aus einer Hirnschale einen Schwall Alkohol auf das Öl, worauf Rauchschwaden verbrannten Fetts zum Himmel stiegen und mit ihnen alles Böse und Schlechte des abgelaufenen Jahres.

An diesem Abend aß man in jeder tibetischen Familie *gouthouk*, eine dicke Suppe mit kleinen Klößen, in denen sich winzige Gegenstände aus Holz oder Wolle, Würfel und Geldstücke verbargen, allesamt Glücksbringer. Den ganzen Abend lang vergnügte man sich damit, das, was man in seinem Essen gefunden hatte, zu deuten.

Eine andere Tradition war es, daß man etwa zehn Tage vor Neujahr begann, unter Freunden Geschenke zu tauschen und an arme Familien Essen zu verteilen. Die Wimpel und Fahnen in den Wohnungen wurden erneuert, auch die weißen Spitzen um die äußeren Fensterrahmen. Außerdem wurden in jedem Haus *khabse*, ein Gebäck, das nur zu Losar gegessen wurde, zubereitet. Zu diesem Zweck kam zu uns jedes Jahr ein betagtes, weißhaariges tibetisches Ehepaar. Die beiden arbeiteten in einem eigens dafür reservierten Raum, in dem ein großer Backofen stand. Unermüdlich waren sie damit beschäftigt, riesige Mengen von *khabse* anzufertigen, so viel, daß schließlich der gesamte Raum, vom Boden bis zur Decke, damit angefüllt war. Natürlich gab es eine Erklärung dafür: Mit *khabse* wurden nämlich nicht nur die Hausaltäre überhäuft, sondern man beschenkte auch die Verwandten damit, die Diener, den Eremiten, Besucher und Freunde und nicht zuletzt Mönche und Arme. Selbst an Freunde im Ausland wurden große, in *khatas* eingeschlagene Tabletts verschickt. Und entsprechend dem Brauch schickten die uns dann die *khata* mit ihrem Dank zurück. Die *khabse* wurden in Öl oder Butter gebraten, und ganz Lhasa, ja, man darf wohl annehmen, ganz Tibet, lag unter einer Dunstglocke aus Bratfett. Und wenn eine Familie die besten *khabse* der Stadt zuzubereiten verstand, war das wahrlich ein Grund, stolz zu sein.

Am Neujahrstag selbst warf man in jedem Haushalt erst eine Prise Weizenmehl in die Luft, daraufhin eine Prise *tsampa*. Der Rest *tsampa* wurde zwischen Daumen und Zeigefinger genommen und dann hinuntergeschluckt. Auch *chang* brachte man als Opfer dar, ehe man sich damit die Zunge benetzte. Was unter keinen Umständen auf dem Altar fehlen durfte, war ein mit gefärbter Butter verzierter Hammelschädel, um das neue Jahr gebührend zu würdigen. Und man bereitete süßen Reis zu, *dressil*, und Naschwerk, *dro-ma*.

An diesem Tag galt es, so früh wie möglich aufzustehen, um das neue Jahre zu begrüßen. Nach dem Entbieten des Tashi Delek* wurde heißer, süßer *chang* serviert, Käse, *tsampa* und *dro-ma*. Dann begab sich die Familie in den Raum, in dem sich der Altar befand, und warf sich den Göttern zu Füßen. Die Jüngeren überreichten *khatas* an die Älteren, die Diener an ihren Herrn. *Khatas* für die Diener wurden am dritten und letzten Tag des Losar verteilt; auch *chang* erhielten sie, und dann tanzten und vergnügten sie sich die ganze Nacht hindurch. Auf die Myriaden detonierender Böller hin entfaltete sich ein märchenhaftes Feuerwerk am Himmel.

Nach den häuslichen Feiern strömte ganz Lhasa zum Tempel nach Jokhang. Da es um diese Zeit noch sehr kalt war, ließ die Regierung am ersten Tag des neuen Jahres, der im Potala begangen wurde, heißen Tee ausschenken. Im Laufe des Vormittags dann begaben sich die Beamten zu Nechung, um dem Orakel ihre Ehrerbietung zu erweisen.

49

Zu Festlichkeiten wie Losar war es üblich, daß die Erwachsenen ihr schönstes Gewand anlegten, die Kinder sogar neu eingekleidet wurden. Die Häuser wurden frisch getüncht, Wasserkaraffen und andere Behälter mit weißen Wolltüchern umwickelt. Darüber hinaus war es üblich, zwischen Portal und Haustür mit weißem Sand Linien zu streuen und in der Mitte des Flurs Symbole zu zeichnen, etwa eine Muschel, als Symbol für die Strahlung des *dharma*.

Da ich seit jeher mit neuen Kleidern auf Kriegsfuß stand, hatten es die Diener, die mich anziehen sollten, sehr schwer mit mir. Ich schrie und weinte und bestand auf den alten, die mir bequemer erschienen. Amala fand mein Benehmen höchst sonderlich. »Was für ein eigensinniges kleines Mädchen du doch bist! Hast nichts dafür übrig, hübsch auszusehen!« sagte sie oft. Eine Erklärung dafür mag wohl in meinem früheren Leben zu finden sein ...

Die traditionellen tibetischen Gewänder waren vornehmlich aus Brokat geschneidert und mit Spitzen verziert. Die reichlich rauhen Stoffe, die dabei verarbeitet wurden und die allein schon als Grund für meine Abneigung neuen Kleidern gegenüber anzusehen sind, kamen damals in erster Linie aus China, später aus Indien (Wollsachen aus Großbritannien). Nach und nach hatte sich die Mode in Tibet dahingehend entwickelt, daß die Frauen dick gefütterte Gewänder aus Brokat trugen. Meine ältere Schwester liebte schöne Kleider und alles, was modisch war. Kein Wunder bei einer Fünfundzwanzigjährigen ... Wenn Amala Damen aus dem Adel oder dem angesehenen Bürgertum empfing, versteckten wir Kinder uns ganz in der Nähe, um sie zu bestaunen. Die Tibeterinnen griffen nämlich auch gern zu Schminke, wobei sie sich aller möglichen Produkte aus Indien oder Europa, und hier vor allem aus Paris und London, bedienten. Was mich betrifft, hatte ich eine Vorliebe für eine gewisse »Pearl Soap«, die aus London kam: Auf dieser Seife bestand ich, wenn mir ein Dienstbote das Gesicht schrubbte (was gelegentlich mehr als nötig war!), weil sie durchsichtig war und ich nicht müde wurde, durch sie hindurch die bizarr verzerrten Gegenstände im Zimmer zu betrachten.

Abgesehen von den kratzigen neuen Kleidern waren Festivitäten wie Losar oder Monlam – auf das ich noch zu sprechen komme – für meinen Neffen, meine Nichte und mich ein willkommener Anlaß, aus der häuslichen Umgebung herauszukommen und uns unter die Leute zu mischen. Entsprechend erschöpft sanken wir dann abends auf die große Matratze, die man im Zimmer ausgebreitet hatte, und überließen uns der Obhut meiner Tante, die uns, bevor wir einschliefen, noch eine Geschichte erzählte.

Die Schwester meines Vaters war unsere Verbündete geworden. Sie bewahrte unsere kleinen Geheimnisse für sich, vor allem unsere Plünderungen der Vorratskammer zumindest einmal die Woche. Eigentlich war uns das Betreten des Kellers untersagt; nur zu Beginn des Winters, wenn es galt, die Pflanzen und Blumen hinunterzuschaffen, um sie vor der drohenden Kälte zu schützen, durften wir helfen ... Ansonsten lauerten wir, wenn ein- oder zweimal die Woche jemand Reis, Mehl und Gerste für die *tsampa* von unten heraufholen mußte, aus unserem Versteck heraus auf das Geräusch von Schritten und vor allem auf das Knarzen des dicken alten Schlosses, robbten dann hinterher und schmuggelten uns in die Vorratskammer, wo wir uns den Bauch mit getrocknetem Fleisch vollstopften, mit geröstetem Mais, mit in Jakhaut eingeschlagenen Butterklümpchen. Einen Teil der Beute deponierten wir bei meiner Tante, die uns hoch und heilig versichern mußte, Amala nichts zu verraten.

Den buddhistischen Handschriften zufolge wurde Smon Lam, das große Gebetsfest am Vollmondabend des ersten Monats, zum Gedenken an den Sieg Buddhas bei Sravasti über die ketzerischen Meister begangen. Ursprünglich galten diese Feierlichkeiten, die seit dem weiblichen Erde-

Stier-Jahr des siebten Hexadezenniums (1409) begangen wurden, der Verehrung des großen Tsongkhapa.

Die beiden ersten Tage des neuen Jahres wurden nur von der Regierung und dem Laienstand gefeiert; der Monlam Chenmo, zu dem von überall her Mönche und Pilger eintrafen, begann am Morgen des dritten Tages. Auf einen Schlag schnellte die Zahl der Bewohner der Hauptstadt von fünfundzwanzigtausend auf hunderttausend. Im großen Saal und in den Gängen des Jokhangtempels wimmelte es vor den wie jedes Jahr für einen reibungslosen Ablauf des Festes verantwortlichen Mönchen aus den drei großen klösterlichen Universitäten Sera, Ganden und Drepung. Die Feierlichkeiten dauerten drei Wochen und standen unter der Schirmherrschaft der Regierung.

Für die Mönche begann der Tag um vier Uhr, mit einer kurzen Pause zu Sonnenaufgang. Die Bewohner von Lhasa konnten sich, wenn sie wollten, nützlich machen und die Mönche mit Tee und einer mit Fleisch, Butter, Trockenfrüchten und Käse angereicherten Suppe versorgen. Außerdem brachten die freiwilligen Helfer sackweise *tsampa* mit, die die Mönche dann in ihren Tee tunkten, den sie in Holzschalen vorgesetzt bekamen.

Dann kam die Stunde des Sungchöra*. Die Mönche, die ihr Studium bereits beendet hatten, traten in Wettstreit um den Titel eines Lharampa, der in philosophischen Streitgesprächen ermittelt wurde. Neben viel Publikum waren auch die Obersten der Klöster zugegen; ein Schiedsgericht bewertete die Leistungen der einzelnen Teilnehmer nach der Skala der zweiundzwanzig Lharampa-Gradierungen.

An manchen Tagen stattete Seine Heiligkeit den Feiernden einen Besuch ab. Im Tempel war ein Sitz für Seine Heiligkeit bereitgestellt, von wo aus der Dalai-Lama einer dicht an dicht stehenden Menge den Segen erteilte.

Nach den dreiwöchigen Feiern zum Neuen Jahr und Monlam leerte sich Lhasa auf einen Schlag. Allerdings kehrte nur für kurze Zeit wieder Ruhe ein, denn bereits zwölf Tage später begann das Tsogchö Monlam, das kleine Neujahrsfest. Wieder wurden nach alter Tradition philosophische Streitgespräche geführt, für die Mönche die Chance, den höchsten Grad des Titels eines Tsokrampa* zu erlangen, der zwar weniger galt als der eines Lharampa, den Mönch, der ihn innehatte, jedoch in den Rang eines *gueshe** erhob.

Monlam war auch die Zeit für schriftliche Gebete. Die Pilger schrieben ihr Anliegen auf Papierstreifen, die sie daraufhin unter die Mönche warfen. Diese wiederum warfen die kleinen Papiere den etwas höher sitzenden Klostervorstehern zu, die sie im Flug zu erhaschen suchten. Dann las einer von ihnen das Anliegen vor und sprach das gewünschte Gebet.

Im Barkhor* war Reiten untersagt, selbst die *shap-pes* mußten zu Fuß gehen. Die Frauen gingen ausschließlich in prunkvollen Gewändern und nie ohne Kopfbedeckung auf die Straße. In der Nacht des fünfzehnten Tages des ersten Monats, dem Tag, der für den Sieg des Buddha steht, fand das große Butterlampenfest statt, an dem zahlreiche Mäzene teilnahmen. Die Butter wurde mit farbigem Puder koloriert und anschließend zu Skulpturen geformt, die eine Höhe bis zu zwölf Metern erreichten und Je Tsongkhapa* und seine Anhänger darstellten, die fünf Familien des Buddha, die acht Glücksembleme, die acht Glücksbringer, Tiger, Drachen, Löwen ... An diesem Tag entbot auch das Orakel von Nechung im Trance Seiner Heiligkeit seinen Gruß.

Die Zurschaustellung des *goekon* genannten Banners bildete den Höhepunkt der Neujahrsfeiern. Eine Prozession von Mönchen, mit Masken aus Pappmaché als Dämonen und Phantasietiere verkleidet und die Fahnen der jeweiligen Klöster, seidene Schirme oder solche aus Brokat und andere Glücksbringersymbole schwingend, zog zum Potala, wo sich eine riesige Menschenmenge im Tanz wiegte. Beim Anblick des mit Gold, Brokat und Spitzen durchwirkten farbenprächtigen *goekon* erschollen Rufe der Bewunderung, die bis in die Räumlichkeiten Seiner

Heiligkeit drangen. Nach einigen Stunden wurde das Banner wieder eingerollt, endeten die Lustbarkeiten, und das neue Jahr nahm seinen Verlauf.

Ehe die Mönche Lhasa verließen und sich auf den Heimweg in ihre jeweiligen Klöster machten, warf jeder von ihnen einen Stein in den Fluß, zur symbolischen Befestigung der Dämme. Dieser Brauch geht auf das Jahr 1562 zurück, als die große Flut die tibetische Hauptstadt überschwemmte. Nach dem Ende des Monlam unterzogen sich die Mönche mehrtägigen Riten, die dazu bestimmt waren, das Böse zu vertreiben. Einen Tag lang wurden bestimmte Gegenstände verbrannt und verstreut, um böse Geister daran zu hindern, unserem Land und seiner Religion Schaden zuzufügen.

Nach dem Monlam nahmen die beiden Magistrate von Lhasa, die während der Festlichkeiten von ihren Machtbefugnissen entbunden worden waren, ihre Geschäfte wieder auf, und in der Stadt kehrte der normale Alltag ein.

An ein Fest erinnere ich mich besonders gut: an den Geburtstag Seiner Heiligkeit des Dalai-Lama am fünften Tag des fünften Monats[1] des tibetischen Kalenders, einer der wichtigsten Gedenktage des Landes.

Den Auftakt bildete ein Weihrauchopfer. Gebetsfahnen flatterten über dem Potala und dem Norbulingka. Unsere Familie begab sich zur Residenz Seiner Heiligkeit und sprach ihm ihre Glückwünsche aus. Die Mitglieder des Kashag, das Sekretariat und einige andere Beamte versammelten sich im Audienzsaal; die Lehrer Seiner Heiligkeit überreichten ihm, zusammen mit ihren besten Wünschen, Pillen, die ihm ein langes Leben bescheren sollten, und beteten darüber hinaus für seine Gesundheit. Die Gratulationen des Kashag, des Sekretariats und der Beamten der Regierung schlossen sich an, ehe der Aufbruch nach dem zwei Kilometer von Lhasa entfernten Tsung Lha Yar Sur er-

[1]   6. Juli 1935: Geburt des vierzehnten Dalai-Lama.

folgte, wo verschiedene Rituale zu Ehren des Dalai-Lama vollzogen wurden. Wieder wurden Gebetsfahnen gehißt, Weihrauchopfer dargebracht.

Der Tsechang Lekhung, das Schatzamt des Potala, richtete ein zweitägiges Fest für unsere Familie aus, die im Gegenzug ein ebenfalls zwei Tage währendes Fest für die Beamten veranstaltete, die es als Ehre ansahen, dazu eingeladen zu werden, und in ihrem besten Staat in Tsung Lha erschienen. Man beschenkte sich gegenseitig mit *khatas*, und auf dem Hügel wurde getanzt und gesungen.

Tsung Lha Yar Sur war hinreißend schön, mit einem Garten, durch den sich ein Bach zog. Im Sommer blühten in und um Lhasa herum die herrlichsten Blumen, vor allem langstielige Iris mit hauchzarten Blättern, die sich von den im Westen bekannten Arten wesentlich unterscheiden. Wir Kinder paßten den Augenblick ab, uns dorthin, wo diese Blumen besonders dicht standen, verdrücken zu können – was gar nicht weit war; außerdem kamen immer irgendwelche Dienerinnen mit –, um ganze Arme voll davon zu pflücken, aus denen die Dienerinnen dann Zöpfe flochten, die sie an unseren kurzen Haaren befestigten. War unsere »Transformation« einmal noch nicht ganz beendet, wenn die Rufe der Dienstboten, die Amala nach uns ausgeschickt hatte, erklangen, überhörten wir sie geflissentlich und duckten uns ins hohe Gras, zusammen mit den Dienerinnen, die unsere Verbündeten waren und die, sobald die Gefahr vorbei war, ihr Werk vollendeten. Wie stolzgeschwellt wir dann nach Hause kamen!

Auch das Flußufer war ein beliebtes Ziel. Das Wasser selbst war eisig kalt, die Strömung reißend. Wir zogen uns aus und stiegen ins Wasser; die Diener, die stets dabei waren, breiteten inzwischen auf der Wiese eine Unterlage aus, auf die sie unsere Kleider legten. Wenn wir dann schnatternd vor Kälte aus dem Wasser kamen, trockneten wir uns rasch ab und kuschelten uns unter unsere Kleider, zu einer wohlverdienten Siesta. Später dann vergnügten wir uns damit, unter den Trauerweiden Jagd auf Kaulquappen zu machen, die wir in Flaschen sperrten.

Die nähere Umgebung, entlang der vom Khyi Chu gespeisten Bewässerungskanäle, war für alle Tibeter ein bevorzugter Picknickplatz. Diese Kanäle zogen sich durch Hafer- oder Erbsenfelder, und eines unserer Lieblingsspiele war, in kleinen Gruppen zu sieben oder acht Kindern plus Dienern Erbsen zu stibitzen und in unseren kleinen Beuteln zu horten. Sobald der Bauer auftauchte und mit der Rute drohte, hieß es, sich in Sicherheit zu bringen, und für die Diener, ihn abzulenken.

Wie glücklich war ich auch, wenn sich die ganze Familie um den Tisch versammelte – mit Ausnahme Seiner Heiligkeit und meines älteren Bruders, der als Abt von Kumbum damals im Kloster Drepung lebte. Meine Schwester beschäftigte uns, während Amala ihrer Leidenschaft frönte: dem Kochen. Bei uns zu Hause herrschte die Amdo-Küche vor, die sich wesentlich von der anderer Regionen Tibets unterscheidet. Es konnte allerdings durchaus vorkommen, daß Lobsang Samten die Diener um gesüßten, d. h. um mit Kondensmilch aus Indien »veredelten« Tee bat. Das war damals große Mode in Lhasa, während die Tibeter traditionell Salz und Butter dazugeben.

Da die Häuser damals noch nicht über fließendes Wasser verfügten, befand sich in einer Ecke der Küche ein Wasserbehälter, aus dem man sich mit großen kupfernen Schöpfkellen bediente. Meine Schwester oder Amala brieten häufig in der Holzasche des Herds Kartoffeln, die mit Butter und Salz köstlich schmeckten! In der Asche wurde auch goldfarbenes, knuspriges Brot gebacken. Brotrezepte besaß meine Mutter mehrere. Wenn sie zum Beispiel Melasse unter den Teig mischte, wurde das Brot innen zart und süß. Auch Sesamkörner verwendete sie gern. Meine Schwester hingegen ließ sich hin und wieder überreden, aus Melasse und Butter eine Art Karamel herzustellen. »Das ist nicht gut für eure Zähne!« jammerte dann meine Mutter, wenn wir Kinder uns darüber hermachten.

Soweit meine Erinnerung zurückreicht, war sich Seine Heiligkeit immer seiner Ausnahmestellung bewußt. Wenn ich im Alter von vier oder fünf Jahren meine Mutter zum Potala oder in den Norbulingka begleitete, war er, damals zehn, stets von Beratern umgeben und längst kein Kind mehr wie andere Gleichaltrige, deren Tagesablauf aus Schule und Spielen bestand. Seine Heiligkeit bewies bereits ein ausgeprägtes Verantwortungsbewußtsein, und die Würde, die er ausstrahlte, war beeindruckend. Schon damals empfand ich ihm gegenüber ungeheuren Respekt.

Sein Verhalten hing aber auch davon ab, welche Ratgeber gerade zugegen waren. Gut möglich, daß er sich zu dem einen oder anderen besonders hingezogen fühlte. Wie auch immer – ich jedenfalls empfand die Besuche in Begleitung meiner Mutter – im Winter im Potala, ab Beginn des Frühjahrs dann im Norbulingka – als etwas ganz Besonderes. Auch mein Neffe und meine Nichte waren sich, wenn sie mitkommen durften, dieser Ehrung bewußt.

Mit meinen sieben oder acht Jahren sah ich im Dalai-Lama kcineswegs nur den fünf Jahre älteren Bruder; er war für mich kein Junge wie andere, geschweige denn ein Spielkamerad. Auch meinem jüngsten Bruder Tendzin Choegyal, der Reinkarnation eines Rinpoche, zollten wir Respekt, obwohl er weiterhin bei uns zu Hause lebte und sogar gelegentlich über die Stränge schlug. Während der Mahlzeiten zögerte er beispielsweise nicht, seinen Platz zu verlassen, wenn er lieber mit uns herumtollte – sehr zum Ärger seines Lehrers übrigens ... Und obwohl auch er kein Kind wie andere war, hinderte ihn das nicht daran, sich die wahnwitzigsten Dinge auszudenken. Weil er ein Rinpoche war, sah man ihm seinen Übermut jedoch nach. An eine Geschichte erinnere ich mich noch genau: Er war damals fünf Jahre alt und ein begeisterter Reiter. Eines Tages bestand er darauf, auf dem Fohlen, das die Rappenstute meiner Schwester einige Zeit zuvor geworfen hatte, zu reiten – ausgerechnet auf der Dachterrasse des Hauses! Die gehorsamen Diener holten also das Fohlen, zerrten es am

Zügel und von hinten schiebend die Stufen hinauf. Mein junger Bruder wartete seelenruhig ab, mokierte sich höchstens ein wenig über das störrische Tier. Was für ein erhebender Augenblick, als es endlich oben war! Noch nie hatte man in Tibet ein Pferd auf einem Dach erlebt! Nachdem die Laune meines Bruders befriedigt war, mußte das Pferd die Treppe wieder hinunter: Die Diener hielten es am Schwanz fest, damit es nicht stürzte und sich die Beine brach.

Was die Wiedergeburten in meiner Familie anbelangte, brachte ich ihnen den äußeren Umständen entsprechend ganz unterschiedliche Gefühle entgegen. Seine Heiligkeit der Dalai-Lama war zwar mein Bruder, wohnte aber in einem Palast. Mein jüngerer Bruder dagegen lebte als Rinpoche mitten unter uns – und ich selbst hatte meine eigene kleine Welt, bestehend aus Schule, aus Spielen, aus meinen Kameraden, insbesondere meinem Neffen und meiner Nichte, den Kindern der Diener und meiner Tante, die mein ganzes Vertrauen besaß. An die Eigenheit unserer Situation gewöhnte ich mich so rasch, wie das nur Kinder zustande bringen.

Wenn wir den Dalai-Lama besuchten, nannte er unsere Mutter Amala und sprach von Pala, wenn er die Erinnerung an den Vater heraufbeschwor. Uns redete er mit unseren Namen an. Im Frühling ging er gern mit Amala in den Gärten des Norbulingka spazieren, zeigte ihr freudestrahlend seine zahmen Papageien und die Fische, die an die Oberfläche des Sees drängten, sobald sie seine Schritte oder seine Stimme vernahmen. Wir Kinder folgten den beiden schweigend in einigem Abstand und warteten darauf, daß sich Seine Heiligkeit zu uns umdrehte und sagte: »Ihr könnt jetzt spielen gehen.« Amala berichtete Seiner Heiligkeit ausführlich, was sich zu Hause so alles tat, und ich glaube, daß ihr das sehr wichtig war, besonders seit dem Tod meines Vaters. Seine Heiligkeit kam auch auf seine Studien zu sprechen und darauf, daß für mich eine Schulausbildung ebenfalls unerläßlich sei. Wahrscheinlich hat Amala bei einem dieser Treffen auch diesbezügliche Einzelheiten mit ihm erörtert.

Wenn meine Mutter nur mich mitnahm, blieb ich an ihrer Seite und damit in unmittelbarer Nähe Seiner Heiligkeit, so daß ich ihre Unterhaltung mit anhören konnte. Der Dalai-Lama interessierte sich lebhaft für Uhren, die er auseinanderzunehmen pflegte, um die Mechanik zu erforschen, und dann wieder zusammensetzte, was nicht immer gelang. Auch der Generator, der den Norbulingka mit Strom versorgte, und alte Automobile faszinierten ihn. Vom dreizehnten Dalai-Lama waren zwei in ihre Einzelteile zerlegte Baby Austin Baujahr 1927 sowie ein Dodge aus dem Jahr 1931 zurückgeblieben. Eines Tages führte uns Seine Heiligkeit voller Stolz den Dodge vor, den er zusammen mit einem jungen Mechaniker wieder fahrtüchtig gemacht hatte. Nicht genug damit: Auch das widerspenstige Ungetüm von Generator, der immer mal wieder streikte, hatte er, wie er Amala verschmitzt gestand, schon häufig repariert – und durch dieses Herumbasteln begriffen, wie ein Verbrennungsmotor funktioniert und wie ein Dynamo ein Magnetfeld erzeugt.

4.

MEINE INTERNATSZEIT
IN INDIEN

Bisher hatte sich mein Leben sowie das meiner Familie auf Lhasa und die nähere Umgebung beschränkt. Als noch sehr kleines Kind war ich zwar einmal mit meiner Schwester in Gyantse gewesen, aber an Einzelheiten dieser Reise kann ich mich nicht mehr erinnern. Meine Familie besaß zehn Grundstücke in verschiedenen Gebieten Tibets; eines davon wurde von einem Vetter bewirtschaftet, Chen Chen La, dem Sohn meiner Tante.

Nicht nur das Haus, von dem ich bereits gesprochen habe, sondern auch sämtliche andere Liegenschaften waren meinen Eltern anläßlich der Inthronisation des Dalai-Lama von der Regierung übereignet worden. Besitzungen, die von da an vererbbar waren. Auch die Bauern erhielten von der Regierung Anbauflächen zugeteilt, auf daß ein jeder sein Land nach eigenem Gutdünken und im Vertrauen darauf bestellen konnte, daß es auch die nachkommenden Generationen ernähren würde. Im Grunde handelte es sich um einen mit dem Staat geschlossenen Pachtvertrag. Auch Privatleute und Klöster verfügten über Ländereien, die sie verpachteten. Man kann also sagen, daß Tibeter aller Schichten an der Wertsteigerung von Grund und Boden Anteil hatten.

Zum Ausgleich für das zur Verfügung gestellte Land zahlte der Bauer dem jeweiligen Besitzer – einem Kloster, einem Privatmann oder dem Staat – einen Pachtzins in Form eines Teils des Ernteertrags. Der Staat wiederum verteilte diese Einnahmen an die Armee, an die höheren Staatsdiener sowie an Klöster, die nicht für sich selbst aufkommen konnten. Wer seine »Pacht« nicht in Naturalien beglich, bezahlte mit seiner Arbeitskraft. Mag sein, daß dieses System nicht gerade ideal war und auf beiden Seiten Mißbrauch getrieben wurde. Wenn es gelegentlich vorkam, daß die Regierung einem Bauern, der seinen Verpflichtungen nicht nachkam, das Land wegnahm, so bewies der Staat andererseits Entgegenkommen, wenn die Ernte einmal schlecht ausfiel und für die Familien schwere Zeiten anbrachen.

Trotz einiger Schwächen im System kann man sagen, daß diese Handhabung der natürlichen Ressourcen so schlecht nicht war. Auch wenn sich der Grundbesitz auf nur wenige verteilte, brauchte jedenfalls bis zur Invasion der Chinesen kein Tibeter zu hungern. Und trotzdem gab es in der Bevölkerung Anzeichen von Unzufriedenheit. Dies mag mit der veränderten Einstellung zu den Grundwerten unserer auf Reflexion und Aufrichtigkeit basierenden Traditionen zusammenhängen, damit, daß der Glaube an den Weg der Gewaltlosigkeit und an das Gesetz der karmischen Belohnung vielerorts ins Schwanken geraten war. Selbst unter den religiösen Orden gab es welche, die sich nicht länger an ihren Moralkodex hielten, sondern sich mit Geschäftemacherei abgaben, Profitgier entwickelten und ihren spirituellen Betrachtungen alles mögliche andere vorzogen. Die Folge davon war, daß sich die wirklich Frommen allmählich auf der untersten Sprosse der sozialen Leiter wiederfanden. Ein ganz eigener Menschenschlag schien die Macht an sich gerissen zu haben, ohne Rücksicht auf Moral oder das Wesen unserer Kultur. Um dem zu begegnen, nahm der vierzehnte Dalai-Lama tiefgreifende Reformen in Angriff, vor allem in Bezug auf die Ländereien aristokratischer Familien, die sich seit Generationen ihres Wohlstands erfreuten und von denen so manche ihre Vorrechte mißbrauchten und die Bauern, die das Land bestellten, verachteten. Eine Einstellung, die so gar nicht in Einklang zu dem stand, was sich Seine Heiligkeit für sein Volk wünschte.

Buddhismus, Großherzigkeit und Freundlichkeit sind Grundelemente unserer Erziehung und jedem Tibeter von frühester Kindheit an vertraut. Nach unserer Religion hängt es von unserem tagtäglichen Verhalten ab, inwieweit wir uns Verdienste für unsere nächste Existenz erwerben. Geben und empfangen sind weitere Tugenden. Daß sich daraus Ungleichheiten ergeben können, sind die Tibeter als Buddhisten geneigt zu akzeptieren.

Im Jahr 1949 veränderte sich mein Leben schlagartig. Meine Schwester erkrankte schwer, weshalb meine Mutter beschloß, sie zur Behandlung nach Indien zu schicken. Und ich sollte sie begleiten. In Tibet war es damals durchaus nichts Ungewöhnliches, seine Kinder indischen Missionsschulen anzuvertrauen. Amala hatte mit mir andere Pläne als mit meinem Bruder Gyalo Thondup, der auf Einladung von Chiang Kai-shek und seiner Gattin sein Studium in Shanghai beendet hatte.

Alles wurde für unsere Abreise sorgsam vorbereitet: Gepäck, Pferde, Begleitung, denn die Straßen nach Indien waren häufig unwegsam. Alle beteiligten sich an den Vorbereitungen, einschließlich Sekretäre und Verwalter. Am meisten hatte Amala um die Ohren. Allein die schwindelerregende Summe Geldes, die es für die Kosten unseres Aufenthalts in Indien und die medizinische Versorgung aufzutreiben galt! Somit erklärte sich wohl das hektische Treiben, das unser sonst so friedliches Familienleben beeinträchtigte. Tibetische, nepalesische und indische Kaufleute, Händler, die mit Indien in Geschäftsbeziehungen standen und als einzige über Rupien verfügten, gaben sich die Tür in die Hand. Ich war verdutzt über den Riesenberg tibetischer Banknoten, der ihnen für den Ankauf von Devisen ausgehändigt wurde. Soweit ich mich erinnere, mußte man damals für eine Rupie fünfzehn *sang** hinlegen. Andererseits ist mir heute um so klarer, daß, wenn Tibet nicht ein unabhängiger und freier Staat gewesen wäre, wir kein Geld zum Tauschen gehabt hätten.

Je näher der Tag der Abreise rückte, desto nachdrück-
licher war die allgemeine Nervosität zu spüren. Ich selbst
war hin- und hergerissen zwischen freudiger Erwartung
und Bangen. Ich war aufgeregt, weil ich noch nie eine längere Reise unternommen hatte, fürchtete mich aber auch,
weil der Zustand meiner Schwester besorgniserregend
war. Ihretwegen wäre ich lieber heute als morgen aufgebrochen, und gleichzeitig erschreckte mich der Gedanke,
daß es während der Reise Komplikationen geben könnte.

Traurig nahmen wir Abschied voneinander. Zum erstenmal verließ ich Amala, meine Großmutter, Mola, und
meinen kleinen Bruder Tendzin Choegyal. Wann würde
ich sie wiedersehen? Diese Frage brannte mir auf den Lippen, obwohl ich wußte, daß meine Mutter sie mir nicht
beantworten konnte. Auch der übrigen Familie mußten
wir Lebewohl sagen, den Freunden, Beamten, den Dienern
und deren Kindern, mit denen zusammen ich aufgewachsen war. *Khatas* wurden getauscht ... Alle weinten. Wieder überkam mich dieses seltsame Gefühl, eine Mischung
aus Freude und Angst. Ein liebevolles Gedenken an Seine
Heiligkeit, der uns vorher gesegnet hatte, gab mir neuen
Mut.
Runde, aus Jakhaut gefertigte Boote warteten am Khyi
Chu. Ein weiterer Konvoi mit unserem Gepäck hatte Lhasa bereits verlassen, zog uns während der ganzen Reise
voraus. Als erste Etappe war unser Besitz in Gyantse vorgesehen, den wir per Boot und dann zu Pferd erreichten.
Zwei Dienerinnen begleiteten uns. Sie folgten dem ersten, aus etwa zwölf Personen bestehenden Konvoi, dessen Aufgabe es war, bei jedem Halt für Unterkunft zu sorgen – entweder in einer Herberge oder privat – und das,
was wir brauchten, auszupacken sowie unsere Mahlzeiten
zuzubereiten. Die Straße von Lhasa nach Sikkim wurde
von vielen Reisenden benutzt; zum erstenmal sah ich Nomaden und Herden von Maultieren, Pferden und Jaks, die
meist Wolle transportierten, den Hauptexportartikel Ti-

bets, der über Indien vornehmlich in die Vereinigten Staaten geliefert wurde. Abends schlenderte ich gern durch die verschiedenen Zeltlager, wo mir die Händler zulächelten und ein freundliches Wort an mich richteten.

Ohne die Sorge um den Gesundheitszustand meiner Schwester wäre diese Reise durchaus vergnüglich gewesen. Da sie nicht in der Lage war zu reiten, hatten die Diener sie in eine von zwei Maultieren getragene Sänfte gesetzt, eins vorne, eins hinten. Meine Nichte, mein Neffe und ich hatten jeder unser eigenes Pferd. Amala hatte für uns eine Art Korb anfertigen lassen, der mit vier Holzpflöcken am Sattel befestigt und mit einem Seil umgürtet war – eine wiegenähnliche Konstruktion, die uns, falls wir auf dem langen Weg einmal einschliefen, vor einem Sturz bewahren sollte. Ein Diener führte die Pferde. In Tibet war es selbstverständlich, daß man, wenn es bergauf ging, abstieg; uns leichtgewichtigen Kindern erlaubte man jedoch, sitzen zu bleiben.

Auch an Proviant für unterwegs hatte Amala gedacht und eine Dose mit Keksen, Bonbons und Nüssen eingepackt, was diese Reise ein wenig an ein großes Picknick denken ließ. In kurzen Etappen zogen wir dahin: Wir brachen frühmorgens auf, machten mittags eine Essenspause und beendeten die Tagesstrecke am frühen Nachmittag.

Als wir einmal über ein endloses grünes Plateau zogen, gelangten wir in die Nähe eines Sees, der mit den Strahlen der Sonne zu spielen schien. Tausend Sterne funkelten auf der Wasseroberfläche. Diese Landschaft, inmitten einer Bergwelt, deren Gipfel im Dunst verschwanden, war so märchenhaft, daß mich ihr Zauber noch heute umfangen hält. Da gab es gelbe und blaue Blumen, wie ich sie noch nie gesehen hatte und über die wir wie über einen bunten Teppich schritten. Die Flußläufe mit ihrem klaren Wasser und den Strudeln, den Fischen und den farbigen Kieselsteinen riefen mir schon eher die Erinnerung an Lhasa zurück. Mit welchen Schätzen die Natur doch immer wieder aufwartet!

Am Ufer dieses Sees gelüstete es meine Nichte nach den Keksen, die ich in einer an meinem Sattel befestigten Tasche aufbewahrte. Es kam zu einem Streit, die Diener mußten eingreifen: »Deine Nichte ist jünger als du, also gib ihr die Dose. Sie wird dir schon nicht alles wegessen ...«

Schließlich gab ich nach und händigte ihr die begehrte Dose aus. Sie griff danach, ließ sie dabei jedoch recht unsanft gegen einen der Stöcke ihres Korbes prallen. Bei dem scheppernden Laut schreckte ihr Pferd zusammen, scheute und stürmte in wildem Galopp davon, mit meiner siebenjährigen Nichte im Sattel, die wild auf und nieder geschüttelt wurde. Während mein Onkel die Verfolgung aufnahm, herrschte unter den Zurückgebliebenen vielstimmiges Entsetzen, die Diener liefen kopflos herum, die Dienerinnen schrien, mein Neffe und ich heulten voller Angst. Zum Glück gelang es meinem Onkel, einem hervorragenden Reiter, das durchgegangene Pferd, als es allmählich müde wurde, einzufangen und zurückzubringen. Meine Nichte war leichenblaß und stand unter Schock. Daß sie überlebt hatte, verdankte sie Amalas wiegenähnlicher Konstruktion um ihren Kindersattel.

Natürlich gab es weitere Abenteuer zu bestehen, wenn auch keine derart gefährlichen mehr. An der Grenze zu Sikkim durchquerten wir das Tal von Chumbi, besser bekannt als Tal der Blumen. Bereits damals zog diese malerische Landschaft mit ihren Tausenden von Blumenarten und wilden Erdbeeren Scharen von Engländern an.

Nachdem wir die Grenze passiert hatten, kehrten die Diener nach Lhasa zurück, zusammen mit den Pferden, die so große Ausdauer bewiesen hatten ...

Sikkim war im Gegensatz zu Tibet ein kunterbuntes Völkergemisch. Wie in einer anderen Welt kam ich mir plötzlich vor. Zum erstenmal würde ich in einem dieser Autos sitzen, die hier überall herumfuhren. Abgesehen von dem alten Dodge, den Seine Heiligkeit mit Hilfe eines jungen Tibeters wieder einsatzfähig gemacht hatte, hatte ich noch nie ein modernes Gefährt aus der Nähe gesehen. Als wir an der Grenze in einen Jeep klettern mußten, war mir dementsprechend bange, ja sogar elend zumute. Nicht ganz zu Unrecht, denn die kurvenreiche Strecke mit ihren Abgründen, die der Wagen passierte, forderten all meinen Mut heraus.

Tibetische Händler ließen nicht selten ihre Maultiere im Stall und nahmen das Auto, wenn sie nach Kalimpong oder Darjeeling zum Einkaufen mußten. Bei ihrer Rückkehr luden sie dann alles auf die Tiere um und zogen mit ihnen durch Tibet. In Sikkim traf man neben tibetischen und indischen Kaufleuten auch solche aus Nepal oder Bhutan, und hier sah ich zum erstenmal viele westlich gekleidete Menschen.

Nach einigen Tagen in Gangtok, der Hauptstadt von Sikkim, begaben wir uns nach Kalimpong, wo meine Schwester Freunde besaß, die sich dafür stark machten, daß wir mitten im laufenden Schuljahr in der von katholischen Nonnen aus Irland geleiteten Klosterschule von Loreto aufgenommen wurden.

Mit einem Schlag war es für meine Nichte, meinen Neffen und mich mit allem bisher Gewohnten vorbei. Statt unserer gewohnten Kleidung verpaßte man uns eine Schuluniform. Alles war so neu! Manchmal kam es uns vor, als hätten wir uns in einen bösen Traum verstrickt, als würden wir, wenn wir daraus erwachten, wieder in Lhasa sein. Der Alptraum jedoch entpuppte sich als Wirklichkeit. Für uns begann die harte Lehrzeit des Internats, in einer Umgebung, wo man eine Sprache sprach, die wir nicht verstanden – Englisch. Nur gut, daß etwa zwanzig Tibeter aus Lhasa unser Los teilten; an einige der Namen kann ich mich noch erinnern (die, die ich vergessen habe, mögen mir bitte verzeihen): Die vier Kinder von Ngapo Ngawang Jigme – Pema La, Norin La und deren Brüder Tsering La und Angyi; Tapel La Yuthok, Thochu La Yuthok, Norla und Norzin La, Surkhang Yangchen La, Ongmo La Pandatsang, Soden La und Chimi Phungkhang, Pema La und

Tse Dolma La Lanthon. Da einige Kinder aus Sikkim auch des Tibetischen mächtig waren, gab es zwar immer jemanden, der uns dolmetschen konnte; trotzdem blieb uns nichts anderes übrig, als schleunigst Englisch zu lernen.

Unsere Klasse setzte sich aus fünfundzwanzig Schülern verschiedener Nationalitäten zusammen, sie kamen aus Tibet, Nepal, West-Bengalen, Birma, außerdem gab es Anglo-Inder und Kinder aus allen möglichen Regionen Indiens. Nachts waren wir in einem riesigen Schlafsaal für mindestens zweihundertfünfzig Schüler untergebracht. Während ich mich eigentlich rasch eingewöhnte, fiel meiner Nichte, die bis vor kurzem noch Seite an Seite mit ihrer Mutter geschlafen hatte, die Umstellung um so schwerer. Die Schwestern hatten uns nebeneinander stehende Betten zugewiesen, und gleich in der ersten Nacht im Internat wurde ich von Stöhnen und ersticktem Weinen aus tiefem Schlummer gerissen: Meine Nichte war aus dem Bett gefallen! Ich nahm sie mit in meins und tröstete sie, und dann muß sie wohl in meinen Armen eingeschlafen sein.

Der Gesundheitszustand meiner Schwester hatte sich gebessert. Sie war in Kalkutta behandelt worden und hatte daraufhin mit ihrem Mann beschlossen, sich in Kalimpong eine Wohnung zu nehmen. Somit verbrachten wir die Wochenenden und auch die Ferien bei ihr. Sie fuhr häufig nach Sikkim, weil es nur von dort aus möglich war, über Funk Verbindung mit Lhasa aufzunehmen. Die Nachrichten aus Tibet klangen beunruhigend. Truppen der chinesischen Volksarmee waren in einen Teil des Landes vorgedrungen und hatten Chamdo besetzt. Die wahnwitzigsten Gerüchte kursierten. Man sprach sogar von einem Vorrücken der kommunistischen Armee auf die Hauptstadt.

Eines Tages, während der Winterferien 1950/51, als wir alle beim Essen saßen, teilte uns meine Schwester mit, Seine Heiligkeit habe das Schicksal des tibetischen Volkes in die Hand genommen. Nach alter Tradition hätte der

Dalai-Lama eigentlich bis zu seinem achtzehnten Geburtstag warten müssen, um den Platz des Regenten einzunehmen. Die Regierung indes hatte im Hinblick auf die politisch so brisante Lage die bedeutenden Lamas und Orakel, auch das Orakel von Nechung befragt, und alle hatten dazu geraten, das Land einer Autorität zu unterstellen, die die Fähigkeit besitze, die Tibeter angesichts der schwelenden Gefahr, die das Volk bedrohe, zu führen. Von da an war Seine Heiligkeit, damals sechzehn Jahre alt, das geistliche wie auch das weltliche Oberhaupt Tibets.

Die Regierung drang darauf, daß der Dalai-Lama Lhasa verließ, damit für den Fall, daß die Chinesen in die Hauptstadt einmarschierten, die Unabhängigkeit des Landes gewahrt bliebe. Von einer Eskorte begleitet, begab sich mein Bruder nach Yatung. Von dort aus konnte er rasch in Indien Zuflucht nehmen, falls dies nötig werden sollte. Im Gepäck hatte er Goldstaub und Silberbarren. Dieser magere Schatz wurde in Sikkim in einem unterirdischen Versteck verwahrt und ein paar Jahre später für die ersten Flüchtlinge verwendet.

Ungeachtet der zusehends alarmierenderen Nachrichten, die nach Kalimpong durchsickerten, war ich überglücklich. Meine Schwester hatte uns nämlich ein Wiedersehen nicht nur mit Seiner Heiligkeit in Aussicht gestellt, sondern auch mit Amala, meinen Brüdern Lobsang Samten und Tendzin Choegyal. Wir sollten den gesamten Winter zusammen mit der Familie im Tal von Chumbi, unweit der Grenze zu Sikkim, verbringen dürfen. Ich muß gestehen, daß uns Kindern – ich selbst war gerade zehn Jahre alt geworden – der wahre Grund für den Aufenthalt Seiner Heiligkeit an diesem Ort nicht so ganz klar war. Ich wußte zwar, daß in Tibet Unheilvolles vor sich ging, aber von den politischen Problemen, mit denen der Dalai-Lama unentwegt konfrontiert wurde, begriffen wir so gut wie nichts. Auch nicht, welche Rolle Lobsang Samten, mit seinen knapp zwanzig Jahren bereits ein hoher Beamter der tibetischen Regierung, zukam.

Während sich die Erwachsenen die Köpfe heißredeten, oft den ganzen Tag lang und gelegentlich bis in den späten Abend hinein, unternahmen wir endlose Spaziergänge am Ufer, zusammen mit Heinrich Harrer, der mit Lobsang Samten mitgekommen war und ausgedehnte Wanderungen liebte. Dann wurden aus großen Steinen Dämme gebaut und Jagd auf dicke Fische gemacht, aus denen Heinrich Harrer nur zu gern ein köstliches Mahl bereitet hätte, wenn wir sie nicht immer sofort wieder ins Wasser zurückgeworfen hätten. Für uns war das alles nur ein Spiel; auf keinen Fall hätten wir unseren österreichischen Freund mit seinen doch eher eigenartigen Vorstellungen gewähren lassen. Eine wilde Forelle zu verspeisen – welch absurder Gedanke!

Es muß aber auch gesagt werden, daß eines Abends, nachdem ein Diener einen Stein ins Wasser geworfen und dabei unabsichtlich einen Fisch getötet hatte, Heinrich Harrer daraus einen höchst delikaten Gaumenschmaus zubereitete.

Eines Nachmittags erfuhren wir, daß sich die Vereinten Nationen, für die Tibeter die letzte Hoffnung gegen die chinesische Invasion, auf Anregung von Großbritannien hin darauf verständigt hatten, auf ihrer Vollversammlung in New York das Tibetproblem nicht zur Sprache zu bringen. Das Gesicht Seiner Heiligkeit spiegelte tiefe Enttäuschung und große Traurigkeit wider. Damals waren mir diese Vorgänge schleierhaft, aber rückblickend verstehe ich, wie es dazu kommen konnte, daß wir derart im Stich gelassen wurden.

Daß wir Tibeter von jeher in großer Abgeschiedenheit gelebt haben, ist ein Grund für die Unentschlossenheit der UNO-Mitgliedsstaaten uns gegenüber. Bezeichnete man nicht Lhasa, die Hauptstadt, als »Verbotene Stadt«? Die außergewöhnlichen geographischen Gegebenheiten des Landes begünstigten zudem eine Abriegelung. Die tibetische Regierung hatte immer geglaubt, wegen ihrer isolierten Lage gegen Konflikte und Überfälle geschützt zu sein!

Diese Haltung beeinflußte die Außenpolitik. So hatte der dreizehnte Dalai-Lama nie einen Vertrag mit China unterzeichnet; er hielt es auch nicht für nötig, Botschafter in die verschiedenen Großstädte der Welt zu entsenden. Darüber hinaus zog er niemals in Erwägung, zwischen den beiden Weltkriegen um die Mitgliedschaft beim Völkerbund nachzusuchen. In seinen Augen und wie auch nach Meinung seiner Landsleute bestand an der Unabhängigkeit des Landes keinerlei Zweifel, niemand stellte sie in Frage. Im Januar 1913, ebenfalls unter dem dreizehnten Dalai-Lama, waren die Unabhängigkeit Tibets ausgerufen und eine Reihe wichtiger Reformen in Gang gesetzt worden. Eigene Briefmarken wurden herausgegeben und eine Postverbindung zwischen allen größeren Städten eingerichtet; der Telegraph wurde an das anglo-indische Netz angeschlossen; die Zentralbank gab Papiergeld aus. Zusätzlicher Beweis unserer Unabhängigkeit: die Ausstellung international anerkannter tibetischer Pässe.

Als die Situation sich zugespitzt hatte, war auf Einladung der chinesischen Regierung eine aus fünf Tibetern bestehende Delegation zu Verhandlungen nach Peking entsandt worden. Nach ihrer Rückkehr mußte der Dalai-Lama erkennen, daß sie in eine Falle gelockt worden war: Am 23. Mai 1951 war ein »17-Punkte-Abkommen« unterzeichnet worden, auf das sich Peking in seinem Bemühen, die internationale Gemeinschaft von der rechtmäßigen Besetzung Tibets zu überzeugen, noch heute beruft. Ich war damals noch zu jung und brauchte mehrere Jahre, um mir der Tragweite eines solchen politischen Akts bewußt zu werden – daß nämlich mit diesem »Vertrag« Tibet an China ausgeliefert worden war. Damit es dazu kommen konnte, hatten die chinesischen Verhandlungspartner nichts Eiligeres zu tun gehabt, als noch an Ort und Stelle, in Peking, ein gefälschtes Siegel des tibetischen Staates zu präsentieren und dann die Delegation zu zwingen, ihre Unterschrift darunter zu setzen ... Und auf dieses ge-

70

fälschte Dokument – ich wiederhole es nochmals – stützt sich China bis heute in seiner Tibetpolitik. Damals diente es der Volksbefreiungsarmee als Vorwand, in Tibet einzufallen, um das tibetische Volk »in die große Familie des Vaterlands zurückzuführen: in die Volksrepublik China«.

Die tibetische Delegation hielt sich noch in Peking auf, als die Schulferien zu Ende gingen und wir wieder nach Kalimpong mußten. Der vierzehnte Dalai-Lama befand sich im Kloster unweit von Yatung, wo ihn ein chinesischer Gesandter aufsuchen sollte, um ihm freizustellen, entweder nach Lhasa zurückzukehren oder Zuflucht in Indien zu suchen. Die Entscheidung fiel zugunsten von Lhasa. Meine Mutter brachte uns nach Kalimpong und wohnte mit meinem jüngeren Bruder zunächst im Haus meiner Schwester. Von nun an war der Dalai-Lama die einzige Instanz, um dem Eindringling entgegenzutreten; wohl aus diesem Grund entschied er sich letztendlich auch, einer Einladung der Chinesen nach Peking Folge zu leisten. Ganz Lhasa sah bangen Herzens dieser Reise entgegen, aus Angst, Seine Heiligkeit würde nicht zurückkommen.

Noch während meine Mutter in Kalimpong war, tauchten zu unserer Überraschung mein Bruder Gyalo Thondup und seine Frau auf, wenig später gefolgt von meinem älteren Bruder Thubten Jigme Norbu, dem die Flucht aus dem Kloster Kumbum gelungen war, das die chinesischen Kommunisten eingenommen hatten. Er hatte sich zunächst nach Lhasa begeben, um die Regierung und Seine Heiligkeit von den Gewalttätigkeiten des Aggressors zu unterrichten. Wie meine beiden Brüder berichteten, hatten sie sich in Shanghai getroffen und waren anschließend ein paar Monate in Formosa gewesen. Jetzt verfolgte Thubten Jigme Norbu den Plan, in die Vereinigten Staaten auszuwandern. Er sollte Kumbum erst 1980 wiedersehen, dreißig Jahre später ...

1951 war ein schlimmes Jahr. Die Familie wurde auseinandergerissen. Mein Neffe besuchte das North Point-

Saint-Joseph, meine Nichte und ich gingen ins Internat des Loreto-Klosters in Darjeeling; meine Mutter, meine Schwester und ihr Mann entschlossen sich zur Rückkehr nach Tibet, um Seiner Heiligkeit bei der Bewältigung seiner neuen Aufgaben zur Seite zu stehen. Ich sollte sie erst 1956 wiedersehen. Mein Bruder Gyalo Thondup ließ sich mit seiner jungen chinesischen Ehefrau Chu-tang (die jetzt den von Seiner Heiligkeit verliehenen tibetischen Namen Diki Dolkar trug) in Darjeeling nieder ... Und zu jener Zeit bemächtigte sich China ganz Tibets.

Im Internat, das wir nur selten verließen, erfuhren wir kaum etwas darüber, was sich in Tibet abspielte. In den gelegentlichen Briefen aus Lhasa gab sich Amala sehr bedeckt. Sie hatte zu Hause alle Fotos von uns verschwinden lassen, und um uns schreiben zu können, traf sie alle möglichen Vorsichtsmaßnahmen. Eine ansehnliche Zahl junger Tibeter, die in Indien zur Schule gingen, hatten nämlich auf Geheiß ihrer Eltern und nicht zuletzt unter dem Druck der Besatzungsmacht umgehend nach Tibet zurückkehren müssen; man konnte also davon ausgehen, daß, wenn die Chinesen unsere Fotos gesehen hätten, sofort nach unserem Aufenthaltsort gefragt und ebenfalls auf unserer Rückkehr bestanden hätten. In Lhasa gab es bereits von Chinesen geleitete Schulen für die Kinder tibetischer Aristokraten.

Verständlich, daß die Kinder, die zurück mußten, nicht begriffen, warum sie urplötzlich, noch dazu mitten im Schuljahr, nach Hause sollten. Meine Nichte Khando Tsering, mein Neffe Tenzin Ngawang und ich fragten uns dagegen, warum wir, anders als unsere nichttibetischen Klassenkameraden, die mit Beginn der Ferien Darjeeling und Kalimpong verließen, nicht mehr die Ferien bei unseren Verwandten verbringen durften.

Zum Glück war Gyalo Thondup mit seiner Frau in Darjeeling geblieben; ab sofort verkörperten sie für uns die Rolle von Vater und Mutter, nahmen uns die Ferien über bei sich auf. Aus den Schilderungen meines Bruders ging hervor, daß die Situation in Tibet zusehends bedrohlicher wurde.

Im Internat selbst gewann ich viele Freundinnen, vornehmlich Ausländerinnen wie ich. Wie von selbst ergab es sich, daß ich mich – vor allem mit den beiden nepalesischen Prinzessinnen Shanti und Sharada Shah – gelegentlich über die Ereignisse in meinem Land unterhielt. Auch Tin Tin Oo aus Birma, die bei uns Tiny hieß, gehörte zu meinem Freundeskreis, des weiteren Duengkeo Kosin aus Thailand, Puchin, eine Chinesin, deren Eltern in Kalkutta lebten, Nima und Pem Pem Norgay, die Töchter von Tenzin Norgay, dem ersten Bezwinger des Mount Everest, Legjin Tsering, Grace Hughes, eine Amerikanerin, sowie Heidrun Bartsch, eine Deutsche, deren Eltern in Jamshedpur lebten, wo der Vater im Auftrag von Mercedes tätig war. Shanti, die ältere Schwester des jetzigen Königs von Nepal, war damals meine beste Freundin. Auch heute noch schreiben wir uns regelmäßig, und wenn ich mich in ihrem Land aufhalte, besuche ich sie.

Die katholische Schule in Kalimpong wurde von überaus gestrengen Nonnen geleitet. Jeden Tag mußten wir an der Messe teilnehmen und abends ein Gebet sprechen. Als Buddhisten waren wir zwar vom Katechismusunterricht befreit, nicht aber vom Studium der Bibel; Altes und Neues Testament gehörten zum Lehrplan.

Ich begann, über den Sinn dieses Unterrichts nachzudenken, vor allem weil manch eine der Nonnen einen ungeheuren missionarischen Eifer an den Tag legte und uns mit dem, was sie vortrug, verstörte und verunsicherte. Da wurde uns zum Beispiel weisgemacht, daß das Paradies ausschließlich Katholiken vorbehalten sei, alle anderen müßten in der Hölle schmoren. Damals in Kalimpong waren wir noch zu jung, um Einspruch zu erheben; später, in Darjeeling, wo achtzig Prozent der Schüler entweder dem buddhistischen oder hinduistischen Glauben angehörten, kam es dagegen zu hitzigem Aufbegehren.

73

Immerhin ging uns die Borniertheit der Nonnen derart auf die Nerven, daß wir mit unseren mehr oder weniger vierzehn Jahren eines Abends den Aufstand probten. Als wir alle zum Gebet in der Kirche versammelt waren, schleuderten wir unsere Bücher zu Boden und verursachten einen Höllenspektakel. Die Nonnen waren völlig kopflos. Die Mutter Oberin rief uns zu sich, hörte sich aufmerksam an, was wir an Kritik und Forderungen vorzutragen hatten. Und – o Wunder! – ab sofort rückten die Nonnen weitgehend von ihrem großspurigen, verletzenden Gehabe ab. Für uns Buddhisten läuft die Quintessenz jeder Glaubensrichtung auf dasselbe hinaus: Gutes tun, nicht lügen, nicht stehlen, nicht töten. Trotz des reichlich einseitigen Religionsunterrichts, der sich mehr oder weniger auf das Auswendiglernen und Aufsagen des »Vaterunser«, des »Gegrüßet seist du, Maria« sowie von Psalmen und Liedern beschränkte, muß ich andererseits sagen, daß mich beim Lesen der Bibel vor allem die Geschichten über Moses, Isaak, Maria und natürlich Jesus beeindruckt haben.

Wenn die Nonnen den katholischen Mitschülerinnen den Katechismus erklärten, hatten wir anderen Unterricht in einem Fach, das sich »Ethik« nannte. Zur Veranschaulichung des jeweiligen Themas wartete die sehr beliebte und hervorragende Lehrkraft mit einer Parabel auf, aus der sich ungeheuer befruchtende Denkanstöße für uns alle ergaben. Vor allem dieser Frau, so meine ich, haben wir die Grundlagen unserer guten Ausbildung zu verdanken. Abgesehen davon stand natürlich Englisch auf dem Lehrplan, Gesangs- und Klavierstunden, Geographie, Geschichte und Mathematik, und mit der Zeit lernten wir auch, selber zu denken, anstatt weiterhin alles auswendig zu lernen.

Mit einigen wenigen Ausnahmen waren die Nonnen unermüdlich um uns besorgt. Vornehmlich aus Irland stammend, hatten sie Familie und Freunden den Rücken gekehrt, um in einer indischen Mission zu arbeiten, das heißt, ihre ganze Kraft der Erziehung junger Menschen zu widmen (und das Internat nicht unbedingt als Stätte zur Verbreitung ihres Glaubens anzusehen). Die meisten respektierten unsere kulturellen und religiösen Unterschiede, die um so deutlicher zum Ausdruck kamen, je älter wir wurden und je weniger wir uns mit dem katholischen Dogma abfinden konnten, ohne an seinen Grundfesten zu rütteln. »Wir« – das waren in erster Linie die Buddhisten unter uns, für die die Werte unserer Religion durch den Einfluß der Familie fest verankert sind. Für immer und ewig.

Die Ferien verbrachten Tenzin Ngawang, Khando Tsering und ich, wie gesagt, bei meinem Bruder Gyalo Thondup und seiner Frau Diki Dolkar. Er setzte sich vehement für die tibetische Sache ein, hielt ständig Kontakt zur indischen Regierung und zu den Amerikanern. Oft druckte er nachts Flugblätter auf tibetisch, und wir halfen ihm, sie zu verpacken. Wenn ich neugierig fragte: »Wozu sollen diese Zettel denn gut sein?«, erhielt ich die eher scherzhaft klingende Antwort: »Ach, die werfen wir über Tibet ab!«

Erst Monate später erfuhren wir, daß diese Flugblätter frühmorgens von Darjeeling aus zu einer amerikanischen Luftwaffenbasis gebracht und von dort nach Tibet geflogen und über Lhasa und der Region Kham abgeworfen wurden, deren Bewohner den chinesischen Truppen weiterhin Widerstand leisteten. Die Aufrufe sollten die Bevölkerung zum Durchhalten ermutigen. Die Rolle, die meinem Bruder dabei zukam, verstanden wir allerdings nicht so ganz.

5.

DER ZUG DER HOFFNUNG

Die Erziehung bei den Nonnen, das Wissen, das sie mir vermittelten, haben zweifellos dazu beigetragen, mich besser den verantwortungsvollen Herausforderungen zu stellen, die die Zukunft für mich bereithielt. Doch niemals sind meine Gefühle irgendwie in eine Zwickmühle zwischen dieser katholischen Erziehung und meinen buddhistischen Überzeugungen geraten. Ich war mir bewußt, woher ich kam. Ich wußte, wer ich war.

Unter uns jungen Mädchen in der Schule herrschte trotz unserer unterschiedlichen Herkunft Toleranz, verlief das Leben in der Gemeinschaft ohne größere Probleme. Auch die Nonnen bemühten sich, uns alle gleich zu behandeln. Wenn sich allerdings ein Würdenträger oder eine irgendwie bedeutende Persönlichkeit in der Schule blicken ließ, wurden jedesmal die beiden Prinzessinnen Shanti und Sharada in ihrer Eigenschaft als Töchter des Königs von Nepal und ich, die Schwester des Dalai-Lama, dem Besucher vorgestellt. Was nicht unbedingt als bevorzugte Behandlung zu werten war, uns aber einen Vorgeschmack dessen gab, was uns in gesellschaftlicher Hinsicht erwartete.

Lag es da nicht auf der Hand, daß wir uns ein wenig von den anderen abgehoben fühlten? Außerdem waren die Nonnen dazu übergegangen, Shanti oder mich gelegentlich zu bitten, auf die Klasse aufzupassen. Was sich ebenfalls eingebürgert hatte, war, daß wir im Auftrag der Mutter Oberin das Taschengeld an die Schüler auszahlten. Sogar

76

Schülerinnen der obersten Klasse warben mit einemmal um Shantis und meine Freundschaft, und die Kleinsten wandten sich mit ihren tausend Problemchen an uns und erbaten Hilfe. Schon bald hatten wir jede einen Spitznamen weg: Ich war zur »Großmutter Nr. 1« avanciert, Shanti zur »Großmutter Nr. 2«. Ich glaube, unsere Ratschläge waren nicht die schlechtesten; die Nonnen jedenfalls ließen uns gewähren.

Eines Tages, 1954 war das, erfuhr ich, daß der Dalai-Lama auf Einladung der Chinesen nach Peking abgereist war. Obwohl alle in Lhasa davon abgeraten hatten, war Seine Heiligkeit entschlossen, mit der chinesischen Spitze Verhandlungen zu führen, um eine gewaltlose Lösung zu finden. Die autonome Stellung Tibets, wie im »17-Punkte-Abkommen« festgeschrieben, wurde von der chinesischen Volkskammer formell aufgehoben; gleichzeitig wurde eine neue Verfassung verabschiedet und dazu eine »Resolution zur Einrichtung eines vorbereitenden Komitees für die autonome Region Tibet«, englisch abgekürzt PCART. Besagtes Komitee sollte die Auflösung der tibetischen Verwaltung und ihre Übernahme durch die Volksrepublik China beschleunigen und anstelle der tibetischen Regierung die Zentralverwaltung Tibets übernehmen. Der Dalai-Lama war zum Präsidenten des Komitees bestimmt worden, ohne allerdings jemals irgendwie Einfluß ausüben zu können. Reine Augenwischerei war das; die politische Linie wurde allein von der Kommunistischen Partei Chinas in Tibet festgelegt.

Eine merkwürdige Spannung breitete sich in Darjeeling aus. Wir sorgten uns um Seine Heiligkeit und auch um Amala, die ihn begleitete, und befürchteten, die Chinesen würden ihn daran hindern, nach Lhasa zurückzukehren. Beide blieben etwas länger als ein Jahr in Peking. Obwohl nur gelegentlich Informationen aus Tibet zu uns drangen, schien ein Mann bestens Bescheid zu wissen, was sich dort tat, nämlich mein Bruder Gyalo Thondup, der uns regelmäßig über die politische Entwicklung in unserer Heimat informierte und auch immer Neuigkeiten von der weitverstreut lebenden Familie hatte.

Nachdem Seine Heiligkeit nach Lhasa zurückgekehrt war, nahm Gyalo Thondup meine Nichte, meinen Neffen und mich nach Sikkim mit, wo wir uns über Funk mit Amala und Tsering Dolma austauschen konnten, ungemein vorsichtig, da die chinesischen Behörden immer mehr Druck ausübten, um uns drei nach Lhasa zurückzubeordern, damit wir dort eine sogenannte tibetische Schule besuchten. Trotz allem ließen sich Amala und meine Schwester nicht davon abhalten, für einige Tage nach Kalimpong zu kommen.

In Begleitung von Gyalo Thondup reisten sie wieder ab. Die Chinesen hatten auf seiner Rückkehr nach Lhasa bestanden, allein schon weil er fließend chinesisch sprach und Seiner Heiligkeit als Dolmetscher zur Verfügung stehen konnte. Gyalo Thondup erkannte sehr rasch, wie sich die Situation zuspitzte und daß von China eigentlich nichts mehr zu erwarten war. Er bat darum, sich auf unsere Besitzungen unweit der indischen Grenze begeben zu dürfen, was die Chinesen auch gestatteten, nachdem er zugesagt hatte, die parteipolitische Linie der Kommunisten einzuhalten. Gyalo Thondup hatte Amala und Tsering Dolma, nicht aber Seine Heiligkeit, der möglicherweise überwacht wurde, von seiner Absicht unterrichtet, sich nach Darjeeling zu begeben. Diki Dolkar, Gyalo Thondups Frau, die ihr drittes Kind erwartete, war außer sich vor Angst.

Eines Morgens, bei Tagesanbruch, mußten wir zu unserem Entsetzen miterleben, wie Gyalo Thondup, von zwei Dienern gestützt, ins Haus gebracht wurde. Er hatte Malaria und war schrecklich abgemagert. Ich war damals vierzehn und konnte nicht ahnen, in welch finanziellen Schwierigkeiten sich das Ehepaar befand. Dennoch fuhren sie nach Kalkutta – er, um sich behandeln zu lassen, Diki Dolkar, um ihr Baby zu bekommen, das den Namen Ngawang Tempa erhielt.

Meine Nichte, mein Neffe und ich waren in Darjeeling geblieben. Die Winterferien über kümmerte sich Lhamo Tsering, der Sekretär von Gyalo Thondup, darum, daß wir unsere tibetischen Wurzeln nicht vergaßen. Er unterrichtete uns in der Sprache und der Geschichte unseres Landes. Heute, da er Minister der von der tibetischen Volksversammlung gewählten Exilregierung ist, habe ich ihn in Verdacht, mehr über die Aktivitäten von Gyalo Thondup gewußt zu haben, als er vorgab.

Mein Bruder wählte junge Tibeter aus, die in der Folgezeit im amerikanischen Arizona von der CIA ausgebildet wurden und nach ihrer Rückkehr in kleineren Gruppen mit dem Fallschirm über bestimmten Gebieten Tibets absprangen. Worüber man damals nicht sprach und wovon auch nur wenige wußten, war, daß einige von ihnen gefangengenommen und gefoltert wurden, während andere zur Zyankalikapsel gegriffen hatten, um nicht lebend in die Hände der Chinesen zu fallen.

Ich war einfach noch zu jung, um zu begreifen, was zu Hause vor sich ging. Manchmal, wenn wir abends bei Tisch saßen, klingelte das Telefon, und gleich darauf zwängte sich Gyalo Thondup ins Auto und fuhr mit unbekanntem Ziel davon.

Inzwischen war das Jahr 1956 angebrochen. In Kham und Amdo hatten die Chinesen soziale, politische und landwirtschaftliche Reformen eingeleitet, die auf ganz Tibet ausgedehnt werden sollten und zunehmend rücksichtsloser umgesetzt wurden. Die Klöster wurden gestürmt, die Mönche schikaniert. Und das, obwohl nach dem »17-Punkte-Abkommen« keine Reform ohne Zustimmung der Tibeter durchgeführt werden sollte! Aber die chinesischen Behörden scherten sich nicht darum. Konflikte wurden mit Waffen ausgetragen, die Unterdrückung in Osttibet, in Kham und Amdo nahm an Brutalität zu, griff auch auf die anderen Regionen Tibets über, bis es dann im Sommer 1956 im Osten und Nordosten des Landes zur Eskalation kam und die Bevölkerung in Scharen nach Lhasa floh. Innerhalb eines Jahres breitete sich der Widerstand auch in Zentraltibet aus.

Gyalo Thondup nahm Verbindung mit der Mahobodhi Society of India auf, einer alteingesessenen Institution, die sich zur Aufgabe gemacht hatte, die Lehren Buddhas zu verbreiten. Seine Heiligkeit erhielt eine Einladung zur Teilnahme am Buddha Jayanti, dem 2500. Jahrestag der Geburt des historischen Buddha. Ein Feilschen um die Reisegenehmigung setzte in Lhasa ein, und wir in Darjeeling waren voller Sorge, ob die Chinesen sich erweichen lassen würden.

Der Vorgang war bedeutend genug, galt es doch neben der spirituellen Bedeutung vor allem politische Überlegungen zu berücksichtigen. Seit 1949 hatte sich Seine Heiligkeit bemüht, mit den Chinesen Verhandlungen aufzunehmen, die nach dem, was Gyalo Thondup zu berichten wußte, nur schleppend vorankamen und nichts einbrachten. Die chinesischen Kommunisten hatten sich nun mal in den Kopf gesetzt, nicht nur unser Land zu besetzen, sondern auch unsere Kultur auszurotten.

Ich muß nochmals auf die isolierte Lage zurückkommen, die Tibet charakterisiert. Gyalo Thondup war daran gelegen, daß der Dalai-Lama am Buddha Jayanti teilnahm, um bei dieser Gelegenheit mit den Regierenden der benachbarten Demokratien, vor allem mit Premierminister Nehru, Kontakt aufzunehmen. Daß die buddhistische Weisheit von der internationalen Geopolitik leider sehr weit entfernt ist, kam dem kommunistischen China nur zugute. Seine Heiligkeit hoffte dennoch, daß ihm die Anhänger von Mahatma Gandhi Unterstützung gewähren würden.

Buddha Jayanti war vor allem ein religiöses Fest. Als die Nachricht vom Eintreffen der tibetischen Delegation Gangtok erreichte, machten wir uns nach Neu-Delhi auf. Seine Heiligkeit hatte die Route durch das Tal von

Chumbi gewählt, durch das die tibetischen Kaufleute vor der chinesischen Invasion gezogen waren.

Meine Nichte, mein Neffe und ich feierten Wiedersehen mit Amala, meinem jüngeren Bruder Tendzin Choegyal, Lobsang Samten, meiner Schwester und meinem Schwager. Thubten Jigme Norbu war eigens aus den Vereinigten Staaten gekommen, um sich mit Seiner Heiligkeit zu treffen, sollte jedoch nicht an der Reise durch Indien teilnehmen.

Die Delegationen des Dalai-Lama und des Panchen-Lama setzten sich aus tibetischen Würdenträgern zusammen, aus Lamas und chinesischen Beamten. Was mir nicht entging, war, daß sowohl Seine Heiligkeit als auch der Panchen-Lama sich in der Gegenwart des anderen sehr bedeckt gaben; es fiel ihnen schwer, ungezwungen miteinander umzugehen. Der Empfang in Indien war überwältigend. Dr. Rajendra Prasad, der Präsident, gab in seiner Residenz, dem Rashtrapati Bhavan, für seine Heiligkeit ein offizielles Begrüßungsessen, zu dem alle Gäste aus Tibet geladen waren und an dem auch Vizepräsident Dr. Radra Krishna, Premierminister Pandit Nehru sowie die Mitglieder der indischen Regierung teilnahmen. Wie ein Staatsoberhaupt wurde der Dalai-Lama empfangen.

Zum erstenmal hörte ich eine Rede Seiner Heiligkeit des vierzehnten Dalai-Lama. Eine Gänsehaut überlief mich, als er von der Erlösung der Menschheit durch den Glauben sprach, der jedem Geschöpf innewohnt, und seinen Gedanken von der friedlichen Natur des Buddhismus Ausdruck gab.

Nach den Feierlichkeiten führte Seine Heiligkeit Gespräche mit Chou En-lai, unterhielt sich mit ihm über Tibet, wo die Lage tagtäglich brisanter wurde. Wenige Tage darauf gab Chou En-lai in der chinesischen Botschaft ein Abendessen, zu dem Thubten Jigme Norbu und Gyalo Thondup geladen waren. Aber auch das führte zu nichts.

Die indische Regierung hatte den Delegierten für die Reise durch Indien einen Zug zur Verfügung gestellt. Überall, wohin wir kamen, ob an den heiligen Stätten Sanchi, Ajanta, Benares oder Bodh-Gaya – Orte von einzigartiger Schönheit –, wurden der Dalai-Lama und der Panchen-Lama als offizielle Gäste empfangen. Einzig die ständige Bewachung durch die chinesischen Beamten trübte unsere Stimmung.

Meine Nichte, mein Neffe und ich hatten in der Schule mit Erfolg um Erlaubnis nachgesucht, unsere Familie auf dieser dreimonatigen Reise begleiten zu dürfen. Wir wurden von den indischen Köchen im Zug verwöhnt, und Amala, die sich sofort mit ihnen angefreundet hatte, bekam hin und wieder Gelegenheit, tibetische Gerichte zuzubereiten, zur großen Freude Seiner Heiligkeit und der ganzen Familie.

Die chinesischen Beamten, die uns begleiteten, waren, da sie größtenteils in Lhasa arbeiteten, des Tibetischen mächtig. Daß mich ihre Allgegenwart mächtig störte, konnte ich nicht verhehlen. Eines Tages sagten sie prompt zu Amala: »Ihre Tochter mag uns nicht, das merkt man ihr an!« Wie wahr! Meine Abneigung gegen sie stammte bereits aus der Zeit, da ich noch nicht begriffen hatte, was in Tibet vor sich ging, aber instinktiv den Chinesen grollte, weil sie uns Kinder daran hinderten, die Schulferien zu Hause in Lhasa zu verbringen. Sie waren schuld daran, daß wir unsere Familien nicht wiedersehen durften. Unverzeihlich war das! Zudem wußten wir sehr gut, daß sie, wenn wir nach Tibet fahren würden, nicht zögern würden, uns umgehend nach China zu schicken, wo wir im kommunistischen Geist erzogen und indoktriniert würden. Vielen meiner Freundinnen war es so ergangen.

Auf dieser Reise durch Indien lernte ich den Dalai-Lama näher kennen. Ich war inzwischen sechzehn, er einundzwanzig. Zusammen besichtigten wir die Flugzeugfabrik in Bangalore und das Wasserkraftwerk von Nangal. Er zeigte sich tief beeindruckt und zog immer wieder Vergleiche zwischen seiner Reise nach China 1954 und dem, was er in Indien sah, ließ sich lang und breit über die Unterschiede zwischen Kommunismus und einer jungen, freiheitlich geprägten Demokratie aus.

Häufig genug geschah es, daß Seine Heiligkeit sich mit Amala, Lobsang Samten und Tsering Dolma zu vertraulichen Gesprächen zusammensetzte, in denen es darum ging, ob Seine Heiligkeit ins Exil gehen sollte. Nehru hatte nach einer Unterredung mit Chou En-lai darauf gedrungen, daß Seine Heiligkeit nach Lhasa zurückkehre, nachdem Chou En-lai dem indischen Premier zugesagt hatte, von weiteren Reformen in Tibet abzusehen und dem tibetischen Volke vollständige Autonomie zuzugestehen. Bedauerlicherweise kam es anders.

Während der Reise tollten wir Kinder in den Abteilen herum. Daneben bekam ich aber auch Gelegenheit, mich mit Seiner Heiligkeit zu unterhalten. Er legte mir ans Herz, fleißig zu sein, interessierte sich für alles, was ich bei den Nonnen lernte. Daß er sehr angetan davon war, welches Wissen sie mir vermittelten, hielt mich nicht davon ab, Amala zu bestürmen, mich nach Tibet zurückzuholen. Sie jedoch machte mir klar, daß es besser für mich sei, in Darjeeling zu bleiben, aus Gründen der Sicherheit. Kurze Erklärungen wie diese wurden stets geflüstert, da immer ein chinesischer Beamter mit langen Ohren wie unbeteiligt durch unseren Wagen schlenderte. Kindern gegenüber gaben sich diese »Aufpasser« unglaublich freundlich, versuchten, mit Bonbons oder indem sie mit ihnen spielten, etwas aus ihnen herauszulocken. Amala und meine Schwester begegneten ihnen mit dem Mißtrauen, das jetzt in Tibet allgegenwärtig war und wo es sogar schon unter den Einheimischen »Denunzianten« gab. Als ich 1980 zum erstenmal wieder in meiner Heimat war, konnte ich mich persönlich von dem eigenartigen Verhalten meiner Landsleute überzeugen. Furcht sprach aus ihren Augen, und wenn ich das Wort an sie richtete, wagten sie nicht zu antworten, ohne sich vorher ängstlich nach allen Seiten umgeschaut zu haben.

Wenn wir uns für mehrere Tage in einer Stadt aufhielten, stellte uns die indische Regierung ein Haus zur Verfügung. Bei aller Ehrfurcht, die ich dem Dalai-Lama gegenüber empfand, lernte ich ihn hier, vor allem während der gemeinsamen Mahlzeiten, als wunderbaren und dabei ganz normalen Menschen kennen. Die Distanz zwischen uns, versinnbildlicht durch die Stufen, die ich hatte zum Potala hinaufsteigen müssen, war aufgehoben.

Seine Heiligkeit besaß eine erstaunlich rasche Auffassungsgabe und interessierte sich besonders für alles, was mit Technik zu tun hatte. So ließ er sich zum Beispiel in allen Einzelheiten das Cockpit eines Flugzeugs erklären, was ihm die Bewunderung des Piloten eintrug. Er wurde für mich zu einem jungen Mann von einundzwanzig Jahren, der ständig etwas Neues entdeckte, und ich erfaßte die volle Bedeutung der buddhistischen Lehre, die keineswegs eine starre Doktrin ist, weil nichts darin endgültig ist. Deshalb wohl auch wurde ich immer wieder angehalten, Fragen zu stellen, mir eine eigene Meinung zu bilden, Zweifel aus dem Weg zu räumen. Seine Heiligkeit hatte sich diese Prinzipien von frühester Jugend an zu eigen gemacht, und auf unserer Indienreise setzte er sie in die Praxis um.

Überall auf unserem Weg schlugen dem Dalai-Lama die Herzen der indischen Bevölkerung entgegen, die natürlich von ihm gehört, ihn aber noch nie zu Gesicht bekommen hatte. In andächtiger Stille lauschte man zunächst seinen Reden, dann brach sich lauter Jubel Bahn. Auch die etwa zweihundert Tibeter ernteten stürmischen Applaus, wenn sie in ihren Brokatgewändern dem Zug entstiegen, um ihrem geistlichen und weltlichen Oberhaupt, der seinerseits die schlichte Mönchskutte trug und der Menge in herzlicher Verbundenheit zulächelte, das Geleit zu geben. In diesen jedesmal so besonderen Momenten überkamen mich zwiespältige Gefühle. Einerseits sah ich in Seiner Heiligkeit die Inkarnation des Dalai-

Lama, und gleichzeitig war ich unsagbar stolz auf meinen älteren Bruder, der bei aller ihm entgegengebrachten Bewunderung und allem Jubel derart bescheiden blieb.

Auch wenn meine Gedanken nicht auf die Vergangenheit ausgerichtet waren, drängten sich mir unwillkürlich Erinnerungen an meine Kindertage in Lhasa auf, bestärkten mich in dem Entschluß, nach Beendigung meiner Schulzeit Seiner Heiligkeit, zu dem mein Kontakt auf dieser Indienreise sehr viel enger geworden war, und der tibetischen Sache zu dienen.

Während dieser Reise traf ich erstmals mit dem Panchen-Lama zusammen, der mir, im krassen Gegensatz zum Dalai-Lama, doch eher introvertiert vorkam. Er lächelte selten und schüchterte mich ein.

Die Mutter des Panchen-Lama war ebenfalls von bäuerlicher Herkunft. Schon bald gesellte sie sich zu uns ins Abteil und plauderte mit Amala und Tsering Dolma über so Alltägliches wie Sticken, Stricken oder Kochen, ohne sich von dieser Atmosphäre allgemeinen Mißtrauens, die einem unbeschwerten Gedankenaustausch im Wege stand, beeindrucken zu lassen.

Amala begegnete allen Herausforderungen mit erstaunlicher Ruhe, meisterte schwierige Situationen mit geradezu stoischer Gelassenheit. Worauf es ihr ankam, war meine Ausbildung und vor allem die meines kleinen Bruders Tendzin Choegyal, mit seinen zehn Jahren ein wahres Energiebündel. Ständig tobte er durch die Gänge des Zuges und alberte mit den indischen Dienern herum. Er war Amalas ein und alles, seit sich die anderen Familienmitglieder in alle Winde zerstreut hatten – Thubten Jigme Norbu lebte in den Vereinigten Staaten, was besonders schmerzlich für sie zu sein schien; Gyalo Thondup hielt sich in Indien auf; Lobsang Samten würde ebenfalls in Indien bleiben, nachdem eine schwere Erkrankung während der Reise einen chirurgischen Eingriff erforderlich gemacht hatte. War es da nicht angebracht, auch den kleinen Tendzin Choegyal in diesem so freundlich gesinnten Land zur Schule zu schicken? Sie beriet sich mit meinen älteren Brüdern, die befanden, daß – als Reinkarnation eines Lama – sein Platz in Tibet sei, so lange wie möglich.

Wenn ich mit Amala allein war, sprachen wir über die Schule, über zu Hause. Sie brachte mir Sticken und Strikken bei. Da sie Zirkus und Kino über alles liebte, richteten wir es, wann immer wir für mehrere Tage in einer größeren Stadt weilten, so ein, abends eine Zirkusvorstellung zu besuchen, oder aber wir gingen, wie in Madras und Kalkutta, in den Zoo. In Neu-Delhi erlebten wir sogar eine Vorstellung des Moskauer Staatszirkus und eine Eisrevue.

So unvergeßlich schön diese Reise durch Indien war, so schwer war der Abschied. Seine Heiligkeit zeigte Anzeichen der Erschöpfung; meiner Mutter und meiner Schwester hatte er anvertraut, wie enttäuscht er sei, daß alles Verhandeln nichts für unser Land bewirkt hätte. Wenn es nicht um das Überleben des tibetischen Volkes gegangen wäre, hätte er sich wohl gern aus der Politik zurückgezogen, um sich ausschließlich der Meditation und dem Studium heiliger Texte zu widmen.

6.

DER WEG INS EXIL

Drei Monate lang hatten wir Indien mit dem Zug bereist, hatten Tempel besucht, traditionellen Tanzdarbietungen beigewohnt und indischer Musik gelauscht, alles zu Ehren Seiner Heiligkeit des Dalai-Lama und der Mitglieder der Regierung in Delhi. Jetzt kehrte der Dalai-Lama nach Lhasa zurück. Da sich die Lage in Tibet weiterhin verschlechterte, beschwor Gyalo Thondup Amala, mit meiner Schwester Tsering Dolma, meiner Nichte Khando Tsering, meinem Neffen Tenzin Ngawang und mir für einen weiteren Monat in Kalkutta zu bleiben.

Dieser Monat in Kalkutta sollte der Erholung und Entspannung dienen, und tatsächlich wurden richtige Ferien daraus. Amala frönte ihrer Kinoleidenschaft, wozu sie jedesmal einen von uns zum Übersetzen mitnahm. Auch in den Zoo und in den Botanischen Garten gingen wir, denn meine Mutter liebte Tiere und Blumen über alles.

Abgestiegen waren wir in einem kleinen Hotel im Zentrum, auf Anraten von Gyalo Thondup, der dort zu wohnen pflegte, wenn er mit seiner Frau in die bengalische Hauptstadt kam. Eigentlich handelte es sich eher um eine Familienpension, inmitten eines zauberhaften Gartens gelegen, in dem ich mich auch noch nach Einbruch der Dunkelheit gern aufhielt.

Madame Martin, eine reizende Armenierin, die zusammen mit ihrem Mann das Hotel leitete, war rührend um uns besorgt, verwöhnte uns mit Spezialitäten aus ihrer Küche. Anzunehmen, daß sie und Amala bei ihren häufigen Plauderstündchen auch so manches Hausrezept austauschten. Nicht umsonst sagt man den Tibetern nach, daß sie die Grundlagen ihrer Religion aus Indien übernommen haben, ihre Kochkünste von den Chinesen und Mongolen und von letzteren auch die Art, sich zu kleiden. Offenbar haben wir uns aus den Traditionen unserer Nachbarn das Beste herausgepickt.

Ich war ständig mit meinen Freundinnen unterwegs. Wenn ich zurückkam, berichtete ich Amala und meiner Schwester, was ich alles erlebt hatte. Einmal schleppten mich zwei Freundinnen, die ich vom Internat in Darjeeling her kannte, in einen Friseursalon. Sie hatten mich zu einer Dauerwelle überredet, eine bei meinem glatten, dikken Haar fürwahr schreckliche Prozedur. Ich habe förmlich noch den Geruch der Flüssigkeit in der Nase, den die Friseurin großzügig auf meinem Kopf verteilte, ehe sie mir Lockenwickler aufsteckte, die entsetzlich drückten und mich die Zeit, die ich damit auszuharren hatte, nur mühsam durchstehen ließen. Daß ich längst bedauerte, mich auf dieses Unternehmen eingelassen zu haben, braucht nicht eigens erwähnt zu werden. »Was ist denn mit deinen Haaren passiert?« riefen meine Schwester und meine Mutter später im Hotel entsetzt. Statt einer Antwort stürzte ich ins Bad und wusch mir mehrmals den Kopf, in der Hoffnung, die Locken würden verschwinden. Aber die Dauerwelle erwies sich als stärker, und es dauerte eine ganze Weile, bis mein Haar wieder glatt war. Was ich daraus gelernt habe, ist, daß man nicht unbedingt auf seine Freundinnen hören soll.

Amala und meine Schwester·kehrten nach Lhasa zurück, ich ins Internat. Schweren Herzens nahmen wir Abschied. Lobsang Samten blieb noch bis zu seiner vollständigen Genesung in Indien, ehe auch er abreiste, in die Vereinigten Staaten, wo bereits mein älterer Bruder Thubten Jigme Norbu lebte und neben seiner Tätigkeit im naturkundlichen Museum mit der Niederschrift von *Tibet is my Country* begonnen hatte. Wir standen in regem Briefverkehr. Da Cholas Englischkenntnisse noch recht dürftig waren, ich dagegen das tibetische Alphabet bereits vergessen hatte, schrieb er mir auf tibetisch, allerdings mit lateinischen Buchstaben. Was komisch war, aber seinen Zweck erfüllte. Von jedem Ort, an dem er sich aufhielt, schickte er mir eine Postkarte oder einige auf ein Stück Papier gekritzelte Zeilen. Jedenfalls hielten wir engen Kontakt, und ich erfuhr vieles über das Leben in Amerika.

Es fiel mir unendlich schwer, mich wieder an das Internatsleben zu gewöhnen. Wecken um sechs, Waschen, Gebet, Frühstück. Danach Bettenmachen im Schlafsaal inklusive tägliches Wenden der Matratze, ein Ritual, auf dem die Nonnen bestanden. Die fünfzehn Minuten Freizeit, die sich anschlossen, vergingen meist mit Plaudereien in kleinen Gruppen.

Zum Mittagessen fanden wir uns an Sechsertischen im großen Speisesaal ein. Prinzessin Shanti und meine Nichte saßen stets neben mir. Vor dem Essen mußten wir ein Gebet sprechen. Die Nonnen wachten darüber, daß wir uns während der Mahlzeit gerade hielten und alle Formen guten Benehmens wahrten. Mit Ungeduld warteten wir auf das Klingelzeichen, das uns die Unterhaltung gestattete, bis uns wiederum ein Klingelzeichen ermahnte, unsere Mahlzeit schweigend zu beenden. Ein drittes Klingeln, und wir durften aufstehen und hatten bis zum Beginn des Nachmittagsunterrichts eine halbe Stunde Freizeit.

Den Nonnen war sehr daran gelegen, daß wir uns sportlich betätigten: Hockey, Federball, Tischtennis, Rollschuhlaufen. Die Schüler der oberen Klassen wetteiferten darum, in die Basketball- oder Hockeymannschaft aufgenommen zu werden; die einzelnen Missionsschulen trugen nämlich in und um Darjeeling Turniere aus, und die Klosterschule von Loreto konnte seit ihrer Gründung im Jahre 1860 bereits voller Stolz auf einige bedeutende Trophäen zurückblicken.

Besagte Turniere fanden in erster Linie in der von

Jesuiten geleiteten Knabenschule North Point-Saint-Joseph statt, die Loreto angegliedert war und die mein Neffe besuchte. Das Wetteifern beschränkte sich nicht nur auf das rein Sportliche: Wenn wir gegen die Mannschaften einer protestantischen Schule anzutreten hatten, kam einem Sieg noch mehr Bedeutung zu. Entsprechend ernst nahmen die Nonnen das Training, gestanden denen, die an den Matches teilnahmen, sogar Sonderrechte zu, etwa besseres Essen und andere Vergünstigungen mehr.

Gelegentlich mußten wir, wenn ein wichtiges Turnier anstand, am Abend vorher mit dem Bus in die Knabenschule fahren und auf dem Hockeyfeld oder in der Basketballhalle trainieren. Seit ich die siebte Klasse besuchte, spielte ich in beiden Mannschaften mit; ich trieb mit Begeisterung Sport und hätte so manches Mal gern auf die Lernerei verzichtet, wenn nicht die Nonnen so unnachgiebig darauf gedrungen und regelmäßig unseren Wissensstand überprüft hätten.

Ein erstes Examen fand jeweils während des Schuljahrs statt, ein zweites zum Abschluß. Die Bewertungen, die nicht immer Anlaß zur Freude gaben, wurden in einem überdimensionalen Buch vermerkt, in dem seit zwanzig Jahren die Leistungen eines jeden Schülers schwarz auf weiß festgehalten waren. Um so peinlicher, wenn man nicht zu den Besten gehörte!

Was mich betrifft, so bewegte ich mich notenmäßig durchweg in der unteren Hälfte der Klasse. Was ich für mich damit entschuldigte, daß ich erst reichlich spät in die Schule gekommen war. Immerhin gestanden mir die Nonnen, wenn sie am Ende des Schuljahrs die besten Schülerinnen auszeichneten, Fleiß und gutes Betragen zu, und das brachte mir ebenfalls eine Belohnung ein – einen Trostpreis sozusagen.

Bei schönem Wetter wurden Picknicks im Botanischen Garten veranstaltet. Nach dem Essen auf der Wiese durften wir tun und lassen, was wir wollten, Bäume und Blumen betrachten oder Verstecken spielen. Eine willkommene Abwechslung zum immer gleichen Rhythmus des Internatsdaseins!

Ab der siebten Klasse nahmen wir an dreitägigen Exerzitien unter der Leitung von Jesuitenpriestern teil. Statt Schule stand innere Einkehr auf dem Programm, das heißt Rückbesinnung, Nachdenken über den Sinn des Lebens und unsere Zukunft, über unsere Erwartungen und darüber, wie wir zum Wohle unserer Mitmenschen beitragen könnten.

Diese Betrachtungen lösten sich ab mit der Lektüre von Texten aus der Feder namhafter Autoren, die sich um andere verdient gemacht hatten. Texte, die mich nachhaltig beeindruckten, vor allem die Geschichte von Pater Damien, der sein Leben in den Dienst der Leprakranken in Afrika gestellt hatte, und natürlich die Biographie von Albert Schweitzer. Als ich die Aufzeichnungen eines amerikanischen Arztes las, der sich um die vor den Kommunisten geflohenen Vietnamesen gekümmert hatte, wurde ich unwillkürlich an Tibet erinnert, wo in einigen Regionen nach der Invasion ähnliche Zustände herrschten. Die Menschen wehrten sich oder suchten Zuflucht in Indien.

Diese Tage der Besinnung, an denen ich vom fünfzehnten bis zu meinem neunzehnten Lebensjahr teilnahm, bedeuteten mir sehr viel. Die Jesuiten gingen auf jede unserer zahlreichen Fragen ein. Gelegentlich sprach ein Priester mit mir über die Situation in Tibet, wollte von mir, der Schwester des Dalai-Lama, die eine katholische Schule besuchte, wissen, wie ich über die Ereignisse in meinem Lande dachte. Heute glaube ich, daß diese Tage und die eingehenden Gespräche meine Nichte und mich reifer gemacht und uns im Bewußtsein um unsere Herkunft bestärkt haben. Wir brauchten uns unserer buddhistischen Kultur und unserer Denkweise nicht zu schämen. Ganz im Gegenteil.

Das Schuljahr 1959/1960 war mein letztes in Loreto und eine schwere Zeit für mich. Die Nachrichten aus Tibet waren beängstigend. Ohne den Beistand der Nonnen und meiner Freundinnen hätte ich wahrscheinlich nicht durchgehalten. Auch mein Bruder Gyalo Thondup und seine Frau Diki Dolkar redeten mir immer wieder gut zu, unbedingt die Schule zu beenden, weil mein Abschluß für die tibetische Sache nützlich sein könnte. Mit meinen knapp zwanzig Jahren war ich an einem Scheideweg angelangt. Die Hälfte meines Lebens hatte ich in der Gemeinschaft junger Mädchen verbracht, von denen ich mich nun in absehbarer Zeit trennen sollte. Natürlich schworen wir uns gegenseitig, in Verbindung zu bleiben, niemals das Band der Freundschaft zu zerreißen, was immer auch geschehen würde. Aus unseren Augen sprach Trauer, und gelegentlich krampfte sich uns das Herz zusammen.

Die Zwischenprüfung, das Cambridge Junior, hatte ich bereits mit Erfolg in der siebten Klasse abgelegt. In den verbleibenden beiden Schuljahren war uns auf Ersuchen von Gyalo Thondup zusätzlich Tibetischunterricht erteilt worden, von einem Lehrer, der uns auch unsere Geschichte und Kultur vermittelte. Für das Cambridge Senior, das aus einer Nacherzählung bestand, einem Aufsatz, einer Prüfung in Grammatik und einem Diktat, durften wir sogar auf ausdrückliche Genehmigung aus London hin Tibetisch als zweite Prüfungssprache wählen.

In Loreto mit seinen überwiegend aus Irland stammenden Nonnen wurde jedes Jahr im März der Namenstag von St. Patrick begangen. Höhepunkt war ein großes Basketballturnier. So auch in meinem letzten Schuljahr. Angesichts der alarmierenden Nachrichten jedoch, von denen Gyalo Thondup und Lobsang Samten bei einem Besuch in Darjeeling berichteten, war ich kaum imstande, mich auf diesen Wettkampf vorzubereiten.

Schlagzeilen über die Ereignisse in Tibet beherrschten die indischen und englischen Zeitungen. Die Leser erfuhren, daß am 10. März ein Aufstand in Lhasa stattgefunden hatte. Die wildesten Gerüchte waren in Umlauf. Da wurde behauptet, daß der Dalai-Lama von den Chinesen festgenommen worden wäre; aus einer anderen Quelle verlautete, über den Verbleib Seiner Heiligkeit und dessen Familie sei nichts bekannt. Bei meinem Bruder Gyalo Thondup, den ich über das Wochenende besuchte, herrschte reges Kommen und Gehen. Allen stand der Schreck ins Gesicht geschrieben. Und trotz der Versuche, Ruhe zu bewahren, ahnten meine Nichte und ich, daß die Lage äußerst kritisch war. Ich bangte um Amala, um meine Schwester und ihren Mann, um Tendzin Choegyal und um Seine Heiligkeit, ich zitterte bei dem Gedanken, daß ihr Leben in Gefahr war. Ich sorgte mich um meine Freunde zu Hause und um mein Volk, das so Entsetzliches erdulden mußte – ohne auch nur im entferntesten das volle Ausmaß der Tragödie zu erfassen, die sich jenseits der Gipfel des Himalaja abspielte.

Im Pensionat versorgten die Nonnen meine Nichte und mich mit Zeitungen. Morgens und abends sprachen sie ein Gebet für »Pemas Familie«. Alle litten mit uns. Trotzdem konnte ich nach der Bekanntgabe der Bombardierung des Norbulingka durch die kommunistischen Truppen meine Tränen nicht länger zurückhalten – Tränen der Wut, Tränen der Verzweiflung ...

Nach drei endlosen Wochen verbreitete sich wie ein Lauffeuer die Nachricht, daß der Dalai-Lama und sein Gefolge über die Grenze nach Indien gelangt seien. Hunderte von Journalisten und Fotografen machten sich auf den Weg nach Tezpur, wo sie dem geistlichen und weltlichen Oberhaupt der Tibeter einen stürmischen Empfang bereiteten.

Meine Schwägerin kam nach Loreto, um uns die gute Nachricht zu überbringen. Meine Nichte, mein Neffe und ich erhielten die Erlaubnis, die Radiosendung der BBC zu hören, die ihr Programm immer wieder für kurze Meldungen aus Tezpur unterbrach. Ein Stein fiel mir vom Herzen, als der Sprecher bestätigte, der Dalai-Lama sei außer Ge-

fahr und zusammen mit seiner Familie in einem Sonder-
zug auf dem Weg nach Mussoorie, in die Vorgebirgsre-
gion des Himalaja. Im Anschluß daran übertrug der Sen-
der die Botschaft des indischen Premierministers an Seine
Heiligkeit den Dalai-Lama: »Zu Ihrer wohlbehaltenen
und unversehrten Ankunft auf indischem Territorium
entbieten Ihnen meine Regierungsfreunde und ich unsere
Willkommensgrüße und unsere besten Wünsche. Wir
schätzen uns glücklich, Ihnen, Ihrer Familie und Ihrer Begleitung alles Notwendige für Ihren Aufenthalt in Indien
bereitstellen zu dürfen. Seien Sie versichert, daß Ihnen unser Volk, das Sie tief verehrt, den Ihnen gebührenden Respekt erweisen wird …«

Die Mutter Oberin von Loreto gab uns einen Tag frei, so
daß wir mit Diki Dolkar nach Siliguri fahren konnten, wo
auch der Zug mit Seiner Heiligkeit Station machte. Unterwegs begegneten wir Tibetern, die ins Umland von Darjeeling und nach Kalimpong geflohen waren und jetzt
ebenfalls den Dalai-Lama begrüßen wollten.

Dicht an dicht drängten sich die Menschen, als der Zug
einfuhr. Auf allen Gesichtern spiegelte sich tiefe Verehrung wider, und die indischen Schaulustigen machten ihrer Empörung über die von den chinesischen Kommunisten seit mehr als zehn Jahren verfolgte Expansionspolitik
Luft. Wir kämpften uns mühsam zum Rand des Bahn-
steigs vor, als plötzlich ein vielstimmiges Freudengeschrei
erscholl. Die Tür eines der Waggons öffnete sich, die Leibgarde erschien, dahinter Seine Heiligkeit, abgemagert und
restlos erschöpft. Die wenigen Schritte, die mich von ihm
trennten, kamen mir endlos vor. Ich bot ihm eine *khata*
dar, empfing seinen Segen, und dann wurde ich von der
Leibgarde buchstäblich ins Innere des Zugs gedrängt, wo
ich erst einmal Amala, die mir so sehr gefehlt hatte, um
den Hals fiel, dann meiner Schwester und meinen Brüdern. Nach drei Jahren waren wir endlich wieder vereint!

Verständlich, daß meine Nichte, mein Neffe und ich
nicht nach Loreto zurück wollten. Amala mußte ihre gan-

zen Überredungskünste aufwenden, um uns zur Vernunft zu bringen. Zwei Stunden durften wir bleiben, dann ging es heim ins Internat nach Darjeeling, immerhin in der Gewißheit, mit Anbruch der Ferien die ganze Familie wiederzusehen. Zwei Stunden ... Zwei mit Emotionen angefüllte Stunden, mit Tränen und tausend Fragen. Welches Schicksal wartete auf uns? Auf Seine Heiligkeit? Auf die Tibeter, die im Land geblieben waren? Die Fragen überschlugen sich, aber keiner hatte Zeit, sie zu beantworten, geschweige denn uns die Lage zu Hause zu erklären. Blieb uns demnach nur, uns über das glückliche Ende eines langen, von Ängsten und Bangen erfüllten Monats zu freuen.

Dennoch ahnte ich, wie schrecklich es gewesen sein mußte, Lhasa zu verlassen. Alle waren geschwächt und niedergeschlagen. Sie waren ohne Gepäck geflohen und trugen seit mehreren Wochen dieselben Kleider. Diki Dolkar hatte fürs erste etwas zum Anziehen und zum Essen mitgebracht. Aber auch wenn diese Menschen nichts mehr besaßen, sie waren am Leben geblieben, und allein das zählte ... Ab jetzt begann für uns alle ein neues Leben, ein Leben im Exil, als politische Flüchtlinge.

An jenem Abend wie auch in den folgenden Nächten fand ich nur sehr wenig Schlaf. Immer wieder tauchten vor mir Bilder von unserem Haus in Lhasa auf, ich dachte daran, wie wir mit den Dienern und deren Kindern im Garten herumgetobt waren, ich dachte an die Schule, an die Papierdrachen. Ich machte mir Sorgen um meine Mutter und Seine Heiligkeit, obwohl Amala auf die Zukunft und auf eine baldige Rückkehr nach Tibet baute. Auch der Dalai-Lama glaubte fest daran, daß es für jedes Problem eine Lösung gebe; nicht zuletzt setzte er auf die Unterstützung durch die indische Regierung und aller Völker, die auf Recht und Gerechtigkeit vertrauen.

Kurz darauf durften meine Nichte, mein Neffe und ich für einige Ferientage mit meinem Bruder nach Neu-Delhi fliegen. Es war unsere erste Reise per Flugzeug, und dementsprechend aufgeregt waren wir. Allerdings empfing uns bei der Landung in der Hauptstadt eine derartige Hitze, daß wir nur noch danach trachteten, diesen Backofen so schnell wie möglich zu verlassen. Die Weiterfahrt nach Mussoorie erfolgte per Auto.

Meine Familie hatte sich so gut wie möglich eingerichtet. Seine Heiligkeit bewohnte zwei Räume eines prächtigen Hauses, das Birla, einem wohlhabenden indischen Industriellen gehörte; Amala teilte sich mit meinem jüngsten Bruder ein Zimmer, meine Schwester und ihr Mann ein weiteres. Die Sekretäre und Berater Seiner Heiligkeit hatten ebenfalls zwei Zimmer für sich. Amala und meiner Schwester unterstand die Küche; eine unserer Dienerinnen, die trotz ihres hohen Alters meiner Familie ins Exil gefolgt war, ging ihnen zur Hand. Darüber hinaus hatte die indische Regierung für eine Anzahl Diener gesorgt, die das Haus in Ordnung hielten.

Gyalo Thondup war ständig unterwegs, um Seiner Heiligkeit und der übrigen Familie den Aufenthalt so angenehm wie möglich zu gestalten. Es mangelte mehr oder weniger an allem. Wenn dann Amala klagte, sie habe nicht genug Tassen und Untertassen und Teelöffel schon gar nicht, schoß mein Bruder davon und kam Stunden später wie ein Maultier bepackt zurück. Wenn meine Schwester Tsering Dolma, die stets soviel Wert auf ihr Äußeres gelegt hatte, gelegentlich durchblicken ließ, sie habe überhaupt nichts mehr anzuziehen, zog Gyalo Thondup abermals los. Was er nicht in Mussoorie auftreiben konnte, besorgte er in Neu-Delhi.

Mussoorie war damals ein Urlaubsort für Inder, die Erholung von der unerträglichen Hitze in der Hauptstadt suchten. Ich verbrachte lediglich vier Tage im Kreise der Familie. Wenn ihnen allen anzumerken war, wie traurig sie waren, gaben sie sich doch munter, ließen sich nicht entmutigen. Im Vordergrund ihrer Überlegungen stand die Zukunft des tibetischen Volkes. Sollte man sich an die Vereinten Nationen wenden? Weltweit Hilfe erbitten?

Seit seiner Ankunft in Mussoorie hatte sich Seine Heiligkeit dafür eingesetzt, allen achtzehn- bis fünfundzwanzigjährigen Tibetern vor Ort einen Schnellkurs in Englisch erteilen zu lassen. Als Kursleiter wurde das Ehepaar Taring gewonnen, das über Jahre hinweg mit tibetischen Kindern arbeitete und nicht selten eine Art Elternrolle übernahm. Viele ihrer Schüler haben in der Folgezeit hohe Posten in der tibetischen Regierung und in solchen indischen Regionen bekleidet, in denen Flüchtlingssiedlungen entstanden waren.

Eines Abends riefen meine Mutter und meine Schwester uns Kinder in den Salon, und mir wurde eröffnet, daß meine Nichte und mein Neffe, mit denen ich bisher immer zusammen gewesen war, in Mussoorie bleiben und dort zur Schule gehen sollten und ich allein nach Loreto zurück müßte. Auch der Dalai-Lama hatte sich dafür ausgesprochen, daß eine westlich orientierte Erziehung der tibetischen Sache nur dienlich sein könne. Statt also weiterhin das kleine Schulmädchen zu sein, wie ich mir das gewünscht hätte, wurde ich unversehens in den Rang einer Erwachsenen erhoben. So hilflos ich mir in dieser Rolle auch vorkam, spürte ich doch, zu welch wichtiger Mission man mich verpflichtete: meine Studien so rasch und so gut wie möglich zu beenden.

An jenem Abend berichteten uns Amala und meine Schwester über ihre Flucht aus Lhasa, gelegentlich stockend und ein Aufschluchzen unterdrückend, aber ohne die kleinste Kleinigkeit auszulassen. Wie gebannt lauschte ich der Schilderung jenes 10. März 1959 und der schrecklichen Tage, die sich daran anschlossen.

Einige Tage vor dem schicksalhaften Datum hatten die Chinesen Seine Heiligkeit den Dalai-Lama zu einer Theateraufführung in einen drei Kilometer vom Norbulingka entfernten Stützpunkt eingeladen. Eine höchst zweifelhafte Einladung, da man »vergessen« hatte, die Leibgarde und die Berater Seiner Heiligkeit zum Mitkommen aufzufordern. Darüber hinaus waren die Chinesen bemüht, keinerlei Aufheben um diesen Besuch zu machen, aus der Erfahrung heraus, daß jedesmal, wenn Seine Heiligkeit sich in der Öffentlichkeit zeigte, Scharen von Gläubigen seinen Weg säumten.

Am 9. März kursierten in der Hauptstadt die wildesten Gerüchte: daß die Kommunisten den Dalai-Lama entführen wollten; daß das Militär Weisung hatte, ihn gefangen zu nehmen und nach Peking zu schaffen. Knisternde Spannung breitete sich in der Bevölkerung aus. Zu ihrer eigenen Sicherheit waren Amala und meine Schwester in den Norbulingka gerufen worden, wo sich bereits Seine Heiligkeit aufhielt.

Am 10. März war der Dalai-Lama wie gewöhnlich bei Tagesanbruch aufgestanden. Nach den Gebeten begab er sich zu einem Spaziergang in die Gärten, und dort bekam er die ersten Anzeichen des Aufstands mit. Die Bevölkerung marschierte auf den Norbulingka zu, um meinen Bruder zu schützen. Im Verlauf des Vormittags wurde der Tumult immer größer. Die Tibeter ließen ihrem Haß auf den Eindringling freien Lauf, wollten nicht länger die Besetzung ihres Landes hinnehmen, machte Anstalten, sich mit aller Macht zur Wehr zu setzen.

In den darauffolgenden Tagen stieg die Spannung ins Unerträgliche. Khampas bewaffneten sich mit alten Gewehren, Soldaten schlossen sich ihnen an; Mönche, Männer, mit Dolchen ausgerüstet, und Frauen, die Parolen skandierten, sammelten sich um den Norbulingka.

Am 16. März dann erreichte die furchtbare Nachricht den Palast, daß die chinesischen Truppen beabsichtigten, die Residenz des Dalai-Lama zu bombardieren. Gegen vier Uhr nachmittags verwüsteten zwei Artilleriesalven den Garten. Die Menge protestierte. Im Palast fanden Beratungen statt, bis endlich die Entscheidung fiel: Eine Flucht war unumgänglich, nicht nur um Seine Heiligkeit und die Seinen zu schützen, sondern auch um die Existenz des Landes sowie die Zukunft der Tibeter zu gewährleisten. Heute darf ich behaupten, daß, hätte man Seine Heiligkeit gefangengenommen, Tibet mit an Sicherheit grenzender Wahrscheinlichkeit von der asiatischen Landkarte getilgt worden wäre und die Chinesen freie Hand gehabt hätten, ohne Wissen der internationalen Gemeinschaft einen weiteren Völkermord durchzuführen.

Kurz vor Einbruch der Dunkelheit wurden drei Gruppen gebildet. Die erste bestand aus Amala, meinem jüngsten Bruder und meiner Schwester, alle als Khampas verkleidet. Die zweite setzte sich zusammen aus dem Kämmerer, meinem Schwager als dem Kommandanten der Garde sowie Seiner Heiligkeit in Soldatenuniform und Mütze; die dritte aus Ministern des Kashag, den Lehrern und einigen anderen im Dienste des Dalai-Lama.

Den Aufbruch geheimzuhalten war nicht einfach. Bei Einbruch der Nacht schlichen sich die drei Gruppen nacheinander durch die Südpforte der Außenmauer des Norbulingka. Da die Wachen abgezogen worden waren, gelang es, ungehindert den Palast am Nordufer des Khyi Chu zu verlassen. Das chinesische Lager befand sich weiter stromabwärts, aber ebenfalls am Nordufer, so daß nicht auszuschließen war, unversehens einer Patrouille in die Hände zu fallen oder von den Scheinwerfern eines Militärfahrzeugs erfaßt zu werden.

Langsam zogen sie mehrere Kilometer den Fluß entlang, bis zu der Stelle, wo Boote aus Jakhaut warteten. Das Übersetzen ging ohne Schwierigkeiten vor sich; am anderen Ufer wurden sie von Khampas-Partisanen in Empfang genommen. Den üblicherweise frequentierten Straßen nach Indien zu folgen, kam nicht in Frage, da das chinesische Militär an allen Kreuzungen Kontrollposten aufgestellt hatte. Statt dessen galt es, so rasch wie möglich das Gebirge im Süden von Lhasa zu erreichen. Um dorthin zu gelangen, mußten sie über den Che-la, einen Paß, den zu überwinden den Flüchtlingen einiges abverlangte. Geröllpfade, die dünne Höhenluft, die ständige Angst, all das trug dazu bei, daß sie nur mühsam vorankamen. Wie

Amala erzählte, war irgendwann und unerwartet ein alter Tibeter aufgetaucht, mit einem prachtvollen Schimmel für Seine Heiligkeit – in einer Umgebung wie dieser war ein solches Geschenk fürwahr ein glückliches Omen! –, und hatte den Zug ein Stück Weges begleitet.

Die andere Seite des Passes verlief weniger steil. Sandige Pfade erleichterten das Vorankommen, so daß sie schließlich den Tsangpo erreichten, dem sie in östlicher Richtung bis zu einer Fähre folgten, mit der sie nach Kyeshong übersetzten, einem Dorf, in dem Seine Heiligkeit und Amala unter dem Schutz von Khampas und Soldaten der Freiwilligenarmee eine kurze Rast einlegen konnten.

Mittlerweile war die Gruppe auf gut hundert Personen angewachsen, zu deren Sicherheit sich vierhundert Khampas und Freiwillige eingefunden hatten. Wieder war eine Trennung unumgänglich. Zurück blieben Männer und Frauen, die, selbst auf die Gefahr hin, ihr Leben zu verlieren, entschlossen waren, die Flucht des Dalai-Lama zu decken. Nach einer Nacht im Kloster Ra-me machten weitere etwa hundert Männer kehrt, um eventuellen chinesischen Verfolgern den Weg zu blockieren.

Unter Aufbietung aller Kräfte kämpften sich die einzelnen Gruppen über die Gebirgskette, unterbrochen von Ruhepausen in den auf dem Wege liegenden Klöstern oder in den Hütten von Bergbauern, von denen nur wenige wußten, daß es der Dalai-Lama war, den sie in ihrer bescheidenen Behausung beherbergten. Wenn eine solche Rast eingelegt wurde, gesellten sich auch immer Anführer der Partisanen hinzu, mit denen sich Seine Heiligkeit dann eingehend besprach.

Geplant war, erst einmal und so schnell wie möglich Lhuntse Dzong zu erreichen, eine in den Fels gehauene, schier uneinnehmbare Festung. Zwei Tage zuvor hatte Seine Heiligkeit von Kundschaftern von der Bombardierung Lhasas am 20. März und der Zerstörung des Norbulingka sowie eines Teils des Potala erfahren. Das Medizinische Institut von Tchakpori und das Kloster Sera waren

100

dem Erdboden gleichgemacht und Tausende von Tibetern, Männer, Frauen und Kinder, ermordet worden. Dieses barbarische Wüten der chinesischen Kommunisten bestätigte auf nur allzu traurige Weise die Richtigkeit der Entscheidung der Regierung, durch die Flucht des Dalai-Lama dessen Leben und das seiner Familie zu retten.

Die Gruppen hatten bereits mehrere Pässe überwunden, die alle oberhalb der Schneegrenze lagen: den Sabo-la, den Yarto-tag-la, den Tag-la. Sogar das mehr als sechstausend Meter hoch gelegene E-Chhudhogyang hatten sie passiert, einen Ort, in dem nichts wächst und dessen Bewohner in einem derart tiefen Elend leben, daß selbst ein tibetisches Sprichwort sagt: »Es ist besser, dort, wo Gras wächst und Wasser fließt, als Tier geboren zu werden denn als Mensch in E-Chhudhogyang ...«

Von Lhuntse Dzong aus entsandte Seine Heiligkeit Unterhändler nach Indien, um bei der Regierung um politisches Asyl nachzusuchen. Seine Gruppe war in Jhora mit der zusammengetroffen, in der sich Amala und meine Schwester befanden, die, nachdem Seine Heiligkeit unseren jüngsten Bruder übernommen hatte, rasch vorwärts gekommen waren und sogar auf einer unserer Besitzungen eine Ruhepause hatten einlegen können.

Wie Amala ausführte, war der Dalai-Lama inzwischen zu krank, um die letzte Etappe nach Mangman anzuführen. Nicht mehr in der Lage, sich auf dem Pferd zu halten, passierte er die tibetisch-indische Grenze auf dem Rücken eines *dzomo*.

Die Pressekonferenz in Tezpur gab Seiner Heiligkeit zum erstenmal Gelegenheit, sich frei zu äußern und das mit einem von Peking gefälschten Siegel des tibetischen Staates versehene »17-Punkte-Abkommen« anzuprangern, das 1953 unter Druck unterzeichnet worden war ...

Während der vier Tage, die ich in Mussoorie verbrachte, unterhielt ich mich immer wieder mit meiner Familie und all denen, die uns in dieser schweren Zeit nahestanden. Amala dachte viel an die Beamten, die nach Lhasa zurückgekehrt waren, und an die Freiwilligen, die bereit waren, den Kampf gegen die chinesische Unterdrükkung fortzusetzen.

Als die Tibeter vernahmen, daß Seine Heiligkeit das Land hatte verlassen müssen, entschlossen sich viele, es ihm gleichzutun und über Bhutan, Ladakh und Nepal nach Indien zu fliehen. Bereits bei meinem Besuch in Mussoorie war der Dalai-Lama damit beschäftigt, dem ersten Flüchtlingsschub seinen Segen zu erteilen und sich anzuhören, was sie, die Augenzeugen des tragischen Geschicks unseres Landes, zu berichten hatten.

Bald darauf entschloß sich Amala, mit meiner Schwester zu Gyalo Thondup nach Delhi zu fahren, wo er ein Haus gemietet hatte. Dort angekommen, mußten beide erst einmal einen Facharzt aufsuchen, da auf der Flucht über die Schneefelder ihre Augen Schaden genommen hatten. Und obwohl allein schon die Tatsache, wieder zusammenzusein, Grund genug war, sich glücklich zu preisen, gab sich mein Bruder Gyalo Thondup darüber hinaus alle Mühe, den beiden Frauen nach allem, was sie durchgemacht hatten, den Aufenthalt so angenehm wie möglich zu gestalten, ungeachtet dessen, daß er häufig zwischen Neu-Delhi und Mussoorie hin- und herpendeln mußte, da das in Neu-Delhi eröffnete Tibetbüro bereits offizielle Kontakte zur indischen Regierung unterhielt.

Die indische Regierung bewies grenzenlose Hilfsbereitschaft. Sie stellte Seiner Heiligkeit und der übrigen Familie Räumlichkeiten zur Verfügung, anfangs in Mussoorie, später in Dharamsala; sie übernahm die Lebenshaltungskosten und richtete die ersten tibetischen Schulbungalows ein.

Nach den Winterferien kehrte ich nach Loreto zurück. Um dieselbe Zeit schickte sich meine Familie an, nach Dharamsala zu übersiedeln.

7.
DIE ERSTEN FLÜCHTLINGE
IN INDIEN

Klosterschule Loreto, 1960/1961 ... Die Prüfungen zum Cambridge Senior fanden in einer entspannten Atmosphäre statt. Die Arbeiten wurden zur Korrektur nach England geschickt, die Ergebnisse waren nicht vor März zu erwarten. Dafür standen die Winterferien vor der Tür.

Mein Neffe Tenzin Ngawang war ein ausgezeichneter Schüler und mehrmals Klassenbester. Die Literatur hatte es ihm besonders angetan, er schien sogar lieber zu lesen als zu essen. In den Ferien mußten wir ihn so manches Mal, wenn wir uns zu Tisch begaben, erst suchen, und für gewöhnlich fanden wir ihn dann auf der Treppe hockend, mit einem Buch in der Hand.

Englischaufsätze waren ebenfalls eine Stärke von ihm, für einen hatte er sogar eine goldene Medaille erhalten. Da ich in diesem Fach um so mehr zu wünschen übrig ließ und meine Professoren mir kurz vor dem Examen geraten hatten, die Aufsätze anderer Schüler zu lesen, wandte ich mich an meinen Neffen, der mir bereitwillig eine Reihe seiner Arbeiten überließ. Einen seiner Texte, in dem es um den Fluß Khyi Chu ging, fand ich so hinreißend, daß ich ihn mehr oder weniger auswendig lernte. Und was soll ich sagen? Im Fach Englischaufsatz sollten wir im Examen prompt einen Fluß beschreiben! Ich habe mich, wie ich gestehen muß, weidlich des Textes von Tenzin Ngawang bedient – und eine sehr gute Note bekommen!

Mit Amala und der ganzen Familie stand ich in regem Briefkontakt. Darüber hinaus traf ich im Hause von Diki

Dolkar, die weiterhin in Darjeeling wohnte, häufig Gyalo Thondup an, der von Neu-Delhi aus regelmäßig seine Frau und die drei Kinder besuchte.

Aus einem Brief von Amala hatte ich erfahren, daß sich Seine Heiligkeit auf Anregung von Nehru im Vorgebirge des Himalaja niederlassen wollte, in Himachal Pradesh, das damals zu Punjab gehörte, genauer gesagt in eine Stadt namens Dharamsala. Seine Heiligkeit hatte einen Beamten dorthin geschickt, um sich einen Eindruck zu verschaffen, und dieser hatte nach seiner Rückkehr den Umzug befürwortet. Wie sich herausstellte, war Dharamsala, ein in zweitausend Meter Höhe gelegener und in Unter- und Ober-Dharamsala gegliederter Marktflecken, ein schwer zugänglicher Ort, der auch unter dem Namen McLeod Ganj bekannt war, seit die Briten vor etlichen Jahren hier einen Stützpunkt eingerichtet hatten.

Was Seine Heiligkeit bei seiner Ankunft vorfand, war eher eine Geisterstadt. Lediglich eine Handvoll Inder lebte hier, und es gab nur ein einziges Geschäft, das der Familie Nowrojee gehörte. Daran zeigte sich für uns die schwierige politische Situation: Für die indische Regierung war es nicht unproblematisch, den Dalai-Lama bei sich aufzunehmen, vor allem nachdem Seine Heiligkeit einen Appell an die Vereinten Nationen gerichtet hatte. War es etwa den Regierenden in Neu-Delhi ratsamer erschienen, ihn und sein Gefolge in einer abgeschiedenen Region unterzubringen?

Ich machte mich also nach den Prüfungen nach Dharamsala auf, zunächst mit dem Zug von Siliguri nach Neu-Delhi, dann nach Pathankot, wo mich ein Auto der Exilregierung abholte. Dreieinhalb Stunden dauerte die Fahrt auf holprigen Straßen nach McLeod Ganj, vorbei an zahlreichen Ortschaften mit hin und wieder einem kleinen Laden, ohne jedoch das gewohnte Treiben, ohne die bunten Verkaufsstände wie sonst überall in Indien. Kaum ging es bergan, begegnete uns überhaupt keine Menschenseele mehr. Gewiß, die Landschaft war großartig: dichte

Wälder, eine üppige Vegetation und im Hintergrund die schneebedeckten Gipfel.

Es war, als führte der Weg zu einem Ort am Ende der Welt, abgeschnitten von jeglicher Zivilisation. Und doch hatte ich keine Ahnung, was mich erwartete, als wir diese ausgehöhlten Pfade überwunden hatten, deren steinerne Begrenzungen darauf hindeuteten, daß hier in jüngster Zeit Hand angelegt worden war. Vermutlich Tibeter, die Seiner Heiligkeit das Vorwärtskommen erleichtern wollten ...

In Unter-Dharamsala entdeckte ich ein paar wenige Läden. Der Chauffeur bog auf militärisches Sperrgebiet ab, nach McLeod Ganj, und dort bot sich mir ein chaotisches Bild: drei Häuser, ein einziger Laden, jede Menge Zelte und zerlumpte Tibeter; Kinder, die vor Kälte weinten und zitterten, vom Kummer gebeugte Frauen. Was mußten sie durchgemacht haben, ehe sie dieses erbärmliche Dorf erreichten!

Meine Familie war in einem alten Bungalow untergebracht, der den Namen Swargashram trug und aus der Kolonialzeit stammte. Ein Zimmer war Amala vorbehalten, Seiner Heiligkeit ein weiteres sowie ein Gebetsraum; außerdem wies das Haus ein Eßzimmer und eine Küche auf sowie eine Veranda und ein Wohnzimmer, die beide für Besucher bestimmt waren. Beamte und Berater waren in anderen von der indischen Regierung beschlagnahmten Unterkünften untergebracht.

Die Büros der einzelnen Ministerien der Exilregierung[1] befanden sich über das Gelände verstreut. Meine Schwester war täglich eine halbe Stunde unterwegs, um die »nursery« zu erreichen, wo sie fast ihre gesamte Zeit verbrachte. Ich half ihr bei ihren mannigfaltigen Aufgaben, betätigte mich vor allem als Dolmetscherin, da es mit ihrem Englisch nicht allzuweit her war.

---

[1] Die tibetische Exilregierung setzt sich aus sieben Ministern zusammen, jeweils zuständig für Erziehung, Finanzen, Gesundheit, Inneres, Information und internationale Beziehungen, Religiöse Belange und Kultur sowie Sicherheit.

Den Flüchtlingen Arbeit zu verschaffen erwies sich als äußerst schwierig. Die meisten von ihnen waren Nomaden oder Bauern und besaßen keinerlei handwerkliche Ausbildung. Nachdem sich der Dalai-Lama an die indische Regierung gewandt hatte, bot sich als einzige Möglichkeit der Straßenbau in Jammu, Kulu und Manali in der Region des Himalaja an. Dementsprechend wurden Trupps von zwei-, drei- oder gar vierhundert Flüchtlingen zusammengestellt.

Amala machte sich Gedanken um meine Zukunft. In Absprache mit meinen Brüdern in den Vereinigten Staaten beschwor sie mich, ein weiterführendes Studium aufzunehmen. Auch Seine Heiligkeit, der sich seit jeher eingehend mit seinen Büchern beschäftigt hatte und selbst jetzt, da er fast rund um die Uhr damit beschäftigt war, Flüchtlinge zu empfangen und Gespräche mit seiner Regierung, seinen Ministern zu führen, noch Zeit fand, sich dem Studium heiliger Texte zu widmen, sprach mir zu.

Besonders das Schicksal der Kinder, die wie ihre Eltern in erbärmlichen Verhältnissen leben mußten, bereitete dem Dalai-Lama große Sorgen. Immer wieder berief er sich auf ein Gespräch mit Nehru, in dem dieser die Schulausbildung als Zukunft und Hoffnung für Tibet und somit als vordringlich bezeichnet und Seine Heiligkeit bereits in Mussoorie darin bestärkt hatte, eine Schule einzurichten.

Als mit jeder Woche mehr und mehr Kinder der für den Einsatz im Straßenbau vorgesehenen Flüchtlinge mit ihren Eltern das Lager verließen, beschloß der Dalai-Lama, Beamte an die jeweiligen Arbeitsorte zu entsenden, um die Familien zu überreden, ihre Kinder der Obhut der Regierung anzuvertrauen, sie am besten gleich mit den Beamten zurückzuschicken. Dies sei zum Wohle der Kinder, von denen bereits einige bei Steinschlägen ums Leben gekommen waren. Am 17. Mai 1960 erschienen etwa fünfzig Kinder in einer jämmerlichen Verfassung. Unsere ältere Schwester nahm sich ihrer an, untergebracht wurden sie in Beamtenfamilien.

Die Vorsprache auf den verschiedenen Baustellen erwies sich als höchst erfolgreich. In wenigen Wochen fanden sich achthundert Kinder in Dharamsala ein. Die indische Regierung half uns, ein Dach über dem Kopf für sie zu schaffen. Nachdem sich ein erstes Gebäude, das »Conium Haus«, das als Anlaufstelle diente, schon bald als viel zu klein erwies, wurde uns »Egerton Hall« und später »Kishore Nivas« zur Verfügung gestellt, ferner Internatsschulen in Dalhousie, Simla und Kalimpong. Die kleinsten Kinder blieben bei meiner Schwester; die, die älter als acht waren, wurden in Gruppen von zwischen zwanzig und fünfzig auf die verschiedenen Internate verteilt, je nachdem, wieviel Platz dort vorhanden war. Später, als die fünf Schulen reibungslos liefen, gestaltete sich die Verteilung der Kinder weniger schwierig.

All dies passierte im Jahr 1960, zu Beginn des Exils. Wir verfügten damals nicht über ausreichende finanzielle Mittel, um uns aller Flüchtlinge annehmen zu können, und waren weitgehend auf die Unterstützung der indischen Regierung und humanitärer Organisationen angewiesen. Allzuviel konnten wir unter diesen Bedingungen nicht erwarten; Nehru und seine Mitarbeiter brachten für unsere Familie, für die anderen Flüchtlinge und die tibetischen Kinder ohnehin schon ein Höchstmaß an Verständnis und Entgegenkommen auf.

Daß die Wahl auf Dharamsala gefallen war, wertete meine Familie inzwischen als gute Entscheidung. Hätten sich in das an sich schon dicht besiedelte Mussoorie immer mehr Tibeter gedrängt, wären Konflikte nicht auszuschließen gewesen. In Dharamsala dagegen standen immer ein paar Bungalows leer, und vor allem war genügend Platz.

Und Platz brauchten wir jede Menge. Viele Neuankömmlinge blieben, ehe sie sich den Straßenbautrupps anschlossen, mehrere Tage, ja sogar Wochen in Dharamsala, in Zelten, die für sie und ihre Familien aufgestellt worden waren. Und kaum daß hundert Kinder auf die Schulen verteilt worden waren, trafen doppelt so viele weitere ein. Dharamsala war nicht länger eine Geisterstadt, eher konnte man von einem wachsenden Chaos sprechen.

Ein typischer Bungalow bestand aus drei Räumen. Meine Schwester, die keinerlei pädagogische Ausbildung besaß, verließ sich ganz auf ihren mütterlichen Instinkt. Jedem Ehepaar wies sie ein Zimmer zu, desgleichen jeder Witwe. Säuglinge, die in Pappkartons gebettet wurden, kamen in die Obhut von Frauen, die mit Kleinkindern umzugehen verstanden. Von den älteren Kindern mußten einige vorläufig auf dem nackten Fußboden schlafen. Es mangelte an Decken, von Tassen, Besteck oder Tellern ganz zu schweigen. An dieser Stelle muß ich Marie erwähnen, die Französin jüdischer Abstammung, die, von dem Gedanken beseelt, den Kindern zu helfen, eines Tages erschien und in der Nursery mitarbeitete. Die Verständigung zwischen ihr und den Tibeterinnen mag zwar nicht immer einfach gewesen sein, dennoch kamen sie irgendwie miteinander zurecht.

Inzwischen bewies auch die übrige Welt Anteilnahme am Schicksal der tibetischen Flüchtlinge. Kleidungsstücke, Decken und Konserven wurden aus Kanada, der Schweiz und England geschickt ... Lebensmittel von humanitären Organisationen wie dem Schweizerischen Roten Kreuz trafen ein, vom Save the Children Fund, von Care United States und nicht zuletzt von der indischen Regierung.

Ich war erschüttert über das Durcheinander, das ich in Dharamsala vorfand. Zeit, darüber nachzudenken, hatte ich allerdings nicht, denn neben den älteren Tibeterinnen, die sich als freiwillige Helferinnen zur Verfügung gestellt hatten und die Kinder badeten, anzogen und fütterten, spannte meine Schwester auch mich sofort ein: als Dolmetscherin für die Ärzte und Krankenschwestern des Schweizerischen Roten Kreuzes, eine Aufgabe, die mich voll in Anspruch nahm. Und tatkräftig, wie ich nun mal bin, schrieb ich auch gleich mehrere Freundinnen an. Mit dem Ergebnis, daß bald darauf eine Klassenkameradin aus Darjeeling zu uns stieß.

Der Dalai-Lama, zu jener Zeit fünfundzwanzig Jahre alt, hatte sich seit Jahren und bisher leider vergeblich um Verhandlungen mit den Chinesen bemüht. Und wenngleich so gut wie keine Aussicht auf Erfolg bestand, hinderte ihn das nicht daran, sich weiterhin für sein Volk zu verwenden. Schon allein deswegen bewunderte ich ihn. Er war die Stimme Tibets. Trotz vieler Enttäuschungen, trotz der Mutlosigkeit der Flüchtlinge, trotz der Krankheiten, die unsere Landsleute dahinrafften, stemmte er sich gleich einem Leuchtturm, von dem das Licht der Hoffnung strahlt, dem Feind entgegen, machte uns deutlich, daß wir durch eine Krise gingen, die das kollektive Karma des tibetischen Volkes war und die es daher zu akzeptieren galt.

Diese Einstellung des Dalai-Lama sowie sein unermüdlicher Einsatz gaben mir Mut. Er hatte längst keinen Hofstaat mehr um sich, sondern lebte wie ein einfacher Mönch. Gelegentlich beschlich mich der Gedanke, die Tibeter würden ihn wegen seiner Bescheidenheit möglicherweise noch mehr verehren. Aber er blieb der Dalai-Lama, Beamte standen ihm zur Seite, die Exilregierung arbeitete.

Entscheidend für uns war, daß wir in Freiheit lebten, daß Seine Heiligkeit tun konnte, was er für richtig hielt, keinem Druck mehr ausgesetzt war, nicht überwacht wurde. Daß er sich vor allem rückhaltlos im Namen seines Volkes erklären konnte.

Aus diesen geänderten Umständen erwuchs ein Gefühl der Stärke. Exil, das bedeutete für die Tibeter, eine Phase der Entbehrungen durchzustehen, um dann mit der Freiheit belohnt zu werden. Jetzt galt es neu anzufangen und auch an die zu denken, die in Tibet geblieben waren und dort Schlimmes erlitten. Das Fundament unserer Zukunft war die Bewahrung unserer Kultur. Was immer die Exilregierung unternahm, wie sich das Schulprojekt entwickelte, wie sich die Flüchtlinge verhielten, die Deklarationen Seiner Heiligkeit – all das waren Hoffnungsträger,

Ausdruck eines unerschütterlichen Willens. Der vorrangige Wunsch, in Freiheit zu leben, gab uns die Kraft, alle Schwierigkeiten aus dem Weg zu räumen, alle Unannehmlichkeiten zu überwinden.

Unser Volk war froh und erleichtert, daß der Dalai-Lama wohlbehalten in Indien angekommen war. Für die Tausende, die ihrem geistlichen und weltlichen Oberhaupt folgten, war ein Tibet ohne den Dalai-Lama bedeutungslos geworden; dagegen bot sich ihnen in Dharamsala Gelegenheit, seinen Segen zu empfangen. Die Flüchtlinge, die sich in entferntere Lager gerettet und kein Geld für die Weiterreise nach Dharamsala hatten, ließen sich von denen, die ihm persönlich begegnet waren, in allen Einzelheiten berichten. Und wenn es seinerzeit in Lhasa, ob nun im Potala oder im Norbulingka, nur wenigen vergönnt gewesen war, den Dalai-Lama aus unmittelbarer Nähe zu erleben, entwickelte sich hier in Indien ein enger Kontakt zwischen Seiner Heiligkeit und dem Volk.

Ich habe Tibeter und Tibeterinnen erlebt, die weinend unser Haus verließen. Es waren Tränen der Freude angesichts dieser neuerdings so persönlichen Beziehung mit dem Ersten unter ihnen.

Eines Morgens mußten wir feststellen, daß es die ganze Nacht über geschneit hatte. Unmöglich, die Haustüren zu öffnen. Die Wachen Seiner Heiligkeit und indische Diener taten ihr Bestes, um uns aus dieser mißlichen Lage zu befreien. Nachdem die Eingangstür freigeschaufelt war, machte sich Tsering Dolma wie gewöhnlich zur Nursery auf, mußte jedoch auf halbem Wege umkehren: umgestürzte Bäume hatten nicht nur die Stromleitungen gekappt, sondern versperrten auch die Straße. Über einen Meter hoch lag der Schnee!

Ein langes Warten begann. Trotz mehrerer Anläufe schafften wir es eine Woche lang nicht, zu den Kindern zu kommen. In diesen Tagen wurde mir bewußt, wie sehr wir uns selbst überlassen waren. Die Lebensmittel gingen zur Neige, der Nachschub aus Pathankot kam nicht mehr durch. Wir bangten um die Kinder, die ohne uns auskommen mußten.

Immerhin gab es ein paar Frauen um die Vierzig, die ständig bei den Kleinen waren. Diese Tibeterinnen hatten Furchtbares erlebt. Ihre Ehemänner waren tot oder in chinesische Gefangenschaft geraten. Sie selbst waren viele Tage und Nächte marschiert, um die indische Grenze zu erreichen, hatten wochenlang in Lagern gelebt, in Zelten geschlafen. Einige von ihnen hatten unterwegs das eine oder andere Kind verloren, von den Wölfen gerissen. In Dharamsala waren sie sofort dem Aufruf meiner Schwester gefolgt und widmeten sich seither als sogenannte Ayas rührend dem Wohl der Kinder.

Ihr selbstloser Einsatz vermochte indes nicht immer die Mißstände auszugleichen, vor allem wenn ein neuer Schub erschöpfter und halb verhungerter Kinder eintraf. Im ersten Winter in Dharamsala mußten viele dieser Kleinen sterben; nur die kräftigsten überlebten, weil es im »Conium House« oder in »Egerton Hall« nicht genug Decken und viel zuwenig zu essen gab. An dem Tag, an dem wir endlich jedem Kind eine Decke aushändigen konnten, erschienen plötzlich zweihundert weitere, die von den Schneefällen aufgehalten worden waren, und somit stellte sich das Problem von neuem.

Daß immer mehr Kinder den Weg zu uns fanden, war nicht zuletzt ein Verdienst der Baustellenleiter. Die Kinder waren alles, was die tibetischen Straßenbautrupps noch hatten, und ungeachtet der angespannten Versorgungslage fiel es ihnen unendlich schwer, sich von ihnen zu trennen. Erst als sich die liebevolle Betreuung durch Tsering Dolma herumgesprochen hatte, verließen die Kinder nach und nach die Lager in Jammu, Pathankot, Darjeeling, Sikkim oder Nepal. Ein Bus setzte sie auf dem kleinen Platz in Dharamsala ab, von wo aus sie nach einem Fußmarsch von etwa zweieinhalb Kilometern »Egerton Hall« erreichten, hin und wieder in Begleitung der

Eltern, die sich, sobald sie den Segen des Dalai-Lama empfangen hatten, wieder auf den beschwerlichen Rückweg
machten.

Im März 1961 traf ein Brief aus Loreto ein. Ich hatte mein
Abschlußexamen bestanden. Zwar nicht als eine der Besten, aber immerhin. So ganz überraschte mich das Ergebnis nicht, denn ich hatte bereits einen Tutoren Seiner
Heiligkeit aufgesucht – ihn selbst wollte ich damit nicht
behelligen – und ihn um eine Weissagung zum Ausgang
meines Examens gebeten. Der Tutor hatte mir gesagt, daß
ich bestehen würde. Jetzt, da ich das Ergebnis schwarz auf
weiß hatte, war ich um so glücklicher, weil es die Vorher-
sage des Lama bestätigte. Ich schrieb sofort meinem Bruder Thubten Jigme Norbu, der damals durch Europa reiste
und um Unterstützung für die Flüchtlinge warb. Er hielt
sich gerade in der Schweiz auf, wo er mit dem Pestalozzi-
Kinderdorf in Trogen über die Aufnahme junger Tibeter
verhandelte.

Auch mit zahlreichen Schweizer Familien hatte er bereits Kontakt aufgenommen. Ein guter Freund, Charles
Aeschiman, Direktor der Société Atel in Olten und Adop-
tivvater von zwei tibetischen Kindern, trug sich mit der
Absicht, eine Organisation ins Leben zu rufen, die sich
darum bemühen wollte, die Adoption weiterer Kinder zu
vermitteln. Wie selbstverständlich schlug er meinem Bruder vor, ich solle in die Schweiz kommen und bei ihm
wohnen. Als wir im April 1961 in Dharamsala diese Reise
mit Seiner Heiligkeit im Familienkreis besprachen, kamen wir zu dem Schluß, daß mir ein solcher Auslandsauf-
enthalt sehr zugute kommen würde. Ich setzte mich also
hin und schrieb Charles und Gret Aeschiman, daß ich
ihre Einladung annehmen würde.

Seit sich Seine Heiligkeit im Exil befand, unterlagen die
Tibeter in Indien einem ganz eigenen Statut. Als politi-
scher Flüchtling besaß ich keinen tibetischen Paß mehr.
Natürlich hätten wir uns um die indische Staatsbürger-

schaft bemühen können; um aber nicht in Vergessenheit zu geraten und um der Welt unsere Entschlossenheit zu zeigen, hielten wir es für wichtiger, unsere Identität zu wahren. Die indische Regierung bewies einmal mehr Verständnis und stattete uns mit einem Ausweis aus, der den Vermerk »Tibetischer Flüchtling, wohnhaft in Indien« trug. Fehlte also nur noch das Visum. Um es ausgestellt zu bekommen, mußte ich mehrmals von Dharamsala aus nach Neu-Delhi fahren; als Charles Aeschiman zusätzlich die Schweizerische Botschaft einschaltete, wurde meinem Antrag stattgegeben.

Meine Schwester und ich waren nach Simla gefahren, wo der britische Save the Children Fund ein repräsentatives Haus, das auf einem Hügel erbaute »Sterling Castle«, besaß. Dieser Organisation hatten in der Kolonialzeit eine Reihe weiterer Häuser in Simla gehört, in denen in der Folgezeit kleine Tibeter untergebracht wurden.

Nach Simla brachte ich in regelmäßigen Abständen schwerkranke oder geschwächte Kinder, zusammen mit jungen Frauen, die sich um sie kümmern sollten. Woran es allerdings immer wieder mangelte, waren Begleitpersonen, die Englisch sprachen. Nun zählten damals zu unserer Gemeinschaft auch mehrere knapp achtzehnjährige Mädchen, die zur Zeit, da Tibet von Feindseligkeiten erschüttert wurde, ein indisches Internat besucht hatten. Nachdem ihre Eltern den Weg ins Exil genommen hatten und das Schulgeld nicht mehr aufbringen konnten, mußten sie die Schule verlassen. Sie dienten sich als Dolmetscher zwischen Ärzten, Krankenschwestern und dem tibetischen Personal an, das sich um die Kinder kümmerte, verwarfen größtenteils sogar jeglichen Gedanken an eine Wiederaufnahme ihres Studiums. Wenn ich ihnen zusah, wenn ich mich mit ihnen unterhielt, erschien es mir wie ein Privileg, daß ich mit meinen zwanzig Jahren meine Ausbildung fortsetzen durfte. Auch durch sie wurde ich mir meiner Mission bewußt.

Wären noch jene Tibeter zu erwähnen, die schon seit Jahren in Indien lebten und sich jetzt als freiwillige Helfer zur Verfügung stellten. Vor allem ein kinderloses Ehepaar ist mir im Gedächtnis geblieben: Lhomo, der sich als Dolmetscher bewährte, während Jampa meiner Schwester im Büro zur Hand ging und Besucher empfing.

Die Nachrichten, die uns gelegentlich aus Tibet erreichten, waren erschreckend. Obwohl die internationale Juristenkommission ihren zweiten Bericht noch nicht veröffentlicht hatte, wußten wir, daß China in Tibet einen Völkermord betrieb. Seine Heiligkeit empfing Flüchtlinge, Leiter von humanitären Organisationen und alle möglichen anderen, die spontan Hilfe anboten. Ruckmani Devi, Präsident der theosophischen Gesellschaft in Indien, den ich bereits 1956, auf der Rundreise des Dalai-Lama durch Indien, kennengelernt hatte, war unter den ersten, die vorsprachen.

Unvergessen ist mir auch die ungarische Malerin, eine Freundin der Familie Nehru, die seit vielen Jahren in Indien lebte. Bei ihrem Besuch in Dharamsala brachte sie Seiner Heiligkeit einen winzigen Pfau mit, dem sie das Leben gerettet hatte und der noch wochenlang mit der Flasche ernährt werden mußte – für Amala und mich ein zeitraubendes Unterfangen. Der Pfau wuchs heran und wurde die Attraktion von Swargashram. Jeden Tag um drei Uhr nachmittags hüpfte er zur Belustigung der Garde und der Besucher ausgelassen herum und brachte auch Seine Heiligkeit dazu, in fröhliches Lachen auszubrechen.

Die Wachen hatten dem Vogel einen Verschlag gebaut, zu seiner eigenen Sicherheit, denn in der Gegend gab es reichlich wilde Tiere, darunter auch Leoparden, die es auf unsere Hunde abgesehen hatten. Aber auch die Kinder galt es zu schützen. Wenn sie nachts auf die außerhalb gelegene Toilette mußten, ging stets ein Erwachsener mit einem Knüppel mit. Im Winter war erhöhte Wachsamkeit angesagt, weil dann die wilden Tiere auf der Suche nach Nahrung von den Bergen herunterkamen.

Unsere Familie liebte Tiere über alles, auch Seine Heiligkeit hatte sich immer mit Tieren umgeben. Wie oft sprach er von seinen Fischen im Norbulingka, über die Papageien und Pfauen! Ich nannte damals einen Lhasa Apso mein eigen, einen tibetischen Hund, auf den Amala während meines Aufenthalts in der Schweiz aufpaßte. Haustiere waren in den so schweren Zeiten für uns ein zusätzlicher Trost.

Eine Familie, die erst kürzlich aus Tibet gekommen war, hatte Seiner Heiligkeit einen wunderschönen schwarzweißen tibetischen Terrier geschenkt. Neben dem ständig größer werdenden Pfau und dem Lhasa Apso mußte die Leibwache nun auch noch diesen Terrier füttern.

Sobald die tägliche Besuchszeit beendet war, empfing der Dalai-Lama seine Lehrer – mit Ungeduld, wie es den Anschein hatte, da er sehr enge Beziehungen zu ihnen unterhielt. Das ist nicht außergewöhnlich; der Religionslehrer rangiert für einen Tibeter oftmals vor den Eltern.

Wenn der Dalai-Lama im Nebenzimmer oder während der offiziellen Audienzen betete, bemühten wir uns, keinen Lärm zu machen. Ansonsten führten wir in der ersten Zeit im Exil ein richtiges Familienleben, an dem, ungewohnt für uns alle, auch Seine Heiligkeit teilnahm. Er aß zwar meist allein, rief uns – Amala, meine Schwester, meinen Schwager und mich – aber täglich zu sich. Wenn es die Zeit erlaubte, tranken wir nachmittags um vier Uhr alle zusammen Tee. Unvergeßliche Augenblicke ...

Mein Bruder Gyalo Thondup hatte eine Tischtennisplatte aufgestellt, zur sportlichen Ertüchtigung und Entspannung des Dalai-Lama, der darüber hinaus gern auf der großen Rasenfläche vor der Veranda Federball spielte ... Es ist bezeichnend für den tibetischen Charakter, selbst in schwierigen Zeiten keine Gelegenheit ungenützt zu lassen, dem Leben seine guten Seiten abzutrotzen. Und so selten wir auch Zeit dafür fanden, liebten wir doch alle diese Abwechslung.

Am 21. Oktober 1959 war die Tibetfrage vor den Vereinten Nationen erörtert worden. Mit fünfundvierzig Ja-Stimmen bei sechsundzwanzig Enthaltungen wurde die folgende Resolution verabschiedet:

Unter Berufung auf die Grundrechte des Menschen und auf die fundamentalen Freiheiten, wie sie in der Charta der Vereinten Nationen sowie in der Allgemeinen Deklaration der Menschenrechte aufgeführt sind und von der Vollversammlung am 10. Dezember 1948 gebilligt wurden, und

In Anbetracht dessen, daß die Grundrechte des Menschen und die fundamentalen Freiheiten, auf die das tibetische Volk wie alle anderen Völker einen rechtmäßigen Anspruch hat, das Recht auf persönliche und religiöse Freiheit für alle ohne Unterschied mit einschließen,

Sowie im Bewußtsein des dem tibetischen Volkes eigenen kulturellen und religiösen Erbes und seiner Autonomie, derer es sich seit jeher erfreut,

Ernstlich besorgt aufgrund von Informationen, insbesondere der offiziellen Erklärungen Seiner Heiligkeit des Dalai-Lama, in denen er zum Ausdruck bringt, daß ihm die Grundrechte des Menschen und fundamentalen Freiheiten des tibetischen Volkes gewaltsam verweigert worden sind,

In dem Bedauern, daß diese Ereignisse darauf abzielen, die internationalen Spannungen zu vertiefen und die Beziehungen zwischen den Völkern zu verschlechtern, zu einem Zeitpunkt, da verantwortungsbewußte Regierungen aufrichtig und tatkräftig bemüht sind, Spannungen abzubauen und die internationalen Beziehungen zu verbessern,

1. Bekräftigen wir unsere Überzeugung, daß die Achtung der Grundlagen der Charta der Vereinten Nationen und der Allgemeinen Deklaration der Menschenrechte entscheidend sind für die Gewährleistung einer weltweiten friedlichen Ordnung auf der Grundlage des Rechts;

2. Fordern wir, die Grundrechte des Menschen sowie die kulturellen und religiösen Eigenheiten des tibetischen Volkes zu respektieren.

Diese Resolution hatte große Hoffnungen geweckt. 1960 wurde Tibet erneut auf die Tagesordnung der Vollversammlung der Vereinten Nationen gesetzt. Mit Unterstützung des afroasiatischen Rates sollten Malaysia und Thailand die Patenschaft über uns übernehmen, die Republik Irland und Salvador die Mitpatenschaft. In der Sitzung wurde dann der afrikanischen Frage Vorrang eingeräumt und das Tibetproblem immer wieder hintangestellt, um letztendlich schlicht und einfach vertagt zu werden. Somit hatte China freie Hand, seinen Völkermord ungehindert fortzusetzen.

Die Bekanntgabe dieses Aufschubs war ein schwerer Schock und machte die Erwartungen, die wir in die Vereinten Nationen gesetzt hatten, zunichte. Dennoch setzte sich Seine Heiligkeit weiterhin unbeirrt für sein Volk ein.

Meine Abreise in die Schweiz stand kurz bevor. Ich freute mich auf all das Neue, das mich erwartete, wußte auch, daß man in dem Land, das ich besuchen wollte, Französisch, Deutsch und Italienisch sprach. Gleichzeitig aber wurde mir das Herz schwer, wenn ich an die dachte, die ich zurückließ.

Ein Trost war mir, daß inzwischen rund zwanzig kleine Tibeter ins Kinderdorf Trogen geschickt worden waren und daß sich ferner das Schweizerische Rote Kreuz bereiterklärt hatte, tibetische Flüchtlinge aus Nepal und Indien aufzunehmen. Zwei Gruppen waren bereits auf dem Weg in die Schweiz, unter ihnen Champa, ein Dolmetscher aus dem Kinderdorf.

8.

AUCH IN DER SCHWEIZ
GIBT ES SCHNEE

Ich war zwanzig. In Dharamsala, während der ersten Monate im Exil, war mir das volle Ausmaß der politischen Machenschaften bewußt geworden, die das Überleben meines Landes bedrohten. Im Internat in Kalimpong und später in Darjeeling hatten sich unsere Diskussionen immer wieder um Tibet gedreht; im Familienkreise war keine Mahlzeit, kein Gespräch denkbar gewesen, ohne daß die tibetische Frage aufgeworfen worden wäre. In Indien fühlte der tief besorgte Gyalo Thondup sich endlich frei zu handeln. Eine Auffassung, die von vielen Landsleuten hier geteilt wurde.

Ich war also in einer Umgebung aufgewachsen, in der Tibet im Mittelpunkt jedweder Überlegungen stand. Dementsprechend wollte ich so rasch wie möglich meine Studien beenden und anschließend Seiner Heiligkeit dem Dalai-Lama dienen. Denn je mehr Zeit verstrich, desto wichtiger erschien mir die Aufgabe, mich für die Flüchtlinge einzusetzen. Meine Reise in die Schweiz entsprach dem Wunsch der Familie, trug sie doch dazu bei, Erfahrungen zu sammeln, nicht zuletzt, um nach meiner Rückkehr die tibetische Sache um so besser verteidigen zu können.

In Tibet heirateten die Frauen bereits in jungen Jahren. Nach altem Brauch stand es zwar den Männern zu, um ihre Hand anzuhalten, aber häufiger war es so, daß Eheschließungen »arrangiert« wurden. Auch in Bezug auf mich hatte man bei Amala bereits vorgefühlt. Meine Familie jedoch, die mir stets größtmögliche Freiheit gewährt hatte, überließ auch in diesem Punkt die Entscheidung allein mir, und da mich momentan ganz andere Dinge beschäftigten, beschied Amala, die volles Verständnis für mich zeigte, meine Verehrer oder deren Familien, daß meine Ausbildung Vorrang hätte.

Beziehungen zu jungen Männern – wie allen meinen Freundinnen hatte sich diese Frage natürlich auch mir gestellt. Einige Mitschülerinnen konnten bereits mit einem Freund aufwarten, und nichts war schöner, als deren romantische Erlebnisse in allen Einzelheiten zu erörtern. Kam noch dazu, daß die Nonnen, klug wie sie waren, dreimal im Jahr für uns Sechzehn- bis Achtzehnjährige Tanznachmittage veranstalteten, zu denen die Knaben aus dem Saint-Joseph eingeladen wurden, zu dem Zweck, uns im Umgang mit den Vertretern des anderen Geschlechts zu üben. Natürlich mußten wir uns gesittet benehmen, flirten war absolut tabu – Nonnen und Familienangehörige hatten ein wachsames Auge auf uns.

Seit der Zeit, da immer mehr junge Tibeter in Indien studierten, nahm die Zahl der Liebesheiraten zu. Vor allem nach 1956. Anfang der fünfziger Jahre hatten die meisten tibetischen Familien unter dem Druck der Chinesen ihre Kinder nach Hause holen müssen. Alle meine Schulkameraden waren damals zurückgefahren. 1956 jedoch, anläßlich des Buddha Jayanti, hatten viele Eltern ihren Protest gegenüber den Versuchen, ihren Kindern eine chinesische Ausbildung aufzuzwingen, dadurch zum Ausdruck gebracht, daß sie, ehe sie nach Tibet zurückfuhren, ihre Kinder erneut den Internaten der Missionen anvertrauten. In Loreto und in Saint-Joseph traf ich so manche meiner ehemaligen Kameradinnen wieder, darunter eine meiner besten Freundinnen, die Tochter von Tsarong, Namgyal Lhamo, sowie deren jüngere Schwester Norzin Tsarong.

Ob Liebes- oder Vernunftheirat: Eine tibetische Eheschließung wird durch einen Vertrag besiegelt, die Hochzeit selbst geht folgendermaßen vor sich: Sobald sich die jungen Leute für ein gemeinsames Leben entschieden haben, wird der Astrologe zu Rate gezogen, der anhand der Geburtsdaten feststellt, ob sich die Charaktere der zukünftigen Eheleute miteinander vertragen. Wenn ja, geht der Eheschließung für gewöhnlich eine Verlobungszeit von ein bis zwei Jahren voraus. Kurz vor der Hochzeit dann begeben sich die Eltern oder Onkel des jungen Mannes zur Familie der Braut und überbringen Geschenke.

Als heiliger Akt wird die Eheschließung in Tibet nicht angesehen; es kann aber vorkommen, daß Eltern die Dienste eines Lamas in Anspruch nehmen. Die entsprechende Zeremonie findet in einem Raum außerhalb des Hauses statt, im kleinen Kreis, das heißt nur in Anwesenheit von Eltern und engsten Freunden. Zur Eheschließung gehört ein von beiden Familien abgefaßter Vertrag, in dem die Aussteuer der beiden Brautleute aufgelistet ist. Wenn die Braut einzige Tochter ist, zieht der Bräutigam zur Familie seiner jungen Frau. Kommt es zu einer Scheidung, nimmt jeder sein Eigentum wieder mit. Falls Kinder aus dieser Ehe hervorgegangen sind, bleiben die Töchter bei der Mutter, die Söhne beim Vater.

Wir schrieben Oktober 1961, als mich Charles Aeschiman und seine Tochter Danielle auf dem Flugplatz in Zürich abholten. Ich machte große Augen, als ich einen Tibeter in ihrer Begleitung sah. Er hieß Rakra Tethong und war verantwortlich für die zwanzig tibetischen Kinder, die die Pestalozzi-Stiftung in Trogen aufgenommen hatte. Neben der unglaublichen Sauberkeit der Stadt war das Mittagessen auf dem Bahnhof in Zürich, zu dem die Aeschimans einluden, etwas völlig Ungewohntes. Mit dieser ersten Mahlzeit auf europäischem Boden konnte ich beim besten Willen nichts anfangen und wußte, trotz der Erklärungen von Rakra Tethong, nicht recht, was ich da hinunterwürgte. Andere Länder, andere Sitten! Nur das Brot schmeckte ausgezeichnet und ließ mich wehmütig an Amalas Backfeste in Lhasa denken.

Anschließend fuhr Rakra Tethong mit dem Zug nach Trogen, und uns brachte der Chauffeur mit dem Auto nach Olten, wo ich die übrige Familie Aeschiman kennenlernte: Gret, die Frau von Charles, sowie die beiden Söhne Jacques und Maurice – letzterer bekannter als Mops. Danielle war damals siebzehn, Jacques Anfang zwanzig und Mops zwölf. Auch Tseten stellte mir Gret Aeschiman vor, ihr tibetisches Adoptivkind, und Sonam und Nina, zwei Au-pair-Mädchen, die ich bereits aus Dharamsala kannte. Sie waren von meiner Schwester vor sechs Monaten in die Schweiz geschickt worden.

Nach kurzer Eingewöhnungszeit chauffierte mich Charles Aeschiman nach Trogen, wo die tibetischen Kinder und Rakra Rinpoche lebten. Die Suche nach einer geeigneten Schule für mich war das nächste, was wir in Angriff nahmen. Da ich unbedingt Französisch lernen wollte, sahen wir uns ausschließlich im französisch sprechenden Teil des Landes um, klapperten Spracheninstitute in Montreux, Vevey und Lausanne ab – alles in neuen Schuhen, die ich mir zulegen mußte, weil die flachen, weichen, indischen für das Schweizer Pflaster ungeeignet waren. Mit den neuen hatte ich auf den steilen und dann wieder abschüssigen Straßen von Lausanne erst einmal meine liebe Not, weil meine Füße vom vielen Herumlaufen angeschwollen waren.

Da Gret Aeschiman fand, daß die Institute, in denen wir bisher vorstellig geworden waren, wegen des allzu jugendlichen Alters der Schülerinnen nicht das Richtige für mich seien, wandte sie sich an eine katholische Schule in Bex, im Kanton Waadt.

La Pelouse, ein kleines Institut, besuchten damals lediglich siebzehn junge Mädchen aus elf Nationen. Nicht auszuschließen, daß die Nonnen, als der Antrag von Charles Aeschiman auf Aufnahme der Schwester des Dalai-Lama bei ihnen einging, erst einmal Bücher wälzen mußten, um sich über diesen Dalai-Lama zu informieren. Ich packte wieder die Koffer. Gret und Danielle begleiteten mich nach dem unweit von Saint-Maurice gelegenen Bex. Die Direktorin, Schwester Mauricia, sprach kein Wort Englisch; dennoch waren wir uns auf Anhieb sympathisch. Und die Nonnen zeigten sich fasziniert von meiner tibetischen Kleidung.

La Pelouse, auf einem ehemaligen Bauernhof angesiedelt, bestand aus zwei sogenannten Chalets. In dem einen war die Verwaltung untergebracht, der Speisesaal und die Zimmer der Nonnen, im anderen die Klassenräume und unsere Zimmer.

Ich teilte ab sofort ein Zimmer mit Marina López aus Salvador, die mir auch die anderen Schülerinnen vorstellte: Alicia und Cecilia de Torres aus Kolumbien, Janet Gardiner aus England, Maura aus den Vereinigten Staaten, Carmen aus Mexiko, Ana aus Spanien, Gaby aus der Schweiz, Monica und Hildegard Schadler aus Liechtenstein, Hannelore aus Westdeutschland, Marion aus den Niederlanden, Luisa aus Italien. Die anderen mögen mir bitte nicht böse sein, wenn mir im Augenblick ihre Namen entfallen sind.

Entsprechend dem Lehrauftrag der Schule, uns Französisch beizubringen, wurde der Unterricht in der Sprache Molières abgehalten. Auf dem Stundenplan standen vormittags Grammatik und Geschichte, daran schlossen sich weitere Fächer an, unter anderem zweimal in der Woche Kunstgeschichte, bei einer weltlichen Lehrerin, die, um uns den von der Antike bis zur Moderne umfassenden Stoff nahezubringen, sehr viel mit Diapositiven arbeitete. Mit Hilfe eines alten Grammophons führte uns eine Nonne in die Musik von Mozart und Chopin ein.

Im Sommer spielten wir Tennis oder gingen schwimmen; im Winter fuhren wir auf den umliegenden Bergen Ski. Zu meinem ersten Weihnachten schenkten mir Gret und Charles Aeschiman eine komplette Skiausrüstung. Auf den Pisten paßte Schwester Mauricia, übrigens eine hervorragende Sportlerin, wie ein Schießhund auf, daß wir untereinander ausschließlich französisch sprachen.

Die nächstgelegene größere Stadt, Saint-Maurice, erreichten wir zu Fuß in einer dreiviertel Stunde, eine herrliche Wanderung querfeldein. Gelegentlich aber nahmen wir für unsere Besorgungen auch den Bus oder ein Taxi. Und obwohl ich bereits zweiundzwanzig war, Marina einundzwanzig und die anderen zwischen achtzehn und zwanzig, kam immer ein Zerberus mit, der auf uns aufpaßte. Eines Tages erboste mich das derart, daß ich, die Älteste und Schulsprecherin obendrein, Schwester Mauricia fragte, ob sie denn kein Vertrauen zu uns habe. Die Folge war, daß uns von jenem Tag an keine lästige Begleitperson an den Fersen haftete. Was sich die Nonnen jedoch nicht nehmen ließen war, bei unserer Rückkehr parat zu stehen und uns die Hände zu schütteln. Dieses ewige Händeschütteln in der Schweiz! Die Schwester, die die Aufsicht im Schlaftrakt innehatte, nutzte diese Geste dazu, an jede von uns dicht heranzutreten und sie zu beschnuppern, um dann diejenigen herauszupicken, die geraucht hatten. Einige rauchten tatsächlich hin und wieder; da wir bei unserem Stadtbummel aber gern ein verqualmtes Café besuchten, in dem es köstliche heiße Schokolade gab, machten wir für etwaige unliebsame Düfte beharrlich das Lokal verantwortlich und deckten damit die, an deren Haaren und Kleidung ein besonders intensiver Tabakgeruch haftete.

Im Eßzimmer standen zwei Tische. Am Kopfende des größeren saß Schwester Mauricia, ihr gegenüber der Anstaltsgeistliche. Wir Schülerinnen hatten täglich die Plätze zu tauschen und waren jedesmal erleichtert, wenn wir an dem kleinen Tisch zu sitzen kamen, wo wir ungeniert drauflos schwatzen konnten, während wir am großen Tisch mit Schwester Mauricia und dem Geistlichen Konversation machen mußten – über Geschichte, Politik, Musik, alles auf französisch! Oft kam mir Marina zu Hilfe, denn mit meinem noch holprigen Französisch war kein Staat zu machen. Nach dem Mittagessen stand ein einstündiger Spaziergang im Wald oder unter den Nuß- und

Kirschbäumen auf dem Programm, ganz gleich, wie das Wetter war.

In Kalimpong – welch ein Zufall! – lebten Geistliche, die aus dem Schweizerischen Saint-Maurice stammten. Vor allem Pater Petit hatte bei uns Kindern hoch im Kurs gestanden. Er bewirtschaftete einen kleinen Hof in der Nähe der Schule, und sonntags, wenn wir unser Taschengeld bekamen, hatten wir immer Käse und vor allem Süßigkeiten bei ihm erstanden.

Zu Ostern oder in den Sommerferien verreiste ich. Monica und Hildegard Schadler luden mich nach Liechtenstein ein, wo ihre Eltern ein Hotel besaßen. Sie zeigten mir Liechtenstein und die eine oder andere Burg in Österreich, und diese katholische Familie machte mich auch mit dem schönen Brauch vertraut, zu Ostern hartgekochte Eier zu bemalen und sie dann zu verschenken. Andererseits leistete sich Frau Schadler auch schon mal den Scherz, dem ungarischen Gulasch für ihre Hotelgäste Gewürze beizufügen, die ich aus Indien mitgebracht hatte. Entsprechend scharf geriet das Gericht und schmeckte zudem intensiv nach Curry.

Die Wochenenden verbrachte ich meist bei den Aeschimans in Olten. Zwischen Danielle und mir hatte sich eine enge Beziehung entwickelt. Daneben besuchte ich in regelmäßigen Abständen die tibetischen Kinder in Trogen – mehr als hundertsechzig waren es, die auf Vermittlung der Aeschimans Aufnahme in Schweizer Familien gefunden hatten! Einmal bat mich Charles Aeschiman, ihn nach Zürich zu begleiten, zum Flughafen, wo vierzig Kinder aus Dharamsala erwartet wurden. Natürlich waren auch die zukünftigen Adoptiveltern mit von der Partie.

Mit großer Freude sah ich die Kinder auf uns zukommen. Bis ich plötzlich einen schmerzhaften Stich spürte – als nämlich Frauenstimmen durcheinander schwirrten und »Wo ist meins? Wo ist meins?« riefen. Die armen Kleinen begriffen gar nicht, was mit ihnen geschah. Ich litt innerlich, obwohl ich wußte, daß Adoption das Beste war, was ihnen passieren konnte. Nach dem Mittagessen auf dem Flughafen kam es zu dem Drama, das ich vorausgesehen hatte: Die Kinder mußten Abschied voneinander nehmen, und keines wollte seine gleichaltrigen Freunde verlassen.

Ich verstand ihre Verzweiflung. Ab sofort würden sie in Familien leben, in denen niemand tibetisch sprach. Ihre Gesichtchen verrieten Angst, aus ihren Augen sprach das unbewältigte Abenteuer, das hinter ihnen lag und das sie völlig überfordert hatte: Dharamsala, die Nursery, der Abschied – fürwahr ein Sprung ins Ungewisse; ein Bus, Neu-Delhi, zum erstenmal im Flugzeug; Autos, die sie noch nie gesehen hatten, Menschen, die sie nicht verstanden und die sie mitnehmen wollten.

Obwohl die Gastfamilien rührend bemüht waren, kam es während der zweieinhalb Jahre, die ich in der Schweiz verbrachte, vor, daß sich ein Kind nur schwer an das Leben in Europa gewöhnte. Einige mußten sogar nach Dharamsala zurückgeschickt werden. Zur gleichen Zeit und trotz dieser Schwierigkeiten wurden zwanzig tibetische Kinder in die französischen Pyrenäen vermittelt sowie sechs nach Belgien, 1961 und 1962 dann weitere nach Deutschland und ins Pestalozzi-Kinderdorf in England.

1970, zu einem Zeitpunkt, da Kinderverschickungen längst nicht mehr vordringlich waren, kamen wir überein, Adoptionen nur noch in Ausnahmefällen anzustreben, das heißt, wenn das Kind Vollwaise war und auch keine sonstigen Angehörigen mehr besaß. Zu Beginn der sechziger Jahre dagegen blieb der tibetischen Exilregierung keine andere Wahl, als so schnell wie möglich auf eine brandeilige und außer Kontrolle geratende Situation zu reagieren. Ich muß gestehen, daß ich mich 1975, als ich erneut in der Schweiz war und die adoptierten Kinder wiedersah, gefragt habe, warum man diese Kleinen weggegeben hat. Und ich verhehle nicht, wie sehr mich bei diesen Gedanken mein schlechtes Gewissen plagte.

Adoption ist für mich längst zur letztmöglichen Lösung geworden, und es ist tatsächlich so, daß heutzutage nur noch ganz vereinzelt tibetische Kinder an im Ausland lebende Familien vermittelt werden. Die Schweiz macht da eine Ausnahme, weil hier bereits mehr als zweitausend Tibeter leben, so daß die Kinder nicht völlig entwurzelt werden. Dazu kommt, daß die bereits bestehenden Gastfamilien überaus gewissenhaft sind, wenn es um die Auswahl künftiger Adoptiveltern geht, die sich ihrerseits verpflichten müssen, dem Kind eine Erziehung im Einklang mit der tibetischen Kultur zukommen zu lassen.

Von La Pelouse aus unterhielt ich eine rege Korrespondenz mit Freundinnen aus unserer gemeinsamen Zeit in Darjeeling. Sie waren inzwischen in alle Winde verstreut. Die Prinzessinnen Shanti und Sharada lebten wieder in Nepal. 1963 hatte ich Shanti schriftlich gebeten, Tibetern, die in ihrem Land Zuflucht suchten, Beistand zu gewähren. Wie nicht anders zu erwarten, konnte sie keinen direkten politischen Einfluß ausüben; immerhin versprach sie mir, mein Anliegen ihrem Vater vorzutragen. Mit meiner burmesischen Freundin gestaltete sich der Briefwechsel recht schwierig, da in ihrem Land die Kommunisten die Macht übernommen hatten. Namgyal berichtete mir aus Darjeeling von der Rückkehr Lobsang Samtens aus den Vereinigten Staaten. 1963 haben sie geheiratet; leider konnte ich nicht dabei sein, aber ich war überglücklich, daß meine Freundin von nun an zu unserer Familie gehörte.

Tendzin Choegyal, mein jüngster Bruder, war mit dreizehn Jahren nach Indien gekommen. Amala hatte ihn im North Point-Saint-Joseph eingeschrieben, wo er Zusatzunterricht erhielt, um die englische Sprache zu erlernen. Auch von ihm erhielt ich gelegentlich ein paar Zeilen. Meine Nichte Khando Tsering studierte mittlerweile in London, mein Neffe Tenzin Ngawang in Cambridge.

Amala und meine Schwester schrieben mir regelmäßig. Auch vom Dalai-Lama erhielt ich Briefe, in denen er mir von meinem Hund und von seiner Arbeit berichtete. Jede seiner Nachrichten endete unweigerlich mit ein und demselben Wunsch, nämlich dem, meine Schulausbildung abzuschließen und dann umgehend zurückzukommen, um ihm zur Seite zu stehen. In Dharamsala hatte er, wann immer er Zeit fand – bei weitem nicht genug, daß ihm ein Lehrer regelmäßig hätte Unterricht erteilen können! –, die Sendungen der BBC verfolgt und auf diese Weise Englisch gelernt. Er las auch *Der Schäfer von Wakefield*, einen Klassiker der englischen Literatur. Wenn er mir auf englisch schrieb, wertete ich das als besonderes Zeichen der Zuneigung und bewahrte einen solchen Brief um so sorgfältiger auf.

Auch wenn ich weit entfernt von ihnen lebte, so wußte ich doch, wie es den Tibetern in Indien erging. Ich erfuhr von der Nominierung der ersten Volksvertreter und von dem Entwurf einer demokratischen Verfassung, die Seine Heiligkeit für notwendig erachtete und an der er zwei Jahre arbeitete, um sie dann 1963 den Flüchtlingen zu verkünden. Alle diese Briefe bestärkten mich in meinem Entschluß, mich ebenfalls in den Dienst des tibetischen Volkes zu stellen. Bald würde es soweit sein.

Die zweieinhalb Jahre in der Schweiz und die sich daran anschließenden sieben Monate in England vergingen wie im Fluge. Neben meinen Studien fand ich sogar Gelegenheit, einen großen Teil von Europa kennenzulernen.

So war ich zum Beispiel auch eine Woche in Paris. Danielle Aeschiman studierte dort an der Sorbonne. Sie wohnte am Boulevard Saint-Michel und hatte in der Nähe ein Zimmer für mich gemietet. Jeden Morgen begleitete sie mich bis zum Louvre, mittags trafen wir uns in der Cafeteria des Museums, und abends holte ich sie von ihren Vorlesungen ab. Ich liebte Museen und genoß es, stundenlang vor den Gemälden der Impressionisten zu verharren; auch die Sehenswürdigkeiten der Stadt zu besichtigen wurde ich nicht müde.

Eines Abends kamen wir auf die Idee, ins Moulin Rouge zu fahren, nur um einmal dort gewesen zu sein. Dem Taxifahrer war etwas unwohl zumute; immer wieder warf er einen Blick in den Rückspiegel, fragte sich wohl, woher wir kamen, ich in meiner *tschupa*, die ich weiterhin trug, und Danielle, die jünger wirkte als ihre knapp zwanzig Jahre. Bis er auf einmal sagte: »Sie sollten heute abend nicht unterwegs sein. Es ist etwas Schreckliches passiert: General de Gaulle ist gestorben, und man darf annehmen, daß auf den Straßen einiges los sein wird. Fahren Sie lieber wieder nach Hause.« Anderntags erschien Danielle zum Frühstück und erzählte mir freudestrahlend, der General erfreue sich bester Gesundheit. Was mir den Taxifahrer in seiner väterlichen Fürsorge nicht weniger sympathisch machte.

Ein andermal unternahmen Marina López und ich von Lugano aus mit dem Bus eine Rundfahrt durch Italien. Auf dem Programm standen Florenz, Rom, Pompeji und Sizilien. Wir beide und die Dolmetscherin waren die Jüngsten; ansonsten setzte sich die Reisegruppe aus älteren Deutschen, Belgiern und Amerikanern zusammen. In Florenz war es mit Marinas Geduld zu Ende. Wie sonst auch, trug ich eine *tschupa*, und jedesmal, wenn wir eine Boutique oder ein Restaurant verließen, sammelten sich neugierige Gaffer um mich. Nichts von der Zurückhaltung, wie sie in der Schweiz selbstverständlich ist; die Italiener starrten mich ungeniert an, musterten mich von Kopf bis Fuß. Bis mich Marina in ein Kaufhaus schleppte, wo ich einen Rock, ein Kostüm sowie eine Bluse kaufen mußte. Ab sofort hielten mich die Italiener für eine japanische Touristin, in ihren Augen etwas Alltägliches.

Obgleich ich schon reichlich lange in einer fremden Kultur, fern von meiner Familie lebte, wurde ich in meinem Denken und Handeln stets vom Buddhismus geleitet. Ich habe bereits geschildert, wie ich in Indien Bekanntschaft mit dem Katholizismus gemacht hatte, aber solch missionarischer Eifer, wie ihn Schwester Antoinette an den Tag legte, bewirkt höchstens, daß jeder, dessen buddhistische Grundlagen einigermaßen gefestigt sind, sich in seiner religiösen Überzeugung um so mehr bestärkt fühlt. In der Kirche betete ich zwar mit den anderen Schülerinnen das »Ave Maria« und das »Vaterunser«, daneben sprach ich aber auch meine Mantras.

Gewiß, mein geistiger Horizont war unter dem Einfluß der Nonnen erweitert worden. Hatten sie sich von mir, der Schwester des Dalai-Lama, in dieser Hinsicht etwa mehr erwartet? Wenn man von Seiner Heiligkeit spricht, denkt man zunächst an den Mönch, an das geistliche Oberhaupt, und weniger an seine weltliche Position. Und weil ich außerdem überzeugt bin, daß alle Religionen auf der gleichen Grundlage beruhen, war es für mich niemals besonders schwierig, in einer Gemeinschaft junger Mädchen anderer Konfessionen – der islamischen, der hinduistischen und natürlich der katholischen – zu leben. Meinem Verständnis nach sind Güte, Barmherzigkeit, Gerechtigkeitsgefühl und Liebe von keiner Religion abhängig. Ebensowenig wie Wahrheit. Diese Werte bilden das Fundament meiner Erziehung und sind auch die Kernpunkte der buddhistischen Lehre.

Obwohl ich sagen muß, daß mich ab einer bestimmten Zeit diese mir von Kind an eingeschärften Verhaltensmuster nicht gänzlich zu befriedigen vermochten. Ich wollte mein Wissen um das Wesen des Buddhismus vertiefen. 1970, als ich bereits für das Kinderdorf in Indien tätig war, drängte es mich, mein Berufsleben für eine Weile zu unterbrechen, um an einem zwölftägigen Seminar teilzunehmen, auf dem ein Lama auf tibetisch Unterricht erteilte, der dann von einem Dolmetscher ins Englische übersetzt wurde.

Angesichts meines doch sehr jugendlichen Alters fiel es mir gelegentlich schwer, alles zu verarbeiten, denn im

Gegensatz zum Katholizismus, wo es nur darum geht zu glauben, stellt sich der tibetische Buddhismus immer wieder selbst in Frage. Entscheidend ist, einen guten Lehrer zu haben und ein Vertrauensverhältnis zu ihm zu entwikkeln, das es ermöglicht, auch den kleinsten Zweifel mit ihm ausdiskutieren zu können.

In einer Zeit, in der Wissenschaft und Technologie Triumphe feiern, ist der Buddhismus zweifellos die Religion, die Männern und Frauen aller Länder und Rassen am meisten zu bieten hat. Auch Katholiken und Protestanten finden im Buddhismus Antworten auf Fragen, die sie beschäftigen und für die ihre eigene Religion keine Lösung bereit hält. Wenn man uns weismacht, daß die Katholiken ins Paradies kommen, alle anderen dagegen in der Hölle landen – soll man das vielleicht widerspruchslos hinnehmen?

Was mich in hohem Maße für den Buddhismus einnimmt, ist, welch entscheidende Bedeutung er der Eigenverantwortung für unser Handeln beimißt. Wenn der Weg, den wir einschlagen, zu etwas Gutem führt, werden wir entsprechend belohnt; für schändliches Tun müssen wir bezahlen. Schändliches Tun wiederum heißt nicht Verdammnis auf ewig – der Buddhismus beinhaltet die Möglichkeit der Wandlung zum Guten hin. Wenn man zum Beispiel schlechtes Korn aussät, wird die Ernte entsprechend ausfallen; wenn man aber anschließend für denselben Acker bestes Saatgut verwendet, wird man eine reiche Ernte einfahren. Folglich werden auch wir, die wir verantwortlich für unser Tun sind, jeweils das ernten, was wir gesät haben.

Im Gegensatz zu anderen Mitschülern, die, weidlich verunsichert, schließlich zum Katholizismus übertraten, wurde ich in all den Jahren, die ich in Loreto verbracht hatte, in meinem buddhistischen Glauben vielmehr bekräftigt. Die Kehrseite der Medaille entdeckte ich erst später.

Das Internatsleben hatte uns seine eigenen Gesetze aufgedrückt. Die Bücher unterlagen einer Zensur; Hemingway und sein *Wem die Stunde schlägt* waren in der Schulbibliothek nicht zu finden gewesen. Immerhin hatte ich einen Roman von Charles Dickens entdeckt, in dem es um die Geschichte eines Mannes und seines Doppelgängers zur Zeit der französischen Revolution ging. Der eine war Franzose, der andere Engländer. Sie waren Freunde und liebten dieselbe Frau. Als der französische Aristokrat unter der Guillotine enden soll, beschließt der Engländer, seinen Platz einzunehmen, um ihm das Leben zu retten ... Ein eigenartiges Gefühl überkommt mich, wenn ich an all das zurückdenke. Unsere Auswahl beschränkte sich allerdings nicht auf die Klassiker der englischen Literatur: Mills & Boon[1] wurden eingeschmuggelt und nachts im Bett, im Schein einer Taschenlampe, verschlungen.

In La Pelouse kamen auch in Abständen Spielfilme zur Vorführung, und hier zeigten sich die Nonnen ebenfalls äußerst prüde. Sobald sich ein Kuß andeutete, wurde der Projektor mit der Hand abgedeckt. Und das zu einer Zeit, da alle jungen Mädchen Elvis Presley anschmachteten! Einmal schleppten mich meine Freundinnen in ein Kino in Saint-Maurice mit, in dem Alfred Hitchcocks *Psycho* gegeben wurde, ein Film, in dem gemordet wurde und Blut floß und eben alles vorkam, was ich mit meinen zwanzig Jahren und meinen festgefügten Ansichten verabscheute. Mitten in der Vorstellung rannte ich hinaus, zwang auch meine Freundinnen, die von dem Film hingerissen waren, mitzukommen. Als ich Jahre danach mit meinen Freundinnen aus Kalimpong und Darjeeling Erinnerungen über unsere Internatszeit austauschte und die Frage auftauchte, ob wir unsere Kinder in ein solches Institut schicken würden, war die Antwort ein einhelliges Nein. Wir waren zu sehr behütet worden, und diese Art Erziehung paßte einfach nicht mehr zu den siebziger und

[1] Eine Sammlung romantischer Bücher.

achtziger Jahren. Damals freilich hatten wir nicht ge-
merkt, daß unsere Schulen von einer hohen Mauer umgeben waren und wir so gut wie keinen Kontakt zur Außenwelt hatten.

Gegen Ende meines Aufenthalts in der Schweiz waren
meine Französischkenntnisse immerhin durchschnittlich.
Mit Gyalo Thondup, der mich bei den Aeschimans besuchen kam, kam ich überein, vor meiner Rückkehr nach
Indien in London einen kaufmännischen Kurs zu absolvieren. Wieder einmal hieß es, schweren Herzens Abschied
zu nehmen, diesmal von den Aeschimans.

Ein Freund von Gyalo Thondup, Rechtsanwalt Sen, war
mir bei den Vorkehrungen für meinen Aufenthalt in der
englischen Hauptstadt behilflich. Nachdem ich bei Mrs.
Saul Dailey, der Sekretärin der Tibet Society, ab Mai 1963
als zahlender Gast Unterkunft gefunden hatte, schrieb ich
mich am Hoster's College ein, einer Schule für junge
Mädchen in der Nähe des Museum of History in South
Kensington, um hier neben englischem Geschichtsunter-
richt Kurse im Maschinenschreiben und in Stenographie
zu belegen – Fächer, für die ich mich nicht als sonderlich
begabt erachtete.

Einen Tag nach meiner Ankunft brachte mich D.K. Sen
morgens zum College, um mir den Weg zu zeigen. Zum
erstenmal fuhr ich mit der Untergrundbahn. Welche Unterschiede zur Schweiz sich mir aufdrängten! Unglaublich
laut kam mir London vor und dazu maßlos schmutzig!
Dafür klappte die Verständigung mühelos; außerdem traf
ich einige meiner Klassenkameradinnen aus Darjeeling
wieder, darunter Duengkeo Kosin, die Tochter eines angesehenen Anwalts aus Siam, die hier Jura studierte. Ihre
Mutter bot mir ein Zimmer in der Wohnung an, die sie in
Kürze beziehen wollten, gleich neben der Schule.

Einmal in der Woche lud mich Mr. Sen zum Mittagessen ein. Ich erzählte ihm, wie es in der Schule lief und was
ich in London so alles unternahm. Ich hatte Lady Alexan-

dra Metcalf kennengelernt, die Leiterin des Save the Children Fund, die sich aktiv für die tibetischen Flüchtlinge in Indien einsetzte. Auf ihre Initiative hin hatte das berühmte Kaufhaus Harrods vierhundert *tschupas* anfertigen lassen und als Spende zur Verfügung gestellt, und eine Schuhfabrik hatte tausend Paar neue Kinderschuhe beigesteuert. Mit Rechtsanwalt Sen sprach ich über meine Absicht, zu Duengkeo und ihrer Mutter zu ziehen, weil ich mich bei den Daileys doch recht einsam fühlte. D.K. Sen riet mir ab. Es käme mir nur zugute, meinte er, wenn ich mich mit dem englischen Leben vertraut machte. Als Mrs. Dailey bald darauf zusätzlich eine junge Schottin bei sich aufnahm, Fiona Hunter Russell, eine Klassenkameradin im Hoster's College, sah alles schon viel freundlicher aus; leider blieb Fiona nur sechs Wochen. Danach war es für mich beschlossene Sache, zu Duengkeo Kosin zu ziehen.

Bei ihr in South Kensington fühlte ich mich bestens aufgehoben. Ihre Mutter und deren Freund, der ebenfalls hier lebte, waren Bridgemeister in Siam gewesen und hatten es geschafft, in den elitären St.James-Club aufgenommen zu werden. Sie lebten von ihrer Kunst, und das recht gut. Wenn sie gewonnen hatten, was häufig genug der Fall war, gingen wir groß aus.

Der einzige Beitrag, den ich auf Bitte von Duengkeo Kosins Mutter hin in unserer Wohngemeinschaft zu leisten hatte, war der, die Katze zu füttern, eine wunderschöne Siam. Folglich bereitete ich jeweils abends das Futter zu und stellte es der Katze morgens hin. Allerdings war das Tier äußerst heikel und verweigerte jegliches Fleisch, das seiner Meinung nach zu lange oder zu kurz gekocht worden war. Dieser Katze habe ich es wohl zu verdanken, daß ich lernte, Fleisch auf den Punkt zuzubereiten!

Als ich Vorkehrungen traf, London in Richtung Amerika zu verlassen, und nur noch auf mein Visum wartete, wurde John F. Kennedy ermordet. Ich war zutiefst betroffen, symbolisierte dieser Präsident doch eine neue Generation von Politikern und war für junge Menschen zum Hoffnungsträger geworden.

Dreimal wurde ich wegen meines Visums bei der amerikanischen Botschaft vorstellig, aber offenbar wirkte mein Status als in Indien wohnhafter politischer Flüchtling aus Tibet für den Botschaftsattaché nicht recht vertrauenserweckend. Ständig verlangte er die Vorlage weiterer Dokumente. Daß ich die Schwester des Dalai-Lama war, hatte ich niemals hervorgekehrt; jetzt aber, da ich eine endgültige Ablehnung meines Antrags befürchten mußte, bekannte ich Farbe. Mit dem Ergebnis, daß ich nach einer guten Viertelstunde mein Visum in der Hand hielt.

Ich flog nach New York und von dort aus mit Legjin Thering, der an der Universität von Washington studierte, nach Seattle, wo ich Mr. und Mrs. Toulouse besuchte, die sich um die tibetischen Flüchtlinge in ihrer Stadt kümmerten; ich reiste nach San Francisco und weiter nach Los Angeles und den Golden State, bis zur mexikanischen Grenze, lernte das kalifornische Ehepaar Fields kennen und Mr. und Mrs. Redding, die beiden Missionare.

Ganz besonders schön war das Wiedersehen mit Thubten Jigme Norbu nach so langer Zeit; mit ihm und seiner Frau verbrachte ich ein paar gemeinsame Tage.

Auf dem Rückweg legte ich eine Zwischenstation in Wien ein, bei Lobsang Samten und Namgyal, die kurz darauf die Leitung des Tibetbüros in Genf übernahmen, für das Heinrich Harrer eindrucksvolles Bildmaterial über meine Heimat zusammengestellt hatte. Namgyal und ich hatten uns drei Jahre nicht gesehen, und entsprechend viel gab es zu erzählen. Ich blieb eine Woche, dann nahm ich das Flugzeug nach Neu-Delhi.

ZWEITER TEIL

1964–1979

9.

DER TOD
VON TSERING DOLMA

1964 ... Mit einemmal konnte ich nicht schnell genug wieder in Dharamsala sein. Ich war während meiner Studentenzeit viel herumgekommen, hatte neue Freunde gewonnen und Menschen kennengelernt, die Anteil am Schicksal der Tibeter nahmen, war aber dennoch mit dem bislang Erreichten nicht so recht zufrieden. Ich verfügte über mittelprächtige Kenntnisse der französischen Sprache und wußte Bescheid über die Dinge, die in einem Sekretariat so anfallen, war aber nicht bereit, mich noch auf ein längeres Studium einzulassen. Ein Diplom hätte in meinen Augen nur dann Wert gehabt, wenn es mich meinem Ziel, das seit meinem dreizehnten Lebensjahr unverändert feststand, nähergebracht hätte: Seiner Heiligkeit dem Dalai-Lama tatkräftig zur Seite zu stehen.

Der Flug Zürich–Delhi schien kein Ende zu nehmen. Ich konnte es kaum noch erwarten, meine Familie wiederzusehen, schon weil sich das tibetische Neujahrsfest näherte und ich mich darauf freute, diesmal bei den häuslichen Vorbereitungen zur Hand gehen zu können. Gyalo Thondup und Diki Dolkar holten mich vom Flughafen ab. Sie lebten inzwischen mit ihren Kindern in der indischen Hauptstadt und hatten gerade Amala zu Besuch, die für ein paar Tage vor der klirrenden Kälte Reißaus genommen hatte, die in Dharamsala um diese Jahreszeit herrscht.

Ende Februar fuhren Amala und ich mit dem Zug nach Pathankot, von wo aus uns ein regierungseigenes Auto nach Dharamsala brachte. Dort angelangt, gingen wir unverzüglich daran, *khatas* zu fertigen. Der Empfang bei Seiner Heiligkeit ließ nicht lange auf sich warten und war für mich von entscheidender Bedeutung: Der Dalai-Lama fand es für mich an der Zeit, der tibetischen Sache zu dienen. Was ich denn am liebsten täte, fragte er mich, und als ich antwortete, ich würde mich gern im Sekretariat nützlich machen, meinte er, er verfüge bereits über einen Stab englischsprechender Mitarbeiter und daß ich im Kinderdorf weitaus dringender gebraucht würde.

Das Kinderdorf hatte sich sehr verändert. Tsering Dolma besaß mittlerweile ein Büro, das heißt einen winzigen Raum mit einer Schreibmaschine und ein paar Stühlen. Kelsang La, eine junge Tibeterin, die in Kalimpong die Schule besucht hatte, kümmerte sich um den Schriftverkehr und um angelaufene Projekte. Da noch immer und immer mehr Kinder eintrafen, bestand die Korrespondenz hauptsächlich darin, Bittbriefe an humanitäre Einrichtungen und diverse indische Institutionen zu verschicken. Die indische Regierung hatte sich abermals als sehr entgegenkommend erwiesen und entlang der Grenze Flüchtlingslager eingerichtet. Eines davon war Buxa, wo Mönche zusammengefaßt worden waren und wo die jüngeren unter ihnen unter der Anleitung von Lehrern, die ebenfalls der chinesischen Repression hatten entfliehen können, ihre Studien weiterführen konnten.

Buxa war auch ein Auffanglager für Flüchtlinge, die von dort aus in andere Lager weiterzogen. Darüber hinaus war eine große Zahl Tibeter nach Sikkim gelangt und seither im Straßenbau beschäftigt. Die Mehrheit jedoch versuchte, sich nach Dharamsala durchzuschlagen. Nachdem sie gehört hatten, wie aufopfernd sich Tsering Dolma um die Kinder bemühte, wollten alle ihre Kleinen unter den Schutz Seiner Heiligkeit stellen und seinen Segen erhalten, ehe sie wieder aufbrachen, um zu versuchen zu überleben.

1962 hatte das Dorf ein neues Gebäude erhalten, »Kishore Nivas«. Jetzt, zwei Jahre später, war es bereits schier unmöglich, noch weitere Kinder hier aufzunehmen. Also blieben die Kleinsten in der Nursery, während die, die acht Jahre und älter waren und einen provisorischen Unterricht erhielten, in Bungalows untergebracht wurden, die die indische Regierung erstellt hatte.

Mehr als achthundert Kinder bevölkerten damals das Dorf, lebten in diesen zum Bersten überbelegten Bungalows – nach allem, was ich in der Schweiz, in England und in den Vereinigten Staaten gesehen hatte, ein unhaltbarer Zustand, vor allem, wenn man berücksichtigte, daß der Großteil von ihnen Säuglinge waren, die besonders viel Zuwendung brauchten! Infolge der beengten Verhältnisse grassierten Krankheiten wie Augenentzündungen und Hautausschlag; außerdem litten fast alle an Verdauungsstörungen und Durchfall. Viele Kinder hatten unter unsäglichen Bedingungen die Himalajakette überquert. Nach dem Passieren der Grenze waren die größeren per Bus, häufiger jedoch zu Fuß nach Dharamsala weitergezogen, nachdem andere tibetische Flüchtlinge sie erschöpft und halb verhungert am Straßenrand aufgegriffen und ihnen so gut wie möglich wieder auf die Beine geholfen hatten. Durch die leidvollen Erfahrungen schwer traumatisiert, war die Sterblichkeitsrate unter Kindern wie Erwachsenen in die Höhe geschnellt.

Bei der Flucht vor den Grausamkeiten der Chinesen hatten diese Flüchtlinge alles zurückgelassen. Sie hatten miterlebt, wie ihre Eltern zu Tode kamen oder verschwanden, etliche hatten ihre Angehörigen im Rahmen eines *thamzing** sogar mit eigenen Händen umbringen müssen, um dann im weiteren Verlauf der Ereignisse häufig selbst von Wölfen angefallen oder unter dem Schnee begraben zu werden. Vielen, die es dennoch über die Grenze geschafft hatten, mußten Arme und Beine amputiert werden.

Unsere Arbeit beschränkte sich nicht nur auf die körperliche Versorgung der Kinder, es galt auch, ihre psychischen Qualen zu lindern. Angesichts der schrecklichen Träume, von denen diese Unglücklichen heimgesucht wur-

139

den, wichen die Pflegemütter auch nachts nicht von ihrer Seite, widmeten ihnen weitaus mehr Zeit als den anderen. Ärzte und Kinderschwestern waren überlastet. Kelsang La wußte nicht mehr, wo ihr der Kopf stand. Meine Schwester arbeitete von frühmorgens bis spät in die Nacht hinein.

Da wir über die Kinder selbst herzlich wenig wußten, übernahm ich es, mich mit ihnen zu unterhalten, sie zu trösten und gleichzeitig ein wenig auszuhorchen, um zu erfahren, woher sie kamen, ob sie Brüder oder Schwestern hatten, ob die Eltern in Tibet geblieben waren oder versucht hatten, mit ihnen zu fliehen, ob noch ein Onkel oder eine Tante existierten. Sie zum Sprechen zu bringen, war sehr schwer, wurde dadurch doch immer wieder ein Alptraum heraufbeschworen, der kein Ende nehmen wollte. Um sich in der neuen Umgebung zurechtzufinden, brauchten sie Zeit und sehr viel Zuwendung.

Zahlreiche humanitäre Organisationen und großherzige Privatpersonen boten Unterstützung an. Von überallher erreichten uns Spenden. Sie alle aufzuführen ist schier unmöglich. Das Schweizerische Rote Kreuz leistete weiterhin Außerordentliches, schulte sogar in der neu erbauten Poliklinik und im ebenfalls gerade eingerichteten Labor junge Tibeter. Save the Children Fund, Care United States, Swiss Aid to Tibetans, American Emergency Committee for Tibetans, die Tibet Society aus Großbritannien oder die Tibetan Refugee Aid Society aus Kanada, nicht zu vergessen Männer wie Eric Muhlmann aus Hawaii und Frauen wie Telly Kunzi aus der Schweiz – sie alle bewiesen beispiellose Anteilnahme. Auch aus Australien und Neuseeland wurde uns Unterstützung zuteil.

Dennoch und trotz all unserer Bemühungen verbesserten sich die Lebensbedingungen im Dorf kaum. Gewiß, wir konnten die Kinder jetzt schneller auf die Schulen verteilen; »Conium House«, »Egerton Hall« und »Kishore Nivas« jedoch waren nach wie vor überlastet. Die Übergangsschule erfüllte ihren Zweck, aber auch hier näherten wir uns der obersten Fassungsgrenze. Zu bedenken dabei gilt außerdem, daß Dharamsala knapp zweitausend Meter hoch gelegen ist, in der Region mit der zweitgrößten Niederschlagsmenge in Indien. Die Kinder schliefen auf dem Fußboden, der im Bungalow zum Glück aus Holzplanken bestand. Wenn im restlichen Jahr eine dünne Decke auf dem Boden ausreichte, wurde es im Winter, bei Temperaturen weit unter Null, um so schlimmer. Nicht zuletzt weil für die Öfen, die man installiert hatte, kein Öl vorhanden war.

Meine Schwester und ich verließen unseren Bungalow bei Tagesanbruch. Gegen sieben Uhr dreißig erreichten wir das Dorf, wo wir den Vormittag durcharbeiteten, mittags rasch eine Kleinigkeit zu uns nahmen, dann weitermachten und erst spätabends heimkehrten. Zwei- bis dreimal pro Woche hieß es für mich, Kinder ins Krankenhaus in die Unterstadt von Dharamsala zu bringen. Eine kirchliche Einrichtung in Deutschland hatte uns ein Auto zukommen lassen, das zum Transport der zahlreichen Notfälle diente, die gelegentlich von einer tibetischen Kinderschwester begleitet wurden. Ich persönlich stand immer in Kontakt mit den Ärzten, konnte außerdem diese Fahrten mit Einkäufen auf dem einheimischen Markt verbinden.

Einen Monat nach meiner Rückkehr nach Dharamsala schlug mir Gyalo Thondup vor, nach Neu-Delhi zu kommen und dort meinen Führerschein zu machen. Die Prüfung war nicht allzu schwierig; dennoch war mir höchst unwohl bei dem Gedanken, meine Fahrkünste in Dharamsala unter Beweis stellen zu müssen. Sich auf den verkehrsreichen breiten Straßen einer Großstadt zu behaupten, eingekeilt von Karren, Fahrradrikschas, qualmenden Bussen und sturen Kühen, war bereits eine Herausforderung für sich. Die Fahrt auf der schmalen, holperigen und überdies sehr abschüssigen Landstraße mit ihren Haarnadelkurven zwischen McLeod Ganj und Unter-Dharamsala oder noch weiter grenzte da geradezu an bodenlosen Leichtsinn.

Eines Morgens – Tsering Dolma war zu Hause geblieben, um dort zu arbeiten – stand eine Fahrt ins Krankenhaus an. Ich bat den Fahrer, einen ehemaligen Leibwächter Seiner Heiligkeit, mir das Lenkrad zu überlassen. Alles ging gut – bis zur ersten Kurve, wo ich nicht genügend abbremste, so daß das Auto ins Leere schoß und sich dreimal überschlug. Unter dem Aufprall sprang die Fahrertür auf und ich wurde herausgeschleudert. Beim Sturz schlug mein Kopf an einem Stück Metall auf. Ich verlor das Bewußtsein.

Zum Glück konnte mein Beifahrer unversehrt das Fahrzeug verlassen. Da ich ständig einen Haufen Dokumente mit mir herumtrug, war sein erster Gedanke, diese Papiere, auf denen die Geschichte jedes Kindes vermerkt war und die jetzt über die Klippen verstreut waren, in Sicherheit zu bringen. Dann, nachdem er mehrmals nach mir gerufen hatte, ging er um den Wagen herum und entdeckte mich zwischen den Trümmern. Ich atmete noch. Er stemmte den Wagen etwas an, sah mein blutüberströmtes Gesicht, zerrte mich darunter hervor, schleppte mich mühsam hoch zur Straße und trug mich in den Bungalow. Amala stieß einen gellenden Schrei aus, als sie die klaffende Wunde an meinem Kopf sah, aus der das Blut tropfte.

Nachdem der Arzt vom Schweizerischen Roten Kreuz festgestellt hatte, daß ich mir nichts gebrochen hatte, verband er meinen Kopf und veranlaßte, mich ins fünf Fahrstunden entfernte, von amerikanischen Missionaren geleitete Hospital von Ludhiana bringen zu lassen, das über eine Röntgeneinrichtung verfügte. Ich schluckte jede Menge Schmerztabletten, dann bettete mich der Arzt in den Mercedes, den die Gemeinschaft tibetischer Flüchtlinge in der Schweiz Seiner Heiligkeit geschenkt hatte.

Dank der Schmerzmittel schlief ich eine Zeitlang. Gegen Ende der Reise allerdings wurden die Schmerzen im Kopf und auch im Rücken schier unerträglich. Sofort nach unserer Ankunft im Krankenhaus brachte man mich in die Notaufnahme. Röntgenaufnahmen des Schädels, des Nackens und der Wirbelsäule ergaben, daß einige Wirbel etwas abbekommen hatten. Man verpaßte mir einen Gipsverband. Die Wunde am Kopf mußte genäht werden. Als mir der amerikanische Arzt zu diesem Zweck die Haare abrasieren wollte, protestierte ich heftig. Nach langem und anstrengendem Herumdiskutieren setzte ich mich schließlich durch, und er beschränkte sich darauf, lediglich das unmittelbare Umfeld der Wunde kahlzuscheren. Sechs Wochen blieb ich danach in stationärer Behandlung.

Ich hatte mich seit meiner Rückkehr nach Dharamsala mit Bina Cumming angefreundet, einer ehrenamtlichen Helferin, die nicht Tibetisch sprach und mir jetzt unbedingt Gesellschaft leisten wollte. Also stellten ihr die Krankenschwestern ein Bett in mein Zimmer, und Bina machte sich auf die Weise nützlich, daß sie mir vorsichtig die Haare wusch oder mich im Rollstuhl spazieren fuhr. Wir machten Besuche bei anderen tibetischen Patienten, die hier lagen, vor allem bei den Kindern. Ein besonders angenehmer Gast war ich nicht; oft weigerte ich mich, die Medikamente zu schlucken, die mir die Ärzte gegen die zuweilen unerträglichen Schmerzen verschrieben hatten.

Endlich durfte ich wieder nach Hause. Da ich aber noch längst nicht wieder völlig hergestellt war, rief Amala Dr. Yeshi Dhonden, und ich machte zum erstenmal Bekanntschaft mit der tibetischen Medizin und ihren vom Buddhismus geprägten Praktiken. Yeshi Dhonden stellte mir Fragen, untersuchte meine Augen, meine Zunge, meinen Urin. Daraufhin konzentrierte er sich auf meinen Puls, diese so aussagekräftige Informationsquelle, indem er Zeige-, Mittel- und Ringfinger auf die Arteria radialis legte, mir als Frau zuerst an der rechten Handwurzel, dann an der linken (bei Männer ist es umgekehrt). Ich spürte seine unterschiedlichen Druckbewegungen, die ihm, wie er mir erklärte, erlaubten, Aufschluß über die Hautoberfläche, das Gewebe und die Knochen zu gewinnen. Dr. Yeshi Dhonden beeindruckte mich um so mehr, da er auch eigenhändig die Arzneien zubereitete, die eine rasche Besserung meines Befindens bewirken sollten. Dabei hatte ich mich, ehe ich das Krankenhaus in Ludhiana verließ, noch eigens erkundigt, ob es außer der Analgetika noch etwas anderes gäbe, um die Schmerzen zu lindern, und die Ärzte hatten meine Frage verneint! Jetzt bewies mir Yeshi Dhonden das Gegenteil.

Nach etwa zehn Tagen war ich wieder einigermaßen bei Kräften, vor allem taten Rücken und Kopf nicht länger weh. Dafür hatte ich ein rabenschwarzes Gewissen, weil ich meiner Schwester durch diesen Unfall und meine Bettlägrigkeit noch mehr Arbeit aufgehalst hatte. Als ich endlich wieder einsatzfähig war, stand der »Nursery for Tibetan Refugee Children« ein bedeutender Tag ins Haus: der 17. Mai, der vierte Jahrestag ihres Bestehens. Inzwischen hatte sie sich zu einem veritablen Kinderdorf entwickelt.

Tsering Dolma klagte zusehends über Schmerzen in den Beinen, lehnte es aber dennoch ab, das Auto zu benutzen. Um Benzin zu sparen, wie sie vorgab. Sie verließ weiterhin frühmorgens den Bungalow, ging zu Fuß durch das Dorf und kehrte spät abends zurück, opferte sich für die Kinder auf und scherte sich nicht um ihre Gesundheit, ließ sich höchstens am späten Abend von einer Dienerin, die ihr ins Exil gefolgt war und sich tagsüber um Amala kümmerte, die Beine massieren. Erst als die Schmerzen unerträglich wurden, willigte sie ein, sich von einer belgischen Ärztin, Dr. Cécile De Swemmer, die mit dem Hospital in Ludhiana zusammenarbeitete, untersuchen zu lassen. Die Diagnose ergab einen Verdacht auf eine Unterleibserkrankung, weshalb Dr. De Swemmer meiner Schwester riet, sich umgehend nach Neu-Delhi zu begeben, zu einer gründlichen Untersuchung. Was Tsering Dolma erst einmal ablehnte.

Seine Heiligkeit war häufig im Kinderdorf anzutreffen. Wie ein Vater verhielt er sich den Kindern gegenüber. Er plauderte mit ihnen, überprüfte ihre Fortschritte in der tibetischen Schrift, sagte ihnen immer wieder, sie seien Tibets Hoffnung und das Licht der Zukunft. Wenn eine neue Gruppe Kinder eintraf, nahm meine Schwester sie zu einer Audienz bei Seiner Heiligkeit mit, der ihnen dann erklärte, wie wichtig es sei, etwas zu lernen, und daß sie die Grundregeln der Hygiene einhalten müßten, um gesund zu bleiben. Es hat mich stets verblüfft, wenn ich sah, welchen Eifer die Kinder nach einer Begegnung mit Seiner Heiligkeit an den Tag legten, so als ob man sie mit einer Aufgabe betraut hätte. Und dies, obwohl für die meisten die furchtbaren Erlebnisse weiterhin als böse Erinnerungen in ihren Herzen lebendig waren und sie wußten, daß sie keine Heimat mehr besaßen.

Endlich kam der 17. Mai 1964. Ein großes Fest nahm seinen Verlauf, in Anwesenheit Seiner Heiligkeit, Vertretern der indischen Regierung sowie zahlreichen anderen Gästen. Drei Tage lang wurde gefeiert; die Kinder hatten eigens dafür Tänze und tibetische Lieder einstudiert.

Nach altem Brauch wurde ein riesiges Picknick veranstaltet, diesmal unweit des damals fast ausgetrockneten Dal-Sees, auf einer von Wäldern umgebenen großen Lichtung, mit Zelten für den Dalai-Lama und die hohen Gäste. Natürlich wurden Reden geschwungen, und dann führten die Kinder Tänze und Lieder auf und wurden mit Süßigkeiten belohnt. Es war ein wunderschöner Tag für die Verantwortlichen des Dorfes, für die Betreuerinnen, die freiwilligen Helfer und die Abgesandten der humanitären Organisationen.

Seine Heiligkeit mischte sich unter die Kinder, probierte von den Speisen, sah beim Kochen zu, trank Tee. Spiele wurden veranstaltet, vor allem Sackhüpfen und Tauziehen. Auch die Betreuerinnen machten mit, wurden angefeuert von den Kindern, die ihre jeweilige Pflegemutter als Siegerin sehen wollten. Die Lichtung hallte wider von fröhlichem Lachen und Jubel.

Auch Tsering Dolma hatte einen Riesenspaß. Sie beteiligte sich beim Basketballspielen und auch beim Volleyball. Keiner konnte ahnen, wie krank sie war. Als es dann aber nach drei Tagen wieder an die Arbeit gehen sollte, blieb meine Schwester zu Hause. Sofort drang Seine Heiligkeit darauf, daß sie nach Neu-Delhi fuhr, zu einer eingehenden Untersuchung. Alle ihre Bedenken um den reibungslosen Ablauf im Kinderdorf wischte er damit beiseite, daß mir Kelsang La helfen würde und ich mir der Verantwortung wohl bewußt sei.

Tsering Dolma und ihr Mann Phuntsok Tashi fuhren also in die indische Hauptstadt, wo sie bereits von Gyalo Thondup und Diki Dolkar erwartet wurden. Die Sekretäre Seiner Heiligkeit informierten Tenzin Ngawang, meinen Neffen, der in Cambridge studierte, und Khando Tsering, meine Nichte, die eine Schule in der Schweiz besuchte. Da Gyalo Thondup unsere Schwester befreundeten Ärzten anvertrauen wollte, die sich Ende der fünfziger Jahre in Kalkutta niedergelassen hatten, flogen sie dorthin weiter. Ein paar Tage später erhielten wir die erschütternde Nachricht, daß Tsering Dolma an Krebs erkrankt war.

Eine Operation war unumgänglich. Seine Heiligkeit sprach sich dafür aus, unsere Schwester in London behandeln zu lassen. Im Oktober flog sie nach England. Sie überlebte den Eingriff, aber es war dennoch zu spät. Im Beisein ihres Mannes und ihrer beiden Kinder starb sie 1964 in London, im Alter von vierundvierzig Jahren.

Alle in Dharamsala waren tief betroffen. Tsering Dolma hatte ihr Leben den Kindern im Exil geweiht. Sie hatte die Voraussetzungen dafür geschaffen, unendlich viele vor dem sicheren Tode zu bewahren und ihnen nach einer ersten Notversorgung nach und nach eine schulische Ausbildung zukommen lassen, dies alles in einer Atmosphäre, die geprägt war von Liebe, Zärtlichkeit und Verständnis.

Im Angesicht des Todes beweisen die Tibeter einen gesunden Menschenverstand. Die sterbliche Hülle bedeutet nicht mehr viel, es sei denn, es handelt sich dabei um einen ranghohen Lama, einen Rinpoche. Da es in vielen Regionen Tibets nicht genug Holz gibt, wurden nur solche Persönlichkeiten verbrannt, die öffentliches Ansehen genossen. Alle anderen werden zerstückelt und entweder den Geiern oder den Fischen zum Fraß vorgeworfen. Der Gedanke, daß unser Körper nach unserem Tode den Tieren als Nahrung dient, stört uns nicht.

Den Leichnam von Tsering Dolma nach Dharamsala zu überführen, kam nicht in Frage. So wurde sie in London eingeäschert, und mein Schwager Phuntsok Tashi brachte uns die Urne. Nach Befragung des Astrologen begann die Zeremonie zum Auftakt der neunundvierzigtägigen Trauerzeit, die von allen Bewohnern Dharamsalas eingehalten wurde. Butterlampen brannten Tag und Nacht; jeweils nach sieben Tagen wurden die Opfergaben für die Tote erneuert. Da der Geist von Tsering Dolma noch immer unter uns weilte, entboten wir ihr als Zeichen der Würdigung Tee und Speisen. Als die Trauerzeit um und damit ihre Wiedergeburt vollzogen war, sprachen wir *pudjas*, brachten *khatas* dar und nahmen Beileidsbezeugungen entgegen.

Normalerweise wird die Asche des Verstorbenen in den Bergen oder in den Flüssen verstreut. Die von Tsering Dolma jedoch, so wurde beschlossen, wollten wir ausnahmsweise in einer Urne im tibetischen Kinderdorf aufbewahren. Um sie mitzunehmen, wenn wir eines Tages nach Tibet zurückkehren dürfen.

In der ersten Zeit nach dem Tod meiner Schwester kam ich mir völlig verloren vor. Mit meinen vierundzwanzig Jahren trug ich schwer an der Verantwortung, die jetzt auf meinen Schultern lastete. Aber ich konnte und durfte sie nicht ablehnen. Jeden Tag galt es, neue Mißstände zu beheben: Nahrungsmittel, Decken, Kleidung mußten herangeschafft, Windpocken und alle möglichen Infektionen behandelt werden. Ich wußte, was meine Familie von mir erwartete – den Platz von Tsering Dolma auszufüllen.

Seine Heiligkeit wohnte weiterhin in unserem Bungalow. Wenn ich abends nach Hause kam, war der Raum, in dem er seine Audienzen abhielt, noch überfüllt. Unermüdlich war der Dalai-Lama darum bemüht, die tibetische Kultur zu bewahren. Die Exilregierung hatte sehr viel Arbeit, allen voran das Innenministerium, das, abgesehen vom Aufbau der Schulen, bemüht war, die Flüchtlinge zu erfassen. Inzwischen war auch ein Ministerium für religiöse Belange und ein Sicherheitsrat zum Schutz des Dalai-Lama ins Leben gerufen worden.

Für meine Familie war der Tod von Tsering Dolma ein bitterer Verlust. Amala mit ihren vierundsechzig Jahren kümmerte sich weiterhin um Seine Heiligkeit; darüber hinaus betete sie sehr viel, sie lernte sogar Lesen, um Gebete nachzuschlagen. Sie hatte mich ersucht, ihr beizubringen, ihren Namen auf Englisch zu schreiben. Sie war eine gelehrige Schülerin und meisterte derlei Neues geradezu spielend.

Ungeachtet der vielen Arbeit hielt ich den Briefkontakt mit meinen Freundinnen aufrecht. Eine deutsche Mitschülerin, der ich geschrieben hatte, kam für sechs Monate zu uns. Auch Legjin Tsering, die sich damals in den Vereinigten Staaten aufhielt, eilte herbei, nachdem ich ihr von meinen Schwierigkeiten erzählt hatte. Sie wohnte in Swargashram, den wir den »Palast« getauft hatten, und half im Sekretariat Seiner Heiligkeit aus, das heißt, sie, die diplomierte Volkswirtin, redigierte die für die indische Regierung und die humanitären Verbände bestimmten Berichte der tibetischen Beamten. Abends erteilte sie Amala Englischunterricht. Meine Mutter liebte es, in den umliegenden Wäldern lange Spaziergänge zu unternehmen. Wenn sie zurück war, erzählte sie, was sie erlebt hatte: von einem Gespräch mit einem Hirten, von der Geschmeidigkeit einer Schlange, von der Affenfamilie, die ihr über den Weg gelaufen war. Mit einer Aya, die ihr zu

Diensten war und Hindi sprach, veranstaltete sie gern ein kleines Picknick, oder aber, was häufig genug der Fall war, sie besuchte das Kinderdorf, plauderte mit den Kleinen und dem Personal und verteilte Bonbons.

Natürlich leistete Amala auch Seiner Heiligkeit Gesellschaft, wenn es ihm gelang, sich für eine Weile seiner Pflichten zu entledigen. Viel Freizeit war ihm nicht vergönnt, denn neben den Audienzen und seinen sonstigen Verpflichtungen vertiefte er sich mit seinen Lehrern in die buddhistische Philosophie. Dennoch stand er uns zur Verfügung, wann immer wir ihn sprechen wollten. Nachdem meine Schwester von uns gegangen war, suchte ich ihn besonders häufig auf, um mir Rat zu holen, seine Meinung zu hören, um in einer Entscheidung bestärkt zu werden. Bestimmt hat er es zuweilen als Belästigung empfunden, wenn ich an seiner Tür auftauchte und ihn behelligte, aber er hat es sich niemals anmerken lassen. Im Gegenteil, er hörte mir stets aufmerksam zu. Schon weil auch ihm das Schicksal der Kinder am Herzen lag.

Damals waren etwa hundert Tibeter im Dorf beschäftigt. Vor allem Kelsang La, die Sekretärin meiner Schwester, leistete Bemerkenswertes. Ich selbst hatte von Sekretariatsarbeit nur sehr theoretische Vorstellungen, schon weil ich mich in erster Linie mit organisatorischen Problemen herumschlagen mußte. Aber auch wenn alle Entscheidungen bei mir lagen, habe ich von der zwei oder drei Jahre jüngeren Kelsang La so manches gelernt.

Alle arbeiteten wir bis zum Umfallen, angefangen bei den Säuglingspflegerinnen bis hin zu den Lehrern. Worunter die Organisation litt, war die Zersplitterung: Ein Teil der Kinder war in der Nursery im »Conium House« untergebracht, andere lebten in »Egerton Hall« und »Kishore Nivas« oder im »Kashmire Cottage«. Außerdem kam ich mit den Erwachsenen längst nicht so gut zurecht wie mit den Kindern.

Es waren die komplexen Beziehungsprobleme, die mir zu schaffen machten und über die ich mit Seiner Heiligkeit sprach, weil ich nicht begriff, wieso sich Erwachsene in der Umgebung dieser Kinder, die soviel Hilfe, Liebe und Verständnis benötigten, streiten mußten. Der Dalai-Lama beschwichtigte mich, indem er sagte, wenn jeder darauf bedacht wäre, seine ganze Kraft für das Gelingen einer guten Sache einzusetzen und es nichts an ihm zu beanstanden gäbe, wäre unsere Existenz nicht gerechtfertigt, wären wir nicht von dieser Welt.

Diese Worte haben sich mir ins Gedächtnis eingegraben. Kurz und präzise hatte Seine Heiligkeit einen wesentlichen Aspekt der buddhistischen Lehre zusammengefaßt. Die einen leiden mehr, die anderen weniger. Die Realität mag schwer zu ertragen sein oder aber leichter, das Maß aller Dinge ist immer die Frucht dessen, was wir in unserer vorhergehenden Existenz geleistet haben. Man muß entsprechend seinem Karma leben. Manche begreifen sehr rasch, worauf es ankommt, andere selbst nach stundenlangen Erklärungen nicht.

Jedenfalls habe ich auf diese Weise gelernt, mich im Umgang mit den unterschiedlichsten Menschen zu üben, auch wenn es mir mit meinen vierundzwanzig Jahren schwerfiel, meine Ungeduld zu bezähmen. Rasch handeln und Ergebnisse sehen, war meine Devise. Für mich war es nicht genug, von neun Uhr morgens bis fünf Uhr nachmittags zu arbeiten – die Kinder erforderten ständige Präsenz. Wenn eine humanitäre Organisation oder Vertreter der indischen Regierung Auskunft über ein oder mehrere Kinder wünschten oder wissen wollten, wieviel Geld für ein Projekt zur Verfügung stand, mußte dem unverzüglich entsprochen werden, da von unseren Antworten abhängen konnte, inwieweit mit so dringend benötigter Unterstützung zu rechnen war. Kelsang La und ihre beiden Brüder, die gerade ihr Studium beendet hatten, saßen oftmals bis in die späte Nacht hinein mit mir zusammen, um diese eiligen Angelegenheiten zu bearbeiten.

Da der Strom der Neuankömmlinge nicht abriß, blieb nichts anderes übrig, als das Dorf für die etwa achthundert Kinder, die bereits hier lebten, umzuorganisieren. Den Anstoß dazu hatten freiwillige Helfer gegeben, die mich eines Tages aufsuchten. »Pema-la«, hatten sie gestöhnt, »so kann es nicht mehr weitergehen. Täglich haben wir es mit fünfzehn Tenzins zu tun, mit zwanzig Dolmas, mit dreißig Tashis, wie sollen wir uns da zurechtfinden?« Doris Betts, eine englische Krankenschwester, war daraufhin mit dem Vorschlag herausgerückt, jedem Kind eine Nummer zu geben und es mit einer Art Ausweis auszustatten, den es ständig um den Hals tragen mußte. Gesagt, getan. Wir kauften hauchdünne Aluminiumplättchen, ließen sie gravieren und stanzen. Die Nummer Eins lebt heute in der Schweiz, die Nummer Zwei in Australien; beide gehen mittlerweile auf die Vierzig zu. Auf jedem Plättchen war der Name des Kindes vermerkt, der der Eltern sowie sein Geburtsort. Ein Duplikat wanderte in die Poliklinik, auch wenn die Schweizer Ärzte und die Krankenschwestern von dieser Neuerung nicht sehr angetan waren und ich mich genötigt sah, ihnen klarzumachen, daß sich dadurch zumindest verhindern ließe, ein Kind zweimal zu impfen oder ihm falsche Medikamente zu verabreichen.

Die Einführung dieses Systems war ein sehr zeitraubendes Unterfangen, weil alles mit der Hand geschrieben werden mußte. Jeden Tag nahmen wir uns etwa fünfzehn Kinder vor, suchten uns ihre Daten aus den Akten zusammen und übertrugen die notwendigen Informationen auf englisch auf die Plättchen. Was Ärzten, Krankenschwestern und humanitären Organisationen die Arbeit wesentlich erleichterte.

1965, nach fünf Jahren im Exil, hatte sich Dharamsala gewaltig verändert. Wie weit schien die Zeit der Geisterstadt zurückzuliegen! Bei unserer Ankunft hatten die indischen Behörden einige Gebäude beschlagnahmt und tibetischen Flüchtlingen zur Verfügung gestellt. In der Folgezeit hatte sich die Exilregierung drei Schwerpunkte gesetzt: Unterkunft für alle, ausreichende Versorgung mit Lebensmitteln und Kleidung, Bereitstellung von Arbeitsplätzen. Daß wir zu mehreren ein einziges Zimmer bewohnten, daß man sich die Zelte teilen mußte oder daß zu viele Beamte auf zu engem Raum arbeiteten, focht uns nicht weiter an. Unsere Vorstellung von Flüchtlingshilfe sah nicht vor, Dharamsala zu einer Dauereinrichtung zu machen. Man sprach nicht über langlebige Bauvorhaben, zum einen, weil uns die Mittel fehlten, zum anderen, weil wir glaubten, unser Exil sei nur vorübergehend. Unsere einzige Sorge war, dem anderen beizustehen und alles an Medikamenten zusammenzutragen, um denen zu helfen, die sie am dringendsten benötigten. Und tatsächlich wurde das erste Gebäude, ein Kinderkrankenhaus, erst Ende 1964 errichtet.

10.

DIE ERSTEN PATENSCHAFTEN

Im Winter 1964/65 trafen weitere hundertvierunddreißig Kinder ein, die über Nepal geflohen waren. Sie waren von der langen Reise restlos erschöpft und litten fast alle unter einer Magen-Darm-Infektion. An die zehn waren bereits unterwegs gestorben. Da im Kinderdorf kein Platz mehr war, mußten wir leerstehende Häuser in Unter-Dharamsala – wo sich heute die tibetische Zentralverwaltung befindet – herrichten.

Nachdem die Kinder untersucht worden waren, bat uns der Arzt vom Roten Kreuz, schleunigste Traubenzucker zu besorgen. Um jedem Kind eine Tropfinfusion zukommen zu lassen, stand uns leider nicht das notwendige Gerät zur Verfügung. Ich alarmierte sofort alle Pflegemütter des Dorfes und freiwillige Helfer, damit sie sich umgehend daran machten, mit Traubenzucker versetzten schwarzen Tee zu kochen, den wir den Kindern teelöffelweise verabreichten. Die armen Kleinen wanden sich unter furchtbaren Magenkrämpfen, und ihre Schmerzensschreie waren um so unerträglicher, weil wir ihnen mit unseren unzulänglichen Mitteln kaum Linderung verschaffen konnten.

Ihre seelischen Qualen waren noch entsetzlicher. In Tibet hatten sie miterleben müssen, welch grauenhaftes Schicksal Nachbarn, Freunde oder Unbekannte ereilt hatte. Diese Kinder hatten genau gewußt, daß sie sich nur durch die Flucht einer ständig größer werdenden Gefahr entziehen konnten, daß sie dadurch aber auch alles aufgaben. Wie aufgezogene Puppen waren sie marschiert, ins Unbekannte hinein. Sie benötigten mehrere Wochen, ja sogar Monate, um wieder ein bißchen Lebensfreude zurückzugewinnen.

Nach dem Beispiel von Tsering Dolma nahm auch ich die Neuankömmlinge zu einer Audienz bei Seiner Heiligkeit mit. Was mich besonders erstaunte, war, mit welchem Enthusiasmus die Kinder daran gingen, etwas zu lernen. Mit ihren sechs oder sieben Jahren verfügten sie bereits über ein ausgeprägtes Gefühl dafür, welche Verantwortung auf ihren schmächtigen Schultern lastete.

Leider mangelte es uns an qualifiziertem Personal und noch mehr an Lehrern für einen Tibetischunterricht und die Unterweisung in unseren Gebeten, Tänzen und Liedern. Und nur ganz wenige waren in der Lage, »meinen« Kindern Grundkenntnisse des Englischen zu vermitteln. Da wir noch immer keine Klassenräume besaßen, fand der Unterricht im Freien statt, am Berghang. Bei Regen flüchteten sich die Kinder unter die Veranda oder, wenn dort kein Platz mehr war, unter die mächtigen Bäume. Dort hockten sie auch im Sommer, zum Schutz vor der sengenden Sonne, warteten, bis die Lehrer, mit Kreide bewaffnet und eine als Tafel dienende Leinwand unter den Arm geklemmt, die sie je nach Bedarf ausrollten und an einen Baum hängten, sie abholten. Das Dorf war in ständiger Bewegung.

Aber auch wenn wir die Kinder an drei verschiedenen Orten unterrichten konnten – was eine ausgetüftelte Organisation nötig machte –, fehlte es, wie gesagt, an Lehrern. Noch zu Lebzeiten meiner Schwester war ein entsprechendes Gesuch an die indische Regierung ergangen; jetzt endlich erklärte sie sich bereit, für die Gehälter von zusätzlichen Lehrern aufzukommen. Somit bekamen wir zu den Tibetischlehrern und denen, die Englischunterricht erteilten, noch ein paar Aushilfskräfte für Hindi.

Kranke Kinder kamen in die Poliklinik, deren Personal ständig überlastet war. Der Arzt des Schweizerischen Roten Kreuzes blieb im Schnitt zwei Jahre, selten länger.

Die, die nur ein Jahr blieben, reisten ab, sobald ihre Ablösung in Dharamsala eintraf, bestenfalls hängte der eine oder andere noch einen Monat dran, um die neue Mannschaft einzuweisen und sie mit den Kindern vertraut zu machen. Anfangs hatte das Schweizerische Rote Kreuz noch zwei Krankenschwestern geschickt. Save the Children Fund stellte uns Geld für den Bau eines Krankenhauses zur Verfügung. Swiss Aid to Tibetans spendete für einen neuen Schlafsaal. Und trotz all dieser internationalen Hilfsbereitschaft reichte der Platz vorn und hinten nicht aus!

1965 gelangten mehr als fünfundachtzigtausend Flüchtlinge nach Indien. Nachdem der Dalai-Lama bei der indischen Regierung darum nachgesucht hatte, ihnen Land zuzuweisen, und dieser Bitte entsprochen worden war, brachen Hunderte Tibeter in verschiedene Regionen auf – in Gegenden, die meist von dichtem Urwald überwuchert waren, so daß die neuen Siedler erst einmal hektarweise Land roden, Brunnen ausheben, Unterkünfte bauen mußten. Dann wurden die Flüchtlinge, die in den ersten fünf Jahren Lebensmittelrationen erhielten, in Gruppen zu jeweils fünf Personen aufgeteilt. Jede Gruppe erhielt ein Haus zugewiesen, das aus drei Zimmern bestand, sowie zwei Hektar Land. Jetzt konnten sie daran gehen, nach ihren Angehörigen – so sie noch lebten – zu forschen, um dann gegebenenfalls umzuziehen. Nach diesem System wurde bei der Errichtung jeder neuen Siedlung verfahren. Weil aber die Flüchtlinge, wenn sie einen Ortswechsel vornahmen, ihre Kinder bei uns zurückließen, sahen wir uns ständig gezwungen, Bettelbriefe um Kleidung und Lebensmittel zu verschicken.

Im Laufe der Jahre stellten sich weitere Probleme ein. Die Hoffnung, bald wieder nach Tibet zurückkehren zu können, die alle nährten und aus der sie die Kraft schöpften, auch unter diesen schwierigen Bedingungen zu überleben, stand Projekten entgegen, die die Exilregierung zusammen mit den indischen Behörden eingeleitet hatte:

Weil die Flüchtlinge, die man in die Lager geschickt hatte, nur mit einer kurzen Verweildauer rechneten, unternahmen sie auch nicht allzuviel, von sich aus zur Verbesserung ihrer Lebensbedingungen beizutragen.

Wenn indische oder schweizerische Landwirtschaftsexperten sie darin unterwiesen, welche Obstbäume sich für ihren Boden besonders eigneten, kamen Fragen wie: »Wie lange braucht eine Bananenstaude oder eine Kokospalme, um Früchte zu tragen?« Wenn dann geantwortet wurde: »Fünf bis sieben Jahre«, brachen die Tibeter in schallendes Gelächter aus und erklärten, sie kämen wohl sicher nicht mehr dazu, diese Früchte zu ernten.

Die Jahreszeiten lösten einander ab. Obwohl Seine Heiligkeit weiterhin um Verhandlungen zur Lösung des Tibetproblems bemüht war, kühlten die Beziehungen zu Peking merklich ab. Wohl oder übel mußten wir uns damit abfinden, daß sich unsere unmittelbare Zukunft auf fremdem Boden abspielte, in Indien, in Nepal und Bhutan. Andererseits erkannten wir, daß wir auch im Exil wichtige Arbeit leisten konnten – unsere Kultur bewahren, unsere Religion und unsere Identität, als Vorbereitung für den Tag unserer Rückkehr. Eine dieser vorbereitenden Aufgaben war die Erziehung unserer Kinder, der wirtschaftliche Aufschwung in den Siedlungen eine weitere.

Regierungen und humanitäre Einrichtungen gaben sehr viel Geld für uns aus. Diese Summen liefen zwangsläufig über eine tibetische Geschäftsstelle, das von Kripalani und Kaliyen Sengupta eingerichtete Central Relief Committee for Tibetan Refugees. Die umfangreiche Vorarbeit, die Tsering Dolma geleistet hatte, trug Früchte. Als ich die Verantwortung für das Dorf übernahm, hielt ich den Kontakt zu diesen Stellen aufrecht, schrieb aber darüber hinaus auch viele andere an, die ich während meiner Studienzeit kennengelernt hatte, und erhielt von ihnen prompt Schecks übersandt. So viele sogar, daß ich zu ihrer Gutschrift ein eigenes Konto für die Nursery for Tibetan Refugee Children einrichtete.

Eines schönen Tages in diesem Jahr 1965 zitierte mich das indische Büro der tibetischen Geschäftsstelle zusammen mit Frau Taring, der Leiterin der Tibetan Home Foundation in Mussoorie, nach New-Delhi. Der Verantwortliche kam sofort zur Sache. Unmißverständlich wies er uns darauf hin, daß wir über Geldeingänge nicht eigenmächtig verfügen dürften; dazu seien wir nicht befugt, alles hätte seine Grenzen. Ich entgegnete ihm, daß es sich keineswegs um Millionen von Dollar, sondern vielmehr um kleinere Beträge von zwischen zehn und hundert Dollar handele, die Privatpersonen, vornehmlich Freunde von mir, gespendet hätten. Nichts zu machen, der Beamte blieb unerbittlich und ermahnte uns, gemäß den Vorschriften zu verfahren; es liege doch wohl in unserem eigenen Interesse, uns nicht in Schwierigkeiten zu bringen und Ärger im Kinderdorf zu vermeiden. »Wenn so etwas illegal ist und Konsequenzen nach sich zieht, dann sperren Sie mich doch einfach ein!« fauchte ich noch, und damit war die Unterredung beendet. Ich fuhr nach Dharamsala zurück und ließ eingehende Schecks weiterhin dem Konto der Nursery gutschreiben.

Mein Starrsinn zahlte sich aus. Ich verschickte nach wie vor an Personen, die möglicherweise bereit waren, uns zu helfen, Berichte über die Kinder im Dorf, mit dem Erfolg, daß immer mehr private Spenden eintrafen. Nachdem ich in der Schweiz und in Großbritannien mitbekommen hatte, wie gut es den Kindern in den dortigen Pestalozzi-Dörfern ging, brachte mich das inzwischen angesparte Geld auf den Gedanken, ein Patenschaftssystem einzuführen. Seit 1960 stand ich in Kontakt mit Frau Muhlmann, die auf Hawaii lebte und uns Monat für Monat hundert Dollar überwies. Ihr berichtete ich von meinen Plänen für das Dorf und den Schwierigkeiten, die es zu überwinden galt. Zehn Dollar sollte die Patenschaft für ein Kind kosten, ein Betrag, der damals ausreichte, ein Kind ausreichend zu ernähren und angemessen zu kleiden.

Kelsang La und ihre beiden Brüder bereiteten entsprechende Unterlagen vor, mit einem Foto und dem Lebenslauf jedes Kindes. Da sich Frau Muhlmann bereit erklärt hatte, solche Patenschaften zu vermitteln, schickte ich ihr dieses Material zu und teilte ihr außerdem mit, ich würde gern ihre monatlichen hundert Dollar sowie andere eingehende Spenden dazu verwenden, statt eines Schlafsaals einen kleinen Bungalow zu bauen, für die Kinder, die einen Paten gefunden hätten. Das erste dieser Häuser wurde 1966 in Angriff genommen und am 17. Mai 1967 eröffnet. Der Kostenaufwand dafür betrug zwanzigtausend Rupien. Fünfundzwanzig Kinder kamen hier unter – wahrlich ein Unterschied zu den Schlafräumen, in denen sich zwischen hundert und hundertzwanzig drängten! Durch das System der kleinen Gruppen wurde gleichzeitig eine familiärere Atmosphäre für die noch immer traumatisierten Kinder geschaffen. Ein neues Zuhause mit einer Pflegemutter sowie Brüdern und Schwestern, die wie sie Waisen waren, würde mit Sicherheit dazu beitragen, ihre seelischen Blessuren zu lindern.

Schon zu Lebzeiten meiner Schwester hatte ich mich mit Juliet angefreundet, einer englischen Krankenschwester, die ihrerseits mit einem jungen tibetischen Ehepaar befreundet war. Die junge Tibeterin, übrigens auch eine Pflegemutter, während ihr Mann die Kinder spazieren führte, ihnen Tanzen und Singen beibrachte und alle möglichen Tätigkeiten im Dorf verrichtete, hatte einen süßen kleinen Jungen bekommen, Tenzin Chogla. Als die Mutter tragischerweise zwei Tage nach der Entbindung starb, hatte Juliet den kleinen Tenzin Chogla zu sich genommen, ihm einen hübschen Babykorb besorgt und das Kind umhegt, als wäre es ihr eigenes. Alle hatten sich gefreut, wie glücklich Juliet mit ihrem Pflegekind war. Bis sie uns eines Tages mitteilte, sie würde uns verlassen und einen Hauptmann der indischen Armee heiraten, den sie in Dharamsala kennengelernt hatte. Und daß sie den inzwischen sechs Monate alten Tenzin Chogla unmöglich mitnehmen könne.

Nach langem Hin und Her war ich zu dem Schluß gekommen, den Kleinen bei uns in der Familie aufwachsen zu lassen. Mit Amala hatte ich bereits darüber gesprochen, was es mit diesem Baby für eine Bewandtnis hatte und warum ich mich ihm so verbunden fühlte. Amala hatte vollstes Verständnis gezeigt und mir geholfen, mein Zimmer umzuräumen. Kaum war Tenzin Chogla im Hause, drehte sich alles um den Kleinen. Was ihn jedoch nicht davon abhielt, Nacht für Nacht bis zwei oder drei Uhr morgens zu schreien. Aus Sorge, er könnte Seine Heiligkeit stören, war ich dann jedesmal aufgestanden, hatte ihn hochgenommen, ihm ein Fläschchen gegeben, war mit ihm, wenn es das Wetter zuließ, unter der Veranda auf und ab gegangen, hatte beschwichtigend auf ihn eingeredet, ihm zärtlich und leise tibetische Abzählreime vorgesungen.

Immer mehr war mir dieser kleine Kerl, der sich längst zum Star von Swargashram gemausert hatte, ans Herz gewachsen. Die Leibgarde spielte mit ihm im Garten; selbst Seine Heiligkeit brach bei seinem Anblick in das ihm eigene und mittlerweile überall bekannte perlende Lachen aus. Ich war dabeigewesen, als Chogla seine ersten Schritte tat. Inzwischen war er achtzehn Monate alt, und meine Schwester weilte nicht mehr unter uns. Eines Tages sagte Amala zu mir: »Sei doch vernünftig. Du kannst dieses Kind nicht hierbehalten. Es hat einen Vater, und es muß sich an das Zusammenleben mit Gleichaltrigen gewöhnen. Außerdem solltest du an dich denken. Eines Tages wirst du heiraten und selbst Kinder haben ...«

Obwohl Amala es nur gut meinte, fiel es mir sehr schwer, mich von Tenzin Chogla zu trennen. Um so mehr freute sich sein Vater, als ich ihn eines Morgens in die Nursery brachte. Am ersten Abend weinte ich bitterlich, weil mir der Kleine schrecklich fehlte. Um darüber hinwegzukommen, daß er nicht mehr bei mir war, besuchte ich ihn von da an täglich und spielte mit ihm. Schon nach kurzer Zeit konnte ich feststellen, daß er sich in seiner neuen Umgebung recht wohl fühlte, ich verbrachte aber weiterhin einen Teil meiner Zeit mit ihm und den anderen in seiner Gruppe.

Seine Heiligkeit empfing zahllose Besucher, darunter Vertreter der indischen Regierung, ausländische Repräsentanten oder Privatpersonen, die ihm ihre Unterstützung anboten. Eine Audienz löste die andere ab, und zwangsläufig kam dabei die Situation in Tibet zur Sprache. Wenn der Dalai-Lama mit uns Tee trank oder sonntags mit uns zusammen speiste, war ihm deutlich anzumerken, wie sehr er unter dem Machtmißbrauch litt, den die chinesischen Kommunisten dem tibetischen Volk gegenüber betrieben.

Gelegentlich verließ er den »Palast« und brach in Begleitung seiner Leibgarde zu einer ausgedehnten Wanderung auf. Er liebte diese Ausflüge ins Gebirge, um in Ruhe nachdenken zu können. Hin und wieder schlossen Amala und ich uns ihm an, aber da er viel zügiger ausschritt, erreichte er den Gipfel des Berges bereits in zweieinhalb Stunden, während wir eine halbe Stunde länger brauchten. Dort oben, in Truind oder auch in Dramcote, hielt er sich gern für etwa zehn Tage auf, blieb aber immer über alles informiert: Jeweils um zehn Uhr morgens sowie nachmittags gegen vier tauschte er sich per Walkie-talkie mit seinem persönlichen Sekretariat aus, brach nötigenfalls seinen Urlaub sofort ab.

Für mich war es immer etwas ganz Besonderes, mit Seiner Heiligkeit im Gebirge unterwegs zu sein. Zwischen uns entspann sich eine Vertrautheit, die in Tibet undenkbar gewesen wäre und die es mir erlaubte, mich ihm rückhaltlos anzuvertrauen. Wir sprachen über meine Arbeit, über die Probleme, Unterkünfte für die steigende Anzahl von Kindern zu schaffen, über die ersten Patenschaften, über die Zukunft.

Seit dem Tod von Tsering Dolma wohnte mein Schwager wieder bei uns. Und ich trug mich zum erstenmal mit dem Gedanken zu heiraten. Eine ganze Reihe junger Män-

Das erste Foto von mir, aufgenommen 1940, ich sitze auf dem Schoß von Amala. Links daneben Pala, rechts meine Schwester Tsering Dolma, neben ihr ein Vetter. Links neben Pala mein Bruder Gyalo Thondup. Ganz links außen mein Schwager Phuntsok Tashi, Ehemann von Tsering Dolma. Im Hintergrund Diener und Dienerinnen.

Von links nach rechts: Meine Nichte Khando Tsering, mein Neffe Tenzin Ngawang und ich.

Amala und Pala, ich sitze zwischen ihnen. Rechts mein Bruder Lobsang Samten, links meine Nichte Khando Tsering.

1956: Von links nach rechts: ich, Tsering Dolma, Indira Gandhi, Amala, mein Bruder Ngari Rinpoche und meine Nichte.

1956: Ein Familienfoto aus Indien. Ich bin die zweite von links; neben Seiner Heiligkeit: Amala.

In Olten (Schweiz),
mit Gret Aeschiman.

1964: Dharamsala. Ich habe die Betreuung der Flüchtlingskinder übernommen.

Lhundup Gyalpo mit unseren drei Kindern: Tenzin Choedon (geb. 1966), Kelsang Yangzom (1968) und Tenzin Choedhak (1972).

Offizielle Eröffnung eines Gebäudes im TCV durch Seine Heiligkeit in Anwesenheit von Helmut Kutin, dem Präsidenten des Internationalen SOS Kinderdorfs.

1990: Zum *kalon* gewählt, lege ich als erster weiblicher Minister der tibetischen Exilregierung vor Seiner Heiligkeit den Amtseid ab.

DAS LEBEN
IM TIBETISCHEN
KINDERDORF

Fotos: Tenzin Dorjee

Mein Lieblingsfoto: Seine Heiligkeit der Dalai-Lama inmitten von Kindern in traditionellen tibetischen Gewändern.

Jetsun Pema und die Kinder im TCV.

ner hatte bereits bei Amala um meine Hand angehalten; sie jedoch hatte allen unmißverständlich klargemacht, daß die Entscheidung allein bei mir liege.

John und Didi Toulouse lebten inzwischen in Neu-Delhi, wo sie eine Hilfsorganisation, das American Emergency Committee for Tibetan Refugees, leiteten. Sie kamen gelegentlich für ein paar Tage nach Dharamsala, wo sie eine Krankenschwester des Schweizerischen Roten Kreuzes besuchten, Josie Harder, die in ihren Koffern so viel Käse mitgeschleppt hatte, daß wir daraus ein himmlisches Raclette zubereiten konnten. Auch auf Schmorbraten verstand sich Josie Harder. Eine andere Krankenschwester, Doris Bethun, der man nicht ansah, daß sie die Fünfzig bereits überschritten hatte, erwies sich als ausgemachter Spaßvogel. Sie war der Meinung, daß die freiwilligen jungen Helfer, die immer zahlreicher aus der Schweiz, aus Kanada, Großbritannien oder Australien zu uns stießen, ein Recht darauf hätten, sich zu amüsieren. Also organisierte Doris zwei- oder dreimal pro Jahr Mondscheinnächte am Dal-See für etwa fünfundzwanzig junge Leute. Da Kelsang La und ein paar andere, etwas ältere Tibeterinnen nicht gerade begeistert von dieser Idee waren, stellten wir eigens Stühle für sie bereit, damit sie, ihre Mantras rezitierend, von dort aus auf uns aufpassen konnten, während wir uns mit Spielen vergnügten und zum Ausklang des Abends tanzten. Vor allem ein amerikanischer Tanz hatte es mir angetan, weil er dem tibetischen *koshe*[1] ähnelte.

Josie, die mich ständig damit aufzog, daß ich, wenn ich so weitermachte wie bisher, als alte Jungfer enden würde, hatte mit John und Didi Toulouse einen Plan ausgeheckt. Um ihn in die Tat umzusetzen, rief mich Didi eines schönen Tages an und bat mich, unverzüglich nach Neu-Delhi zu kommen. Als ich ihr erklärte, daß ich zuviel Arbeit hätte, schaltete Didi Josie ein, die mich aufsuchte und dar-

[1] Eine Art Quadrille.

auf bestand, daß ich sie in die indische Hauptstadt begleitete, um Medikamente zu besorgen.

Bei meiner Ankunft in Neu-Delhi schallte es mir von John und Didi einstimmig entgegen: »Wir haben genau den richtigen Mann für dich gefunden!« Noch am selben Abend traf ich Lhundup Gyalpo wieder, den ich aus meiner Zeit in Darjeeling her kannte. Sein Bruder war in Saint-Joseph einer der besten Freunde meines Neffen gewesen. Im Anschluß an diesen Abend im Freundeskreis bat mich Lhundup Gyalpo um ein Wiedersehen. Didi bestürmte mich: »Beeil dich, sonst schnappt ihn dir eine andere weg ...« Er stammte aus einer Familie von Khampas, die vor der chinesischen Invasion in Lhasa gelebt und von dort aus mit Indien und China Handel getrieben hatte. Inzwischen wohnte sein Vater in Kalimpong; die Mutter war vor kurzem gestorben. Lhundup Gyalpo, der zwei Jahre älter war als ich, arbeitete für die TIRS (Tibetan Industrial and Rehabilitation Society), eine von einem Neuseeländer gegründete Organisation, die die Flüchtlinge beim Aufbau von Handwerksverbänden mit Geldern aus Australien und Neuseeland unterstützte. Er hatte die Schule aufgeben müssen und war Dolmetscher gewesen, bis er die Möglichkeit erhielt, in Großbritannien seine Studien wieder aufzunehmen.

Mit seinem Bruder, der eigens seine Ausbildung in Deutschland unterbrach, kam er nach Dharamsala und hielt bei Amala um mich an. Gyalo Thondup und Diki Dolkar, denen er ebenfalls vorgestellt wurde, waren von ihm sehr angetan. Ich fuhr nach Kalimpong, wo am 13. November 1965 unsere Hochzeit stattfand.

Wir verbrachten eine knappe Woche in der indischen Hauptstadt. Nachdem wir hin und her überlegt hatten, wie unser Leben nach der Eheschließung aussehen sollte, mußten wir einsehen, daß es uns unmöglich war, angesichts der vielen Tibeter, die größte Not litten, im Haus seiner Familie in Kalimpong herumzuturteln. Wir konnten nicht anders, als unserer Arbeit Vorrang vor allen anderen

Überlegungen einzuräumen, auch wenn das mit monatelanger Trennung verbunden war. Also blieb Lhundup Gyalpo in Neu-Delhi, und ich kehrte zu Amala zurück.

Durch meine Heirat änderte sich in Dharamsala für mich nichts. Das innige Verhältnis zwischen Amala und mir bestand nach wie vor, und meine Brüder verwöhnten mich nach Strich und Faden. Dabei konnte ich richtig kratzbürstig sein. Wenn Amala ein Gericht einmal nicht so gut gelang, mäkelte ich sofort, und bei der Arbeit drang ich darauf, daß alles so rasch wie möglich erledigt wurde. Amala hatte ja so recht, wenn sie mir vorhielt, mein Benehmen sei regelrecht kränkend, und meine Ungeduld – wenn ich beispielsweise eine Dienerin um etwas bäte, sie aber meiner Meinung nach viel zu lange dafür brauchte, so daß ich mich letztendlich lieber selbst darum kümmerte – grenze an Demütigung.

Nicht genug damit; hin und wieder war ich, offen gestanden, sogar unausstehlich. Als eines Tages im Büro Hochbetrieb herrschte, benötigte ich zu allem auch noch Auskunft über ein Kind, das im Dorf lebte. Ein Mitarbeiter fortgeschrittenen Alters, dessen Aufgabe es war, in einem überdimensionalen Buch die Namen der Kinder und ihre Daten zu vermerken, fing an zu blättern. Mir ging das nicht schnell genug, und ich riß ihm das Register aus der Hand und begann meinerseits hektisch nach diesem gesuchten Namen zu forschen. Da aber auch ich nicht fündig wurde, trat ich an den armen Mann heran und klatschte ihm unbeherrscht das Buch auf den Kopf.

Als ich Amala, vor der ich keine Geheimnisse hatte, diesen Zwischenfall beichtete, schalt sie mich aus. Eines Abends traf ich im Bungalow eines der ältesten Mitglieder des Kashag, damals mit religiösen Angelegenheiten betraut. Amala mußte ihm erzählt haben, wozu ich mich hatte hinreißen lassen, denn während unseres Gesprächs erwähnte der alte Mann etwas, was mir auf ewig im Gedächtnis bleiben wird: »Du bist Jetsun Pema und verfügst über deine eigene Persönlichkeit; vergiß aber nicht, daß

163

du darüber hinaus die Schwester des Dalai-Lama bist. Unter keinen Umständen darfst du ihm Verdruß bereiten.«

Jetzt, da ich verheiratet war, hielt es Amala für nötig, daß ich kochen lernte. Nach der Stick- und der Stricknadel kam also jetzt der Herd an die Reihe. Es fing damit an, daß mich meine Mutter in die Zubereitung verschiedener Teige einwies und erklärte, daß sich für diese Arbeit ein Brett besser eigne als eine Schüssel. Da sie gesagt hatte, in Amdo mache man eine Kuhle ins Mehl und ließe dann langsam Wasser hineinlaufen, tat ich wie geheißen und goß Wasser über das Mehl. Bei mir jedoch verlief die Flüssigkeit nach allen Richtungen, weshalb ich eine Schüssel doch sinnvoller fand. Dann kann man den Teig nicht richtig kneten, erhielt ich zur Antwort. Amala mußte schon sehr bald einsehen, daß ich zu derlei Übungen keinerlei Talent besaß, und stellte ihren Unterricht ein.

Wenn sich Seine Heiligkeit abends kurz zu uns setzte, berichtete er uns auch über Gespräche, die er mit den vielen ausländischen Besuchern geführt hatte. Eines Tages erschienen Geistliche des Jesuitenkollegs Saint-Joseph, unter ihnen Pater Stanford, der ehemalige Direktor meines Neffen. Auch mich kannte er sehr gut, wußte von meinem Unfall und erkundigte sich jetzt, ob ich seither jemals wieder am Steuer eines Autos gesessen hätte. Wenn ich zuviel Zeit verstreichen ließe, meinte er, würde ich nicht mehr den Mut dazu finden. Tatsache ist, daß ich nie wieder ein Lenkrad angefaßt habe. Selbst heute noch fühle ich mich in einem Auto unwohl, wenn ich den Fahrer nicht genau kenne.

Bis 1970 lebten die Flüchtlinge in äußerst bescheidenen Verhältnissen; auch meine Familie machte da keine Ausnahme, obwohl wir uns als privilegiert betrachten durften. Ihren verbliebenen Schmuck hatten Amala und Tsering Dolma längst verkauft. Andererseits stellten wir ja auch keine besonderen Ansprüche, schon gar nicht, wenn wir an unsere Landsleute dachten. Gyalo Thondup ließ Amala etwas Geld zukommen; wir lebten in unserem Bungalow und halfen uns alle gegenseitig. Wie auch hätten wir verzagen können in Anbetracht der Zuversicht, die Seine Heiligkeit verbreitete? Es gab keinen, der es besser verstand als er, die neuankommenden Flüchtlinge zu trösten und ihnen Mut zuzusprechen, wenn sie von den schrecklichen Erlebnissen der Ihren berichteten.

Die ersten fünfundzwanzig Kinder, die einen Paten gefunden hatten, waren längst in den für sie errichteten Bungalow eingezogen, den Seine Heiligkeit am 17. Mai 1967 voller Hoffnungen für die Zukunft eingeweiht hatte. Alle diese Kinder standen mit ihren Paten in Briefverkehr, der sich von Monat zu Monat ausführlicher gestaltete. Hatten sie anfangs nur Zeichnungen geschickt, mit Szenen aus dem Leben in Tibet, mit Bauernhöfen und allen möglichen Tieren und mit Gebetsfahnen geschmückt, mit Nomadenzelten und Jaks inmitten einer verschneiten Bergwelt, so gingen die Kinder allmählich dazu über, neben Häusern und Blumen ein paar Worte zu kritzeln; später dann dienten ein Baum oder ein kleiner Strauß zur Dekoration von Sätzen wie: Ich heiße ..., ich bin ... Jahre alt, ich besuche die ... Klasse. Die Paten waren entzückt. Nach zwei oder drei Jahren begannen die Briefe mit »Lieber Pate« oder »Liebe Adoptivfamilie«. Diese Entwicklung spornte die Familien natürlich noch mehr an, schon weil sie sich mittlerweile eine genauere Vorstellung von ihrem Patenkind und dessen Heimat machen konnten. Wenn dann ein Pate zu Hause von seinem kleinen Tibeter erzählte, zog diese Mundpropaganda automatisch neue Patenschaften nach sich. Innerhalb von vier Jahren war die Zahl der anfänglich einer Handvoll Unterstützungswilliger auf mehrere Hundert angewachsen. Unseren Kindern, die für gewöhnlich Waisen waren oder nichts über den Verbleib ihrer Eltern wußten, bedeutete es viel, wenn sie von sich sagen konnten: »Ich habe in Frankreich, in Deutschland, in der Schweiz, in den Vereinigten Staaten oder wo immer eine Familie, jemanden, der an mich denkt und der mich lieb hat.«

Für jedes Kind war ein Budget von zehn Dollar einkalkuliert – für Essen, Kleidung und Schule. Anfangs, als wir noch sehr viel mehr Kinder als Paten hatten, wurde das Geld für alle verwendet. Jeden Tag mußte mit dem indischen Verwalter um die Mengen, die wir an Reis, Mehl und anderen Nahrungsmitteln benötigten, gefeilscht werden. Damals lernte ich, Verantwortung zu delegieren. Der Erfolg ließ nicht auf sich warten: Ich hatte etwas weniger Arbeit, und meine Mitarbeiter waren um so motivierter.

Nachdem das erste Haus fertiggestellt war, schrieb ich verschiedene Organisationen an und erbat Unterstützung, um nach diesem Muster weiterverfahren zu können. Projekte wie diese setzten jedoch den Erwerb eines Grundstücks voraus. 1966 stellte Seine Heiligkeit einen ersten Zuschuß von zwanzigtausend Rupien zur Verfügung; der norwegische Flüchtlingsrat kam für den Rest auf. Die Gesamtkosten für die siebzehn Hektar, die im Namen des Dalai-Lama von der in Nangal lebenden Familie Suri erworben wurden, beliefen sich auf hundertfünfundzwanzigtausend Rupien. Als diese Transaktion bekannt wurde, meldeten zahlreiche Hilfsorganisationen ihre Bereitschaft an, uns beim Bau neuer Bungalows finanziell unter die Arme zu greifen. Sobald einer fertiggestellt war, veranstalteten die Kinder ein Fest, und am 17. Mai, dem Jahrestag der Nursery for Tibetan Refugee Children, übergab Seine Heiligkeit die neuen Gebäude. An diesem Tag gedachten wir auch Tsering Dolmas.

Aber ein neues Problem war aufgetaucht: Die Internatsschulen, die uns die indische Regierung zur Verfügung gestellt hatte, waren inzwischen hemmungslos überbelegt. Also entschloß ich mich für einen Unterricht an Ort und Stelle, das heißt in Dharamsala selbst, und stellte sicher, daß die Schüler, die damals noch nach der sechsten Klasse aufhörten, weitermachen konnten. Mit jedem neuen Schuljahr sollte darauf hingearbeitet werden, den Kindern einen umfassenderen Unterricht zukommen zu lassen. Als Lehrer boten sich Mönche an, aber auch junge Leute,

die ihr Studium beendet hatten und bei uns im Schnell-
verfahren für ihren Beruf ausgebildet wurden. Darüber
hinaus boten sich Tibeter aus ganz Indien an, für ein oder
zwei Jahre einzuspringen.

Zwar verbesserte sich dadurch die Situation an der
Schule, ließ aber noch immer einiges zu wünschen übrig.
Erst Ende der sechziger/Anfang der siebziger Jahre, als die
Zahl der ausländischen Patenschaften sprunghaft anstieg,
sahen wir uns anhand der zusätzlichen finanziellen Mittel
in der Lage, unseren Kindern eine moderne Erziehung zukommen zu lassen, die dennoch mit unserer Kultur und
unserer Religion fest verankert blieb – Werten, denen absolute Priorität zukam.

Ein geregeltes Schulsystem war in Tibet noch unbekannt
gewesen und stellte für uns ein völlig neues Konzept dar,
das mir, wie ich gestehen muß, viel Kopfzerbrechen bereitete. Als Nicht-Pädagogin und ohne Kenntnisse in Sachen
Berufsausbildung wandte ich mich wieder einmal hilfesu-
chend an die indische Regierung, die uns nicht nur weitere Gelder freigab, sondern zusätzlich einen Schulleiter
abstellte. Schwierig, das eine anzunehmen und das andere
abzulehnen. Dabei sah unser Projekt vor, eine tibetische
Schule einzurichten, für unsere tibetischen Kinder, zur
Wahrung ihrer Identität und um ihnen, als Fundament für
ihr weiteres Leben, ihre Herkunft und ihre Religion bewußt zu machen.

Weil wir jedoch auf Gelder dringend angewiesen waren,
sah ich keine andere Möglichkeit, als mich mit diesem
Schulleiter abzufinden, der Anfang 1969 in Gestalt eines
Muslims aus Zentralindien erschien und der Schule bereits in kürzester Zeit ein ungeheuer straffes und strenges
Regiment aufzwang. Alles lief genau nach Schema ab. Ich
war immer der Meinung gewesen, daß Kinder gewisse
Freiheiten brauchten, und diese Entwicklung stimmte
mich sehr unglücklich. Ich hielt nach wie vor daran fest,
daß nur eine autonome Schule unseren Bedürfnissen gerecht zu werden vermochte.

Um mit den Kindern das Friedensgebet für die Welt feiern zu können, das am fünfzehnten Tag des fünften Monats des tibetischen Kalenders abgehalten wird, hatte ich beim Direktor um einen unterrichtsfreien Tag nachgesucht. Er lehnte ab, berief sich darauf, daß dies kein indischer Feiertag sei und es deshalb keinen Grund gebe, meinem Antrag zu entsprechen; wir müßten uns an die Vorschriften für die Schulen auf indischem Boden halten. Ich glaubte meinen Ohren nicht zu trauen. Die älteren Tibeter bestürmten mich mit Fragen und zeigten deutlich, daß sie nicht viel von diesem Mann hielten, der so wenig Anstalten machte, unsere Kultur zu respektieren. Als er im weiteren Verlauf eine Reihe indischer Lehrer einstellte, stießen wir auf immer mehr blankes Unverständnis für unsere Situation.

Sei noch erwähnt, daß die Nahrungsmittellieferungen zu einem großen Teil aus Konserven bestanden, die vornehmlich Schweinefleisch enthielten, für einen Muslim nicht gerade geeignet. Außerdem haperte es mit der Verständigung: Er sprach nicht Tibetisch, und die Pflegemütter in meiner Mannschaft nicht Englisch. Die Situation spitzte sich zu, ich war ratlos. Am muslimischen Neujahrstag erschien eine Pflegemutter im Büro, schluchzend und völlig aufgelöst. Sie hatte gesehen, wie der Direktor unter seiner Veranda einer Ziege die Kehle durchgeschnitten hatte; die Todesschreie des gequälten Tiers waren im ganzen Dorf zu hören gewesen, und der Anblick dieser armen Kreatur, der das Blut aus der Kehle spritzte, war zuviel für sie gewesen. Meine Versuche, die Wogen zu glätten, schlugen fehl; die Beziehung zum Schulleiter war bereits so weit gestört, daß dieser letztendlich um seine Versetzung bat, der auch umgehend stattgegeben wurde. 1971 trat sein Nachfolger den Dienst an, ebenfalls ein Muslim, aber um einiges jünger. Mit ihm gab es weit weniger Schwierigkeiten in der Zusammenarbeit und beim Meinungsaustausch. Er war sogar einverstanden, daß wir bei der Anstellung indischer Lehrer zunächst Vorgespräche mit den Bewerbern führten. Zu diesem Zweck hatten wir einen Fragebogen entworfen, den jeder Kandidat beantworten mußte. Was natürlich gegen die Vorschriften verstieß, da allein die Regierung über die Vergabe von Stellen entschied. Für uns aber ließ sich anhand dieser ausgefüllten Fragebögen zumindest die Einstellung etwaiger zukünftiger Lehrer zu Tibet, zur tibetischen Kultur und unserer Religion ablesen.

Im Verlauf jenes Jahres wurden dreitausendfünfhundert Kinder durch die Nursery for Tibetan Refugee Children geschleust. Entsprechend der wachsenden Anzahl derer, für die eine Patenschaft übernommen worden war, verbesserte sich auch die finanzielle Situation des Dorfes. Eine unserer wichtigsten Aufgaben blieb, die Neuankömmlinge sowie die, die bereits hier lebten, zu verköstigen und einzukleiden. Um sie auf die Zukunft vorzubereiten, mußten wir ihnen dann eine zeitgemäßige Erziehung ermöglichen.

Schon bald darauf schrieb ich an die indische Regierung, daß wir inzwischen ausreichende Mittel besäßen, um in größerem Umfang eigenverantwortlich Pflichten zu übernehmen, und daß wir einen indischen Schulleiter ablehnten. Ich hatte zuvor mit meinen Mitarbeitern gesprochen, und alle waren derselben Meinung, auch die tibetischen Lehrer, die bislang von der indischen Regierung bezahlt worden waren und jetzt eine nicht unerhebliche Gehaltskürzung in Kauf nehmen mußten. Dafür waren wir in Bezug auf die Erziehung der tibetischen Kinder ab sofort niemandem mehr Rechenschaft schuldig.

Kindern Unterricht zu erteilen, der auf die eigene Sprache Wert legt und der durchdrungen ist von ihrer Religion und der Geschichte ihres Landes, ist keine leichte Aufgabe, auch dann nicht, wenn man freie Hand hat. Der Buddhismus ist nämlich nicht nur eine Philosophie, sondern auch eine Lebensform. Wir konnten ihn nicht wie in der Vergangenheit vermitteln, wie damals in Tibet, wo die Kinder

Tempel aufsuchten und wo ihnen ein ranghoher Lama bestimmte Kenntnisse vermittelte. Hier lebten die Kinder in einem Heim, und es waren Mönche, die ihnen den Buddhismus nahebringen, sie lehren mußten, ihn in die Tat umzusetzen. Es ging nicht darum, einen heiligen Text auswendig zu lernen und ihn morgens in der Schule herunterzuleiern, sondern darum, zu verstehen, wozu das Gebet diente, warum ein Opfer für die Gottheit der Weisheit dazu beitrug, sich Verdienste für das nächste Leben zu erwerben; sie mußten ein Gespür dafür entwickeln, wie ein Mantra den Flug der Gedanken belebt.

Bereits die Kleinsten wurden, vom ersten Schultag an, im Gesetz des Karma unterwiesen. Die Mönche erzählten ihnen die Geschichte von Buddha: »Im 6. Jahrhundert vor Christus lebte im Norden Indiens ein gewisser Siddhārta Gautama. Sein Vater Shuddhodana regierte über das Königreich der Sākya. Die Königin Māyā war seine Mutter. Mit sechzehn Jahren heiratete Siddhārta Gautama die schöne junge Prinzessin Yashodharā, und sie lebten in einem prächtigen Palast, frei von allen Sorgen. Eines Tages schlich sich Siddhārta heimlich mit einem Diener aus dem Palast und begegnete nacheinander einem Greis, einem unheilbar Kranken, einem Leichenzug und einem Asketen. Erschüttert über soviel menschliches Leid, beschloß er, den Ursachen dafür nachzugehen und zu lernen, sie zu überkommen. Mit neunundzwanzig Jahren, kurz nach der Geburt seines einzigen Sohns, Rāhula, entsagte Siddhārta Gautama dem Leben in Luxus und Wohlstand und verließ sein Königreich, durchstreifte sechs Jahre lang das Tal des Ganges und lernte Lehrmeister aller Religionen kennen, die er nach und nach studierte und praktizierte. In keiner jedoch fand er Frieden. Eines Abends, als er unter einem Baum meditierte, der seither Baum der Bodh oder Baum der Erkenntnis heißt und der in Vajrasana, am Ufer des Nairanjanā, steht, wurde Siddhārta, damals fünfunddreißig Jahre alt, erleuchtet. Von diesem Tag an trägt er den Namen Buddha, das heißt Der Erleuchtete.

Er vermittelte den fünf Asketen, die ihn begleiteten, das Wissen, das auch ihnen Erleuchtung brachte. In den folgenden fünfundvierzig Jahren wies er allen, vom König bis zum Bettler, den Weg, dem es zu folgen galt. Er starb im Alter von neunzig Jahren in Kushinagar und hinterließ den Menschen das Wissen, dank dessen sie sich von jeglicher Knechtschaft befreien konnten, und der letzte Rat, den er ihnen gab, war: ›Seid euch eure eigene Fackel.‹«

Je älter die Kinder wurden, desto mehr vertieften die Mönche dieses Thema, erklärten beispielsweise die Vier Edlen Wahrheiten, eine Lehre des Buddha, die er im Augenblick seiner Erleuchtung dargelegt hat und die den Kern seiner Botschaft beinhaltet: »Dem Buddha zufolge ist der Mensch sein eigener Herr; es gibt kein höheres Wesen und keine höhere Macht, über ihn zu bestimmen. Durch eigenes Zutun und durch seine Intelligenz hat es der Mensch in der Hand, sich von jedweder Knechtschaft zu befreien. Die Entwicklung des einzelnen hängt ab von seinem eigenen Wahrheitsverständnis. Somit ist jeder selbst verantwortlich für sein Glück oder sein Unglück; wenn es gelingt, die wahren Zusammenhänge von Ursache und Wirkung aufzuspüren, durchbricht den Teufelskreis und wird erlöst.«

Bei allen Festlichkeiten versammelten sich die Kinder zu einer *pudja* in einem Tempel oder einfach auf der Veranda der Schule und bewiesen dadurch ihre enge Verbindung zu unserer Kultur und unserer Religion. Anders als uns, unseren Eltern und Großeltern, standen ihnen Mönche zur Seite, die ihnen Schritt für Schritt die Geheimnisse des Buddhismus nahebrachten und das, was sie lehrten, in die Praxis umsetzten und so die Herzen der Kinder direkt ansprachen. Das machte es den Kleinen leichter zu verstehen, warum sie nicht stehlen oder nicht lügen sollen. Falls Sie eines Tages unsere Schulen in Dharamsala oder anderswo besuchen sollten, wundern Sie sich bitte nicht, wenn Sie sehen, wie ein kleiner Dreikäsehoch versucht, eine Ameise vor dem Ertrinken aus einer Pfütze zu retten, oder wenn er einen Regenwurm, der sich auf den Asphalt verirrt hat, aufhebt und ihn auf erdigen Boden zurückträgt. Auch das ist verinnerlichtes Lernen – nicht töten und allen Lebewesen Gutes erweisen.

Trotz alledem ist es nicht so einfach, im Einklang mit den Prinzipien zu handeln. Noch heute bemühen wir uns um ein geeignetes Lehrbuch mit Gebeten und Gleichnissen, das die Kinder für die Botschaft des Buddhismus sensibilisiert.

Abgesehen davon halten wir uns weiterhin an den Lehrstoff, der uns von der indischen Regierung vorgegeben ist, schon weil wir darauf bedacht sind, den Kindern eine Ausbildung zukommen zu lassen, die sie nach dem Ende ihrer Schulzeit zum Studium an einer indischen oder westlichen Universität befähigt. Der Entschluß, unsere Schulen eigenverantwortlich zu leiten, hat nichts daran geändert, daß wir weiterhin der indischen Schulbehörde unterstehen, die auch die Lehrbücher, die wir verwenden, einsieht. Der Spielraum, der uns bleibt, mag daher begrenzt erscheinen; da aber eine erste Prüfung nicht vor der zehnten Klasse stattfindet, also bei den Fünfzehn- bis Sechzehnjährigen, haben wir immerhin von der Vorschule bis zur achten Klasse völlig freie Hand. Und diese Zeitspanne nutzen wir so gut wie möglich. In den ersten Jahren geht es uns vor allem um die Geschichte und die Geographie Tibets und um unsere Traditionen. Schon weil die meisten unserer Kinder Waisen sind und viele nur das wenige über ihr Land wissen, das sie in ihren Familien aufgeschnappt haben. Seit 1983 wird von der ersten bis zur fünften Klasse auf Tibetisch unterrichtet. Danach kommen als weitere Fächer Geschichte dazu, Mathematik, Sozialwissenschaften, Englisch als erste Sprache, Tibetisch als zweite und Hindi als dritte. Hindi wird ab der zweiten und bis zur achten Klasse gegeben. In der Vorschule lernen die Kinder lediglich Englisch und Tibetisch.

11.

WIE ICH ZUR AMALA WURDE

Unser Leben in Dharamsala normalisierte sich. Zusätzliche Läden wurden eingerichtet, das Dorf belebte sich, und die Geisterstadt, die wir 1960 vorgefunden hatten, schien sich, einem Phönix gleich, aus der Asche zu erheben. Selbst von Tibetern geführte Restaurants gab es inzwischen. In dem Bestreben, das Exil zu überstehen, war jeder bemüht, aus der gegebenen Situation das Beste zu machen.

Ich war mittlerweile Mutter zweier Töchter. 1966 hatte Tenzin Choedon das Licht der Welt erblickt, Kelsang Yangzom folgte 1968. Da ich bereits zwei Wochen nach der Geburt von Tenzin meine Arbeit wieder aufgenommen hatte, war die Kleine zunächst in der Obhut meiner Mutter geblieben. Eines Tages hatte mein Töchterchen wie am Spieß gebrüllt, und da keine Trockenmilch vorrätig war, hatte ihr Amala die Brust gegeben. »Ich habe zwar keine Milch mehr«, hatte sie gesagt, »aber immerhin elf Kinder großgezogen.« Eigentlich hatte sie das Baby nur beschwichtigen wollen. Als infolge dieses Anlegens die Brust schon bald zu schmerzen begann, weichte sie Keks in Tee auf, und zu meiner großen Überraschung gab sich mein Baby mit dieser Nahrung zufrieden, vertrug sie auch bestens und solange, bis wir wieder Trockenmilch hatten. Vom dritten Monat an nahm ich Tenzin mit ins Kinderdorf, wo sie der Liebling aller wurde.

Während meiner zweiten Schwangerschaft befand sich Amala mit Lobsang Samten und Namgyal erst in der

Schweiz, anschließend in den Vereinigten Staaten, wo sie Thubten Jigme Norbu und dessen Familie besuchte. Als ich sie in Neu-Delhi wieder abholte, konnte sie bereits mein zweites Kind, Kelsang Yangzom, umarmen.

Mit meinen Freundinnen hielt ich weiterhin brieflichen Kontakt. Legjin Tsering kam für eine Weile nach Dharamsala und war mir eine große Hilfe. Gleiches gilt für Heidrun Bartsch, die 1968 sechs Monate im Dorf verbrachte und neben der Erledigung administrativer Aufgaben auch Englischunterricht erteilte. Es war herrlich, sie um mich zu haben, konnten wir bei dieser Gelegenheit doch auch in Erinnerungen an das Internat von Loreto in Darjeeling schwelgen.

Eines Morgens – wir bereiteten gerade eine Broschüre vor, für die sie Fotos schoß – suchte mich Heidrun auf. »Wußtest du, daß um Dharamsala herum Marihuana wächst? Würde ich gern mal probieren.« Entsetzt wehrte ich ab. »Das ist gefährlich. Du weißt ja gar nicht, was passieren kann.« Aber meine Worte fanden kein Gehör. Als sie am nächsten Tag nicht im Büro erschien, begab ich mich in den Bungalow Nr. 2, wo sie ihr Zimmer hatte. Heidrun lag mit einem häßlichen Ausschlag im Bett. Wie sie mir erzählte, hatte sie Marihuanablätter gepflückt und in einer Teekanne überbrüht. »Diesen Sud habe ich getrunken, und dann wurde mir schlecht, und ich bekam eine fürchterliche Migräne.« Sie hat nie wieder Marihuana angefaßt.

Meine Freundin war zeichnerisch sehr begabt. Da man durch eines der Fenster in ihr Zimmer hineinsehen konnte und sie sich ständig beobachtet fühlte, verkleideten wir das Fenster mit Sperrholz. Auch das löste das Problem noch nicht. »Erst haben mich die Kinder angestarrt und jetzt ist da dieses scheußliche Holz«, maulte sie. »Dann streich es doch an oder mal etwas drauf«, gab ich zurück. Gesagt, getan. Jeden Abend schloß sie sich in ihr Zimmer ein, und wenn man sie besuchte, verhüllte sie ihr Werk mit einem Stück Stoff. Nach zwei Monaten verkündete sie: »Fertig! Ihr könnt kommen und euch mein Werk anschauen.« Heidrun hatte den Potala gemalt und um ihn herum Parolen wie »Chinesen, geht wieder nach Hause!« angebracht. Das Bild blieb für lange Zeit an diesem Platz, auch noch, als Heidrun längst wieder in Deutschland war, wo sie übrigens bald darauf einen Amerikaner heiratete und ihm nach South Carolina folgte. Wir haben uns 1991 in Dharamsala wiedergetroffen, wo sie mir auch ihren bereits zwölfjährigen Sohn Ryan vorstellte, der unbedingt einen Lhasa Apso mit in die Staaten nehmen wollte.

Zu Beginn meiner Tätigkeit im Kinderdorf hatte ich Prinzessin Shanti um Unterstützung gebeten, deren Bruder inzwischen König von Nepal war. Da ihr ihre Stellung nicht erlaubte, sich in politische Belange einzumischen, bedauerte sie, mir nicht direkt behilflich sein zu können. Dafür nahm sie jede sich bietende Gelegenheit wahr, dem König die Situation der tibetischen Flüchtlinge vorzutragen. Freundinnen aus La Pelouse übernahmen Patenschaften, darunter eine, die in Liechtenstein lebte und mich zunächst um Auskunft über fünf Kinder bat. Außerstande, sich für eines von ihnen zu entscheiden, wurden sie und ihr Mann Paten von allen fünf. Vier Jahre zuvor hatte mir diese Freundin ihre Tochter Tania geschickt. Tania half mehrere Monate lang auf unserer Säuglingsstation aus, während ihr Freund Markus, ein äußerst geschickter Schreiner, sämtliche Schränke und Bettgestelle reparierte. Tania studiert heute Journalistik und lernt nebenbei Tibetisch.

Meine Freundinnen werden bestimmt verstehen, wenn es mir nicht möglich ist, im einzelnen zu erwähnen, auf welche Weise sie mir geholfen und mich ermutigt haben. Sie sollten aber wissen, daß ich ihnen für alles unendlich dankbar bin.

Ende der sechziger Jahre nahmen die Verpflichtungen Seiner Heiligkeit einen Umfang an, daß wir nur noch selten Gelegenheit zu einem Gespräch fanden. Inzwischen ist für dringende Fälle eine effektiv arbeitende Organisation zuständig. Immerhin ließ es sich der Dalai-Lama seinerzeit nicht nehmen, für mein erstes Töchterchen gleich nach ihrer Geburt einen hübschen Namen zu bestimmen.

Kurz vor meiner zweiten Entbindung hielt ich den Zeitpunkt für einen Umzug gekommen. Seine Heiligkeit brauchte ganz einfach Platz und Ruhe, und besonders die war in Anwesenheit von Kleinkindern nicht gewährleistet. Er pflegte um vier Uhr aufzustehen, zu beten und zu meditieren. Nach dem Frühstück beschäftigte er sich mit Regierungsangelegenheiten; nachmittags hielt er Audienzen ab. Mein stetes Bemühen, ihn nicht zu stören und die Kinder im Zaum zu halten, verlangte mir wirklich einiges ab!

Ständig erschienen Besucher, die offizielle Dinge mit ihm zu besprechen hatten. Wenn ich Gelegenheit bekam, ihn ganz privat zu erleben, war ich verblüfft, welche Energie in ihm steckte. Sobald das Geschäftliche erledigt war, lernte er Englisch und informierte sich laufend über alles, was in der Welt passierte. Besonders gern vertiefte er sich in wissenschaftliche Zeitschriften.

Ich erinnere mich noch gut daran, daß ich einmal mit meiner Armbanduhr zu ihm ging. Sie war ein Geschenk von Amala und funktionierte nicht mehr, und ich fragte Seine Heiligkeit, ob er sie wohl reparieren könne. In seinem Eifer, alles verstehen zu wollen, auch den Mechanismus gewisser Dinge wie alte Uhren, Fotoapparate und Radiorecorder, nahm er auch prompt dieses gute Stück auseinander, richtete aber nur noch mehr Unheil an, so daß ich sie schließlich zu einem Uhrmacher in Neu-Delhi geben mußte. Schon seinerzeit in Lhasa hatte Seine Heiligkeit eine Taschenuhr, ein Geschenk von Präsident Roosevelt an den dreizehnten Dalai-Lama, auseinandergenommen, war aber an dem kniffligen Mechanismus gescheitert.

Swargashram war für die Bedürfnisse Seiner Heiligkeit viel zu klein geworden. 1969 zog er in seine jetzige Residenz um, die beileibe nichts Luxuriöses oder Prunkvolles ist, sondern eine adäquate Umgebung, um meditieren und arbeiten zu können. Dieses Haus, von dem aus der Blick auf einen mit Obstbäumen und Blumen bepflanzten Hang geht, wurde ihm von der Regierung zur Verfügung gestellt, restauriert und um ein Büro und einen Audienzsaal erweitert.

Seine Heiligkeit ist ein begeisterter Hobbygärtner, der sich in seiner freien Zeit gern mit seinen Pflanzen beschäftigt. Für die vielen Orchideenableger, die ihm seine Landsleute geschenkt haben und die keine Kälte vertragen, hat er eigens ein Gewächshaus bauen lassen. Auch seine Vögel versorgt der Dalai-Lama, ob er sie nun füttert oder sich um verletzte Junge kümmert. Die Meisen sind besonders zutraulich und lassen sich auf einer Stange vor seinem Fenster nieder. Meine Kinder waren jedesmal entzückt von diesem Schauspiel.

Einmal im Monat statteten wir ihm in seiner neuen Residenz einen Besuch ab. Amala brachte ihm seine Leibspeisen mit, und wenn Lobsang Samten dabei war, wurde über Tibet gesprochen und über die Gemeinden im Exil. Ausführlich …

Haustiere hielt sich Seine Heiligkeit nicht mehr. Einige Jahre später, als ich bereits in dem Haus lebte, wo ich auch heute noch wohne, brachte ich aus Kulu meiner kleinen Tochter ein junges Kaninchen mit. Tenzin wollte es sofort Seiner Heiligkeit zeigen. An einem Sonntag zog sie also los, mit einem Korb unter dem Arm. Als Seine Heiligkeit wissen wollte, was in dem Korb sei, holte Tenzin stolz das Kaninchen heraus. Der Dalai-Lama mußte herzlich lachen. »Was für ein drolliges Tierchen! Ich würde es zu gern behalten.« Worauf Tenzin das Kaninchen ohne zu zögern ihrem Onkel überließ. Diese spontane Geste erfüllte mich mit Freude, zeigt es doch, wie auch der jüngste Tibeter von dem Wunsch beseelt ist, dem Dalai-Lama etwas zu schenken. Das Tier, das übrigens neun Jahre alt wurde, besaß ein außergewöhnliches Karma: Es durfte im Schlafzimmer Seiner Heiligkeit überwintern, in einem komfortablen Verschlag. Und sobald es das Wetter wieder zuließ, hoppelte es an der Seite der Leibwächter oder Seiner Heiligkeit persönlich durch den Garten.

Meine Familie bedeutete mir sehr viel. Wenn auch mein Mann in Bangalore arbeitete, hatte ich immerhin das Glück, eine wunderbare Mutter um mich herum zu haben und hinreißende Kinder – zu den beiden Töchtern hatte sich noch ein Sohn gesellt –, die ganz genau wußten, wie sehr mir das Kinderdorf und die Probleme meines Volkes am Herzen lagen. Die knapp bemessene freie Zeit aber, die mir blieb, widmete ich ausschließlich ihnen.

Der Dalai-Lama hatte dem tibetischen Volk im Exil eine demokratische Verfassung gegeben, die nach einer Rückkehr in die Heimat Gültigkeit behalten sollte. Auch ich war bemüht, in meiner täglichen Umgebung, vor allem im Kinderdorf, nach den Regeln der Demokratie zu verfahren und jedem ein Mitspracherecht einzuräumen. Dementsprechend hoch ging es her, wenn wir uns zusammensetzten und über neue Erziehungsmethoden diskutierten, über einen verbesserten Unterricht und wie dies zu gewährleisten sei. Auch über die Verwendung von Geld und Spenden wurde abgestimmt.

Den Älteren gegenüber, die mit dem ersten Flüchtlingsstrom nach Dharamsala gekommen waren, mußte ich sehr entschlossen auftreten. Sie hatten auf dem Weg ins Exil alles verloren und horteten fieberhaft kleine Reserven, ob in der Vorratskammer der Schule oder in der Kasse, während ich alles aufbot, damit es den Kindern besser ging. Wenn am Ende des Rechnungsjahres etwas Geld übrig blieb, machte ich mich dafür stark, es für neue Kleider und hochwertigere Nahrung auszugeben, in dem Vertrauen, daß, sollten wir eines Tages einen größeren Betrag benötigen, uns bestimmt jemand mit einer Spende unter die Arme greifen würde. Geld anzuhäufen anstatt es sinnvoll zu verwenden, hätte den Zweck der Spenden eindeutig verfehlt.

Wenn ich auch nicht immer mit der geleisteten Arbeit zufrieden war, lernte ich doch, mich zu beherrschen und einen kühlen Kopf zu bewahren. Mußte ich nicht meinen eigenen Kindern und denen im Dorf ein Vorbild sein? Also habe ich mich, wenn es darum ging, eine Aufgabe zu verteilen, gefragt: »Was würde meine Tochter oder mein Sohn dazu sagen?« Kinder haben ein ungemein feines Gespür und können die, mit denen sie es zu tun haben, oft sehr treffend beurteilen. Sobald eine Frau Mutter wird, verändert sich auch ihr Wesen. Eine Entwicklung, die in bezug auf meine Betrachtungsweise der Dinge und meine Gefühle eine entscheidende Rolle gespielt hat.

Bei meiner Rückkehr aus der Schweiz hatten die Kinder im Dorf mich mit »Fräulein« angeredet, meine Schwester dagegen mit »Amala«. Als meine Schwester starb und ich ihre Position einnahm, nannten sie mich von da an und wie selbstverständlich »Amala«. Ich muß gestehen, daß ich sehr verwirrt war, als ich diese Anrede zum erstenmal aus dem Mund eines Dreizehnjährigen hörte. (Nicht anders erging es mir, als meine Großneffen zu mir »Mola« sagten, Großmutter.) Irgendwie peinlich. Aber schon bald lernte ich diesen Beinamen, der mich mit all den kleinen Flüchtlingen verband, zu schätzen.

Die Tibeter, die wie ich in Indien aufgewachsen sind, träumen davon, ihre Heimat wiederzusehen. Bis es soweit ist, betrachten wir es als unsere Aufgabe, die Kinder, das Saatgut unserer Zukunft, darauf vorzubereiten, in einem befreiten Tibet ein verantwortungsbewußtes Leben zu führen. Unsere Aufgabe im Exil besteht vor allem darin, ihnen eine tibetische Erziehung zukommen zu lassen, sie in unserer Sprache, unserer Kultur zu unterrichten. Wenn wir das nicht tun, erfüllen wir unsere Pflicht nicht und gefährden das Überleben unserer Nation.

Ende der sechziger Jahre hat Seine Heiligkeit von Dharamsala aus die Flamme der Hoffnung neu entfacht, eine Flamme, die niemals erlöschen wird. Ihr Schein leuchtet uns voraus, weist uns den Weg nach Tibet.

Das Jahr 1971 kennzeichnet ein wichtiges Etappenziel: Die Nursery for Tibetan Refugee Children wurde unter der neuen Bezeichnung »Tibetan Children's Village« (TCV) ins amtliche Register eingetragen. Die Lehrer unterrichteten nach der Montessori-Methode[1], ließen dadurch den Drei- bis Sechsjährigen eine vielseitige und umfassende Schulbildung angedeihen.

Längst hatte ich mich dagegen ausgesprochen, den Kindern noch länger seelenlose Schlafsäle zuzumuten. Um ihnen endlich eine mehr familiäre Atmosphäre zu bieten, brachten wir jetzt Flüchtlinge verschiedener Altersgruppen gemeinsam unter, so daß sich die Größeren um die Kleineren kümmern konnten. In den Bungalows dagegen betreuten eine Ersatzmutter und gelegentlich auch ein Ersatzvater etwa fünfundzwanzig Kinder, die im Schnitt sechs Jahre dort blieben.

Anfangs wurde das Essen in einer Gemeinschaftsküche zubereitet. Mit der Zeit jedoch gingen die Kinder ihren Ersatzeltern beim Gemüseputzen zur Hand, gelegentlich auch beim Kochen, nur nicht bei der Zubereitung von Reis, und dadurch gewannen die kleinen Wohneinheiten zusehends an Selbständigkeit. Galt es nur noch das Problem des richtigen Wirtschaftens zu lösen. Da uns der Großteil der Unterstützung in Form von Naturalien zukam, mußten wir den für die Bungalows Verantwortlichen beibringen, alles richtig einzuteilen; darüber hinaus erhielten sie einen bestimmten Betrag für den Kauf von Seife und anderen Hygieneartikeln.

Mit der Zeit, als sich die finanzielle Lage des TCV konsolidiert hatte, erhielten die Kinder sogar ein Taschengeld, schon um den Umgang mit Geld zu lernen.

Ein weiteres Ziel war, jedem Kind ein eigenes Bett zuzuweisen, was zunächst nicht möglich war, da in den an-

---

[1] Maria Montessori (1870–1952) führte einen Unterricht ein, der vornehmlich Gewicht auf sensorische Erziehung legt und die freie Entfaltung des Kindes uneingeschränkt unterstützt.

deren indischen Kolonien die Tuberkulose grassierte und scharenweise Kleinstkinder bei uns eintrafen, deren Eltern von der Seuche dahingerafft worden waren. Um diese neue Situation in den Griff zu bekommen, mußten wir rasch handeln und für diese Kleinen eine eigene Station einrichten.

Heinrich Harrer hatte den Präsidenten des SOS-Kinderdorfs um Hilfe für die tibetischen Flüchtlinge gebeten. Dieser Dr. Gmeiner, ein bewundernswerter Mann, glaubte fest an kulturelle, traditionelle und religiöse Werte sowie an die Bedeutung der Sprache. Seiner Meinung nach war es unverantwortlich, ein Kind zu entwurzeln; dagegen befürwortete er die Gründung von Kinderdörfern in dem jeweiligen Land, in dem Bedarf dafür bestand. Gleich nach dem Ende des Zweiten Weltkriegs hatte er entsprechende Dörfer in Frankreich, Deutschland und Österreich eingerichtet, für Kinder, deren Eltern dem Krieg zum Opfer gefallen waren. Dr. Gmeiner lehnte es kategorisch ab, junge Tibeter nach Deutschland zu holen, schickte uns statt dessen eine Kinderpflegerin, Schwester Ursula, die lange in Indien gearbeitet hatte. Ich betraute sie erst einmal mit der Suche nach geeignetem Bauland, unsere vordringlichste Aufgabe.

Schwester Ursula sandte einen Bericht nach Österreich, auf den hin Dr. Reinprecht bei uns erschien, ein Mitarbeiter von Dr. Gmeiner. Er stimmte der Strategie, die Dharamsala verfolgte, uneingeschränkt zu und ließ umgehend die nötigen Gelder für den Bau neuer Gebäude anweisen. Unsere Situation verbesserte sich von einem Tag zum andern, zumal sich das SOS-Kinderdorf zusätzlich zur Übernahme von Patenschaften bereit erklärte. Schwester Ursula blieb bis 1974 bei uns.

Dr. Gmeiners Gesellschaft war ungeheuer erpicht darauf, genauestens über die Verwendung der Spenden informiert zu werden. Anfangs wurde das Geld auf Weisung des SOS von Neu-Delhi aus angewiesen. Nachdem sich Dr. Gmeiner jedoch davon überzeugt hatte, daß wir ganz genau Buch führten, durften wir die Mittel direkt verwalten, was uns unabhängiger machte und in die Lage versetzte, je nach Bedarf zu verfahren. Für mich, nicht anders als für alle anderen Mitarbeiter, war das eine Bestätigung dafür, welch gute Arbeit wir leisteten.

1975 besaßen wir bereits neunundzwanzig Häuser. Die Kinder waren nachts nicht mehr in riesigen Schlafsälen zusammengepfercht; jetzt kamen rund zwanzig Kinder auf ein Gebäude. Dank der Hilfe aus aller Welt und besonders der indischen Regierung verbesserten sich auch die Lebensbedingungen in den Dörfern. Tagesschulen und Internate wurden gebaut, letztere vornehmlich für Waisenkinder, aber auch für Kinder, von denen nur noch ein Elternteil lebte.

Da die Zahl der Kleinkinder, die zu uns gebracht wurden – oft unterernährte oder nicht ausreichend medizinisch betreute Säuglinge aus anderen tibetischen Siedlungen –, weiterhin anstieg und diese Babys ständig umsorgt werden mußten, sahen wir uns gezwungen, für sie eine eigene Station zu errichten, wo sie bis zu ihrem dritten Lebensjahr blieben.

Daß wir in den Heimen anfangs Kinder von dreieinhalb bis fünfzehn Jahren zusammengefaßt hatten, war, wie wir bald feststellen mußten, ein Fehler gewesen: Der große Altersunterschied führte unweigerlich zu Streitigkeiten untereinander. Die Lösung war, daß wir vier weitere Heime errichteten, ausschließlich für Kinder zwischen dreieinhalb und neun bis zehn Jahren.

In dem ständigen Bemühen, die Lebensbedingungen jedes einzelnen Kindes zu verbessern und optimale Voraussetzungen zu schaffen, organisierten wir Zusammenkünfte zwischen Lehrern und Ersatzeltern. Dadurch, daß wir anfangs die größeren Kinder gemeinsam in einem Gebäude untergebracht hatten, waren die mit der Betreuung dieser Halbwüchsigen beauftragten Ersatzmütter, die häufig weder lesen noch schreiben konnten, schier überfordert gewesen; sie konnten den Kindern nicht bei den Schularbeiten helfen und sie auch nicht im Zaum halten. Jetzt kam uns die Idee, eine Art Jugendherberge einzurichten – und das SOS-Kinderdorf half uns dabei. Die erste war für die Jugendlichen ab der neunten, das heißt der damals obersten und letzten Klasse bestimmt, also für die Sechzehn- bis Siebzehnjährigen. Die Streitereien hörten schlagartig auf. Die größeren Mädchen gingen den Ersatzmüttern zur Hand, lernten kochen und Wäsche waschen und kümmerten sich um die Kleinen.

Wir hatten uns vorgenommen, jedes Jahr etwas Neues auf die Beine zu stellen. Das mit dem Volksschulwesen betraute indische Ministerium erkannte unseren Einsatz an. 1978 verließen uns achtzehn Schüler, um ihr Studium an einer indischen Universität aufzunehmen. Wir waren sehr glücklich darüber, war ihr Erfolg doch auch der unsere. Wenn wir 1971 nicht abgelehnt hätten, daß die Regierung in Neu-Delhi die Bezahlung der Lehrer übernimmt, hätte das nur dazu geführt, daß uns weiterhin indische Lehrkräfte geschickt worden wären. Durch das System der Patenschaften, das sich im Laufe der Jahre eingespielt hatte, waren wir in der glücklichen Lage, unser Personal selbst auszusuchen, es zu bezahlen und darüber hinaus für die Kinder zu sorgen, die keinen Paten hatten. 1978 konnte eine zehnte Klasse eingerichtet werden.

Ein neues Vorhaben wurde verwirklicht: »Tibet, unsere Heimat«. Wir hatten die Kinder zunächst aufgefordert, alle möglichen Informationen zusammenzutragen. Auf dieser Basis dann bastelten sie unter Anleitung der Lehrer Modelle und Masken und schrieben einen Monat lang Aufsätze über das Land, aus dem sie stammten, über die tibetischen Klöster, über die Geschichte der Dalai-Lamas und der früheren tibetischen Könige, über das Leben der Nomaden und Bauern sowie über traditionelle Trachten, über Fauna und Flora. Am Ende des Monats wurden diese Arbeiten im Rahmen einer Ausstellung präsentiert. Dieses Projekt trug dazu bei, daß die Kinder in der Bibliothek

Nachforschungen über ihr Land anstellten, das Gespräch mit alten Tibetern suchten und sich von ihnen über die Bräuche und das tägliche Leben in Tibet berichten ließen. Auf diese Weise haben wir im Laufe der Jahre eine eindrucksvolle Sammlung zusammengetragen, die Zeugnis von der tibetischen Kultur ablegt.

Um den Alltag im TCV aufzulockern – es gab Kinder, die bereits acht oder neun Jahre hier lebten –, wurden zahlreiche Zusatzveranstaltungen angeboten: englischsprachiges Theater, Vorträge von Gedichten, Volkstänze, Diskussionen auf tibetisch oder englisch über aktuelle Themen. Als ein Kind beim Rauchen erwischt wurde, beraumten wir sofort eine Debatte »Nikotinkonsum – ja oder nein?« an. Auch für das Personal des Dorfes und für die Lehrer bedeuteten diese Veranstaltungen eine willkommene Abwechslung.

Bereits zu Lebzeiten von Tsering Dolma hatte sich eine Reihe älterer Schulkinder handwerklich betätigt. Auch die Ersatzmütter, deren Kräfte es überstieg, sich weiterhin mit den Kindern abzumühen, trennten jetzt Pullover auf, wuschen die Wolle, färbten sie um und strickten etwas Neues daraus. Die noch Älteren webten Matten, als Sitzunterlage für die Kinder. Diese Werkstätten innerhalb des TCV entwickelten sich mehr oder weniger von selbst, ob nun in Dharamsala oder in anderen tibetischen Kolonien.

Diejenigen Schüler, die für ein weiterführendes Studium zu alt waren, erlernten das Weberhandwerk, das Bemalen von *thankas** oder die Fertigung traditioneller Kleidung. Die erste Gruppe im Lehrlingszentrum beendete ihre Ausbildung 1979, für uns die beste Bestätigung, daß unsere Kenntnisse auf fruchtbaren Boden gefallen waren und unsere Kultur weiterlebte, während die jungen Menschen dadurch eine gewisse Selbständigkeit erreichten und zum Teil für sich selbst sorgen konnten. Diese ersten achtzehn Lehrlinge aus dem Jahr 1979 weigerten sich übrigens, das Dorf zu verlassen; sie halfen in der Folgezeit mit, das Handwerkszentrum von Dharamsala in Kishore Nivas aufzubauen. Sobald unter den Paten bekannt wurde, daß eine solche Zusatzeinrichtung bestand, trafen entsprechende Bestellungen ein.

Wie ich bei meinen häufigen Besuchen in Mundgod und Bylakuppe feststellen konnte, normalisierte sich auch in den anderen Lagern das Leben. Jede dieser Kolonien war ein kleines Tibet, in dem an die dreitausend Flüchtlinge auf etwa tausend Hektar lebten. Soweit das Auge reichte, sah man im tibetischen Stil errichtete Häuser. Wenn ich dann noch meine Muttersprache hörte, wurde mir immer ganz warm ums Herz. Welch heimelige Atmosphäre in einem fremden Land! Dazu kam, daß die Bewohner in ihren Häusern einen Altar aufgestellt hatten, der ganz ähnlich geschmückt und mit Tüchern behängt war, wie ich das von früher her kannte.

In Bylakuppe und Mundgod lebten vornehmlich tibetische Nomaden. Jetzt, da sie seßhaft geworden waren, mußten sie erst einmal lernen, sich ihre Lebensmittelrationen richtig einzuteilen. Überlegt zu wirtschaften war eine Vorstellung, die sie verwirrte. Dazu verstanden sie als Nomaden nichts von Ackerbau, aber beherzt und arbeitswillig, wie sie waren, lernten sie rasch. Heute produziert Bylakuppe einen Rekordertrag an Mais.

Im Laufe der fünfzehn Jahre, die diese Familien bereits hier lebten, hatten sie sich entsprechend vermehrt, waren weitere gegründet worden. Nur das Land wuchs nicht mit. Weshalb sich so manche von ihnen auf den Handel mit tibetischen Erzeugnissen verlegten. Als ich 1974 mit meinem Mann und unseren drei Kindern in Goa weilte, trafen wir dort Tibeter, die Pullover verkauften. Dieser Handel erstreckte sich bis Bombay und andere von Touristen frequentierte Großstädte.

Welch ein Unterschied bestand inzwischen zu den sechs oder sieben ersten Jahren im Exil! Wenn es damals geheißen hatte: »Im nächsten Jahr sind wir wieder in Tibet ...«, hatten sich die Familien mit der Zeit immer besser in den Kolonien eingelebt. Man hatte ihnen ein Stück Land zur Verfügung gestellt, auf dem sie sich ein Haus gebaut hatten. Kinder waren dort zur Welt gekommen. Ernten hatten einander abgelöst. Natürlich wartete jeder sehnsüchtig darauf, die Heimat wiederzusehen. Damals, 1974, donnerten Mopeds und Motorräder durch die tibetischen Dörfer; selbst die Mönche kurvten damit herum. Sonntags, auf den belebten Märkten, verkauften Inder aus der Umgebung Obst und Gemüse. Unbewußt und obwohl ihre Gedanken weiterhin um Tibet und um den Tag der Rückkehr kreisten, hatten sich die Exil-Tibeter den veränderten Lebensumständen angepaßt.

Alles in allem gibt es sechsundfünfzig dieser Kolonien; die wichtigsten befinden sich im Süden Indiens, mehr als zweitausendfünfhundert Kilometer von Dharamsala entfernt. Um ein gewisses Gemeinschaftsgefühl zu erhalten, organisiert die Exilregierung seit Anfang der siebziger Jahre für die Sprecher der einzelnen Kolonien einmal im Jahr ein Treffen, auf dem berichtet wird, was sich im einzelnen getan hat. Diskussionen schließen sich an, oft sehr hitzige, und dann ist in der Tat zu spüren, daß Tibet auch außerhalb seiner Grenzen weiterlebt. An diesen Tagungen nehmen etwa dreihundertfünfzig Personen teil, auch der Dalai-Lama, der sich als besonders aufmerksamer Zuhörer erweist.

Ich ging auf die Vierzig zu. Obwohl meine Kinder größer wurden, blieb unsere Beziehung weiterhin sehr eng. Sonntags oder in den Ferien unternahmen wir ausgedehnte Wanderungen in die Berge oder in die nahen Wälder, und wenn Mitschüler zu Besuch kamen, veranstalteten wir ein Picknick. Wenn die Arbeit es zuließ, besuchten wir Gyalo Thondup und Diki Dolkar in Delhi. Ich blieb aber auch gern zu Hause und entspannte mich bei einem Krimi oder bei klassischer Musik.

Hin und wieder begab ich mich zu den Eremiten, die

hoch oben im Gebirge ein entbehrungsreiches Leben führten und sich ganz dem Gebet und der Meditation verschrieben hatten. Jedesmal brachte ich ihnen Vorräte für die Wintermonate mit: ein wenig *tsampa*, Butter, Brot und Weihrauch. Auch etwas Geld gab ich ihnen, damit sie die bedeutenden Pilgerstätten in Indien und Nepal aufsuchen konnten. Waren es damals etwa zwanzig, die in den Bergen oberhalb Dharamsala ihr Leben fristeten, so sind es heute mehr als siebzig. Wenn mich meine Kinder begleiteten und das Ergebnis einer Prüfung zu erwarten war, baten wir einen Eremiten um eine Weissagung.

Natürlich stattete ich auch Seiner Heiligkeit Besuche ab. Er stand jetzt seit dreißig Jahren an der Spitze der Regierung und trug große Verantwortung. Entsprechend war er gereift, hatte sich aber seine Fröhlichkeit bewahrt und glaubte weiterhin felsenfest an erfolgreiche Verhandlungen mit dem kommunistischen China, besonders nachdem 1976 Mao Tse-tung gestorben war. Der Dalai-Lama unternahm ausgedehnte Reisen und traf sich mit den Regierungschefs vieler Länder. Wenn er nach Dharamsala zurückkehrte, studierte er in der ihm verbleibenden freien Zeit heilige Texte oder er nahm sich ein Buch über Tiere vor, las Abhandlungen über den Zweiten Weltkrieg oder blätterte Wochenzeitungen oder wissenschaftliche Zeitschriften durch. Seine Wißbegier war nach wie vor unersättlich.

Was mich vor allem beeindruckte, war die buddhistische Einstellung, die er voll und ganz lebte und die sein Handeln bestimmte. Das Tibetproblem war für ihn vorrangig; dennoch bewies er Verständnis für vieles andere. Als einer meiner Neffen, der Herausgeber der ersten tibetischen Zeitschrift, Danielle Aeschiman heiratete, lud Seine Heiligkeit die beiden zu sich ein.

Je älter meine Kinder wurden, desto seltener wurden ihre Besuche beim Dalai-Lama. Dennoch wurde ihnen nie eine Audienz verwehrt, denn der Dalai-Lama war gleichzeitig das Oberhaupt unserer Familie. Als meine Töchter einmal über Bauchschmerzen und Migräne klagten, erkundigte er sich, ob sie gelegentlich auch tibetische Medizin einnähmen und wer ihr Arzt sei. »Amala!« erklärten sie einstimmig. Er verbarg sein Erstaunen keineswegs und legte mir bei meinem nächsten Besuch nahe, das Doktorspielen bei meinen Kindern lieber sein zu lassen und sie statt dessen zu einem Spezialisten zu schicken.

1979 war einer ersten Delegation gestattet worden, nach Tibet zu fahren. Als die Teilnehmer nach ihrer Rückkehr Bericht erstatteten, drängte sich mir unwillkürlich der Vergleich mit dem Völkermord an den Juden auf. Zu einem Studium der Geschichte des jüdischen Volkes und entsprechenden Parallelen zu unserem Schicksal regte ich auch junge Tibeter an. Von diesen Männern und Frauen, die trotz allem, was sie durchmachen mußten, niemals aufgegeben hatten, konnten wir eine Menge lernen.

Im September – die erste Delegation hielt sich noch in Tibet auf – kam ein achtjähriges Mädchen nach Dharamsala, Dawa. Ihre Eltern hatten sie Tibetern anvertraut, die ihre Heimat besuchten und dann nach Indien zurückkehrten, und ihnen ans Herz gelegt, die kleine Tochter zu Seiner Heiligkeit zu bringen. 1980 traf eine weitere Gruppe Kinder ein. Wie es schien, hatte das kommunistische China in Tibet einen Prozeß der politischen Öffnung eingeleitet, denn auch Flüchtlingen, die ein Visum besaßen, wurde gestattet, ihre in Tibet verbliebenen Familien zu besuchen. So kam es, daß vielen Exil-Tibetern während ihres Aufenthalts in der Heimat Kinder anvertraut wurden, damit diese bei uns eine tibetische Ausbildung erhielten.

Auch Männer und Frauen, die durchweg mehrere Jahre in kommunistischen Gefängnissen gesessen hatten, tauchten bei uns auf, darunter Dr. Tenzin Choedrak, der Leibarzt Seiner Heiligkeit, der ein Jahr zuvor seine Freiheit wiedererlangt hatte. All diese Neuankömmlinge bat der Dalai-Lama, die anderen Kolonien zu bereisen und dort zu berichten, was sie unter der chinesischen Besatzung erlebt hatten. Augenzeugenberichte wie diese waren für die Flüchtlinge, die ansonsten kaum etwas aus Tibet hörten, ein zusätzlicher Ansporn.

Das Auftauchen der kleinen Dawa im TCV von Dharamsala sorgte für einigen Wirbel. Jeder wollte sie sehen, mit ihr reden. Für die Verantwortlichen des Dorfes stand fest, daß, wenn Eltern von sich aus eines ihrer Kinder weggaben, die Situation in Tibet sehr ernst sein mußte. Andererseits aber nährte die Anwesenheit Dawas die Hoffnung auf eine baldige Rückkehr.

Was uns bei den Kindern, die jetzt aus Tibet zu uns kamen, auffiel, war ihr Aussehen. Sie waren braungebrannt, so als hätten sie sich viel im Freien aufgehalten, und wirkten eigentlich recht gesund. Erst wenn man ihre Augenlider anhob, war zu erkennen, daß sie unter Blutarmut litten. Außerdem waren sie durch die Bank unterernährt. Und noch etwas entging unseren kritischen Blicken nicht: Normalerweise sind die Haare der Tibeter pechschwarz. Daß die der Neuzugänge dunkelbraun waren, deutete ebenfalls auf einen schlechten Gesundheitszustand hin.

Im Hospital wurden zunächst einmal äußerliche Verletzungen und Darmbeschwerden behandelt, dann zog man gegen die Läuse zu Felde und führte Impfungen durch. Zwei Wochen später bereits teilten die jungen Flüchtlinge, die, weil sie keine Schule besucht hatten, ausschließlich Tibetisch sprachen, die familiäre Atmosphäre der Bungalows.

Wir glaubten unseren Augen nicht zu trauen, als wir sahen, welche Unmengen diese Kinder bei jeder Mahlzeit gierig hinunterschlangen. Die Ersatzmütter mußten ihre ganze Überzeugungskraft aufbieten, um sie dahingehend zu beruhigen, daß genug für alle da sei. Und wie selig die Kinder waren, in einem Bett schlafen, unter ein Leintuch und Decken schlüpfen zu können und mit neuer Kleidung und Schuhen ausstaffiert zu werden! Das Jahr 1980 brachte eine Wende für unsere Gemeinde. Zu Neujahr hielt ich mich in Bylakuppe auf, wo es jetzt zwei tibetische Kolonien mit insgesamt etwa vierzigtausend Tibetern gab. Die ältere datierte aus den frühen sechziger Jahren, die andere war erst in jüngster Zeit entstanden, und deren Siedler hatten mich gebeten, ihre Kinder zu betreuen. Was leider im TCV in Dharamsala unmöglich war, da immer mehr Kinder aus Tibet, aus Nepal und aus den fünf Kolonien im Süden Indiens bei uns eintrafen.

Um ihren Wünschen zu entsprechen, entschloß ich mich, an Ort und Stelle ein Kinderdorf zu errichten. Die Kooperative, die die beiden Kolonien verwaltete, verpachtete uns ein noch freies Gelände. Fehlten nur noch die erforderlichen Mittel. Ich nahm Kontakt mit dem niederländischen SOS-Kinderdorf auf, dessen Generalsekretärin ich 1978 in Wien, auf einer Tagung der Repräsentanten aller SOS-Kinderdörfer, kennengelernt hatte. Unverzüglich nahm sie die Sache in die Hand und machte das erforderliche Geld locker.

Als ich im März 1980 nach Dharamsala zurückkam, wurde ich umgehend zu Seiner Heiligkeit gerufen und gefragt, ob ich bereit sei, an der Spitze einer dritten Delegation nach Tibet zu reisen, deren Ziel sein sollte, sich über die Schulsituation in unserer Heimat zu informieren. Verunsichert und stolz zugleich, antwortete ich ohne zu zögern: »Da Sie mich darum bitten, werde ich fahren.« In den darauffolgenden Tagen betrachtete ich die Fotos, die die ersten beiden Delegationen mitgebracht hatten: märchenhafte Landschaften, kristallklare Gewässer, eine unberührte, gigantische Bergwelt. Bei aller Begeisterung vergaß ich jedoch keineswegs die Grausamkeiten, die mein Volk hatte über sich ergehen lassen müssen.

DRITTER TEIL
1980–1995

12.

EINE TRAGÖDIE
OFFENBART SICH

1980 sah ich zum erstenmal meine Heimat wieder. Die
Armut des tibetischen Volkes, ihr stillschweigend erdul-
detes Leid trieben mich dazu, ein Tagebuch zu schreiben
und alles festzuhalten, was ich auf dieser dreimonatigen
Reise durch das Land, das ich 1949 verlassen hatte, er-
lebte. Meine Eindrücke sind natürlich rein subjektiv.
Dennoch fühle ich mich verpflichtet, über die Abscheu-
lichkeiten zu berichten, die die chinesischen Kommunisten den Tibetern zugefügt haben. Die ganze Welt soll
vom Niedergang des tibetischen Volkes als Folge dieser
Barbarei erfahren.

Was mich auf dieser Inspektionsreise vor allem em-
pörte, waren die Verlogenheit und die Schikanen der Chinesen uns gegenüber. Wir hatten die größte Mühe, etwas
anderes als falsche Zahlen in Erfahrung zu bringen, falsche Statistiken einzusehen. Mit allen Mitteln versuchte
man uns daran zu hindern, mit der Bevölkerung Kontakt
aufzunehmen. Diese Zensur verzögerte und beeinträchtigte unsere Arbeit erheblich. Dennoch ließen wir uns nicht
entmutigen, waren entschlossen, uns der Herausforderung
offen und unvoreingenommen zu stellen.

Ich hatte mit der Leitung dieser dritten Delegation, die
sich »Delegation für Erziehungsfragen« nannte und deren
Ziel es war, die Situation der Schulen im Lande zu untersuchen, eine große Verantwortung übernommen. Die
Gruppe bestand aus drei Professoren, drei Direktoren von
tibetischen Schulen in Indien, einem Fotografen und mir.

Ehe wir Dharamsala verließen, hatte uns die tibetische Exilregierung genauestens instruiert und uns eine detaillierte Route ausgearbeitet, die uns auch in Regionen führen sollte, die die beiden vorangegangenen Delegationen nicht hatten besuchen können. Neben der Überprüfung der Schulen für tibetische Kinder hatten wir Weisung, uns über die Lebensbedingungen der Bevölkerung ein Bild zu machen und unsere Landsleute, falls möglich, über die Aktivitäten unserer Exil-Gemeinschaft zu informieren.

Unsere erste Etappe war China, wo ich bestürzt war über diese eigenartige Traurigkeit, die über der Bevölkerung zu lasten schien. Kaum jemand lächelte. Wie Roboter kamen mir die Menschen in Peking vor, völlig ausdruckslos und starr. Einzig Angst schienen ihre Blicke zu verraten. Was mich weiterhin erschreckte, war dieses Einheitsbild, das sich mir bot: Nicht ein Chinese, von der untersten Sprosse der sozialen Leiter bis weit nach oben, der irgendwie Wert darauf zu legen schien, sich in seiner Kleidung von den anderen zu unterscheiden. Nur die hochrangigen Persönlichkeiten der Regierung trugen maßgeschneiderte Anzüge aus feinstem Tuch; alle anderen begnügten sich mit Baumwolle. Was möglicherweise Gleichheit auf chinesisch veranschaulichen sollte, war für mich eher makaber. Wer in der Hierarchie ganz oben stand, lebte wie ein König; alle anderen mußten sehen, wo sie blieben.

In Peking trafen wir den Panchen-Lama sowie Phuntsok Wangyal, die beide lange im Gefängnis gesessen hatten. Phuntsok Wangyal war einer der ersten tibetischen Kommunisten, der mit den Chinesen zusammengearbeitet und sich dann gegen sie gestellt hatte. 1957 war er eingekerkert worden; das gleiche Schicksal hatte seine gesamte Familie ereilt, auch die kleine zweijährige Tochter. Seine Frau war in der Haft gestorben. Er selbst befand sich erst seit einem Jahr wieder auf freiem Fuß und tat sich mit der Verständigung, selbst auf tibetisch, ungemein schwer. Während der langen Jahre seiner Haft war er völlig isoliert gewesen, hatte mit niemandem sprechen können. Dabei las und verstand Phuntsok Wangyal durchaus etwas Chinesisch, aber mehr als die brutalen Befehle seiner Peiniger und das Geschrei um ihn herum besser zu verstehen, hatte ihm das nicht eingebracht. Völlig von der Welt abgeschnitten, hatte er nicht einmal gewußt, daß sein Bruder vierzehn Jahre lang in einer benachbarten Zelle gesessen hatte.

Es wurde rasch deutlich, daß wir das vorgesehene Programm unmöglich einhalten konnten. Die chinesischen Funktionäre warfen uns vor, in der kurzen Zeit viel zuviel besichtigen zu wollen. Die erste Delegation, erklärten sie, habe vier Monate für eine halb so große Rundreise benötigt. Als ich darauf hinwies, wie ungeheuer wichtig es für uns sei, uns genau an unseren Auftrag zu halten, daß wir durchaus länger in Tibet bleiben könnten, sofern unsere Gastgeber dies für nötig hielten, forderten uns die Chinesen auf, eine Liste mit den in unseren Augen vorrangigen Orten vorzulegen, und sagten zu, darüber nachzudenken. Bei der nächsten Unterredung befand ein Funktionär unsere Forderungen als zu hoch gesteckt und erklärte einige Gebiete schlicht und einfach für unzugänglich; während der augenblicklichen Regenzeit komme man auf den meisten Straßen mit dem Auto nicht weiter. Wir erklärten uns sofort bereit, solche Strecken zu Pferd zurückzulegen, wenn es sein müßte, auch zu Fuß.

Nichts zu machen, die Chinesen gaben sich mit einemmal um unsere Sicherheit besorgt. Wir seien schließlich ihre »Gäste«, wie sie ständig betonten. Auf meine vorsichtige Anfrage, ob es uns, wenn wir für unsere Kosten selbst aufkämen, freistünde, unsere Route selbst zu bestimmen, kam umgehend Antwort in der Form, daß sämtliche Fahrzeuge, die die vorhergehende Delegation benutzt hatte, nicht einsatzfähig seien. Unter diesem Vorwand tüftelte man schließlich eine Rundreise für uns aus, die der Chinesischen Kommunistischen Partei genehm war. Uns blieb nichts übrig, als uns ihren Weisungen zu beugen, die, wie betont wurde, nicht endgültig sein könnten; es gelte die Entscheidung der jeweiligen Behörden abzuwarten.

Da wir nun schon einmal in Tibet waren, mußten wir uns auch mit einem weiteren Umstand abfinden: daß es ganz ausgeschlossen war, auch die winzigste Änderung im Besuchsprogramm, wie es uns die Chinesen aufgezwungen hatten, durchzusetzen. Wir konnten gelegentlich nicht einmal anhalten, wenn sich irgendwo Hunderte von Tibetern zu unserer Begrüßung eingefunden hatten. Die örtlichen Autoritäten erklärten kaltschnäuzig, sie seien nicht befugt, eine derartige Entscheidung zu treffen, und rieten uns dringend, das von Peking festgelegte Programm einzuhalten.

Unser Konvoi bestand aus vier schweren Geländewagen. Ich saß im vordersten. Eines Tages – ich habe keine Ahnung mehr, wohin wir fuhren – bildete sich ein Ring Tibeter um uns. Ich kurbelte die Scheibe hinunter, um ihnen die Hand zu schütteln und mich mit ihnen zu unterhalten. Leider sprachen sie einen Amdo-Dialekt, der für mich nur schwer verständlich war. Die Funktionärin, die neben mir saß, drängte mich, die Scheibe wieder hochzukurbeln, ein Ansinnen, das ich wütend zurückwies. Nach etwa zwei Wochen in meinem eigenen Land ging mir das autoritäre Getue der Chinesen langsam auf die Nerven. Ein paar Tage zuvor waren wir von Nomaden empfangen worden, die für uns gekochtes Fleisch und momos* aufgetragen hatten. Sie selbst hatten diese traditionellen Gerichte seit Jahren nicht mehr gegessen. Die chinesische Repression machte wirklich vor nichts halt!

Als das mit der Scheibe passierte, sagte ich zu der Verantwortlichen der chinesischen Delegation: »Entweder Sie gestatten, daß ich Kontakt mit Tibetern aufnehme und den Auftrag Seiner Heiligkeit erfülle, oder ich reise mit meiner Delegation wieder ab. Ich bin nicht nach Tibet gekommen, um hier mit Chinesen zusammenzusein, sondern um Tibeter in ihrer Heimat zu besuchen!«

An jenem Abend, als wir wie üblich in unserem Zimmer in einer Herberge eingesperrt waren, glaubte ich, diese gräßliche Situation nicht länger ertragen zu können. Ich machte meinem Zorn Luft und übertönte die Stimmen der Dolmetscherin und der beflissenen Funktionärin, die mir klarzumachen versuchten, daß eine Umkehr nicht möglich sei. Eilig erschienen die anderen chinesischen Begleiter, um mich zu beschwichtigen. Nachdem ich nochmals gedroht hatte, daß ich nach Indien zurückkehren würde, wenn mir das Gespräch mit Tibetern verwehrt werde, brach es mit einemmal aus mir heraus – daß ich nicht zulassen könne, daß meine Landsleute vor Hunger krepierten, daß ich genug hätte von den Vorspiegelungen falscher Tatsachen, von den Inszenierungen. Anderntags wand sich mein Zerberus in Entschuldigungen; ihres Rheumas wegen habe sie mich gebeten, das Fenster zu schließen. Ich legte ihr nahe, in einen anderen Wagen zu steigen; für mich selbst nähme ich das Recht in Anspruch, nach meinem Gutdünken zu verfahren. Sie trumpfte mit ihrer Position als Verantwortliche der Delegation auf, als die sie die Pflicht hätte, bei mir zu bleiben. Von diesem Tag an, wann immer wir im Auto saßen, zog ich die vom Dalai-Lama gesegneten *mala** heraus, die ich immer bei mir trug und rezitierte in einem fort das Mantra »Om mani padme hum«[1]. Meine Begleiterin dürfte um so mehr enerviert gewesen sein, als sie mit Sicherheit keine Ahnung vom Sinn dessen hatte, was ich da tausendfach wiederholte.

Eine weitere Beobachtung: Die chinesischen Kommunisten waren skrupellos genug, uns immer wieder an der Nase herumzuführen. Äußerungen, die sie von sich gaben, wurden bereits zwei Minuten später ins Gegenteil gekehrt oder geleugnet oder unserer angeblichen Begriffsstutzigkeit zugeschrieben. Neben anderen großspurigen Behauptungen, die uns zu Beginn der Reise so vollmundig gemacht worden waren, versicherten uns die

---

[1] »O du Kleinod im Lotos«

Behörden unentwegt, daß in Tibet die religiöse Freiheit wieder respektiert werde und die Mönche in ihre Klöster zurückgekehrt seien. Während der Kulturrevolution, räumten sie ein, hätten zwar antirevolutionäre Kräfte versucht, die Ausübung der Religion zu unterdrücken, inzwischen jedoch seien die Tibeter durchaus freie Menschen.

Eines der ersten Klöster, das wir besuchen konnten, war das von Tashi Kyil in der Provinz Amdo. Ich hatte keine rechte Vorstellung davon, was mich erwartete, nährte aber bei allem Mißtrauen gegen die Chinesen die Hoffnung, dieses Heiligtum noch voller Leben, voller Betriebsamkeit und geprägt von religiöser Andacht vorzufinden.

Ich hörte förmlich schon die tiefen und gesetzten Stimmen der Mönche, die ihre heiligen Texte lasen, den gleichmäßig an- und abschwellenden Lärm der Pilger, die sich ehrfürchtig zu Boden warfen, das fast lautlose Murmeln, die Gebete der zahlreichen Gläubigen auf ihrem Weg von einem Tempel zum anderen, in den Händen *khatas*, jene Tücher aus weißer Seide, die als Zeichen der Ehrerbietung dargebracht werden – weil man den Göttern nicht mit leeren Händen seine Aufwartung macht. Diese Tücher unterstreichen den wohlwollenden Charakter des Besuchs und sollen gleichzeitig dem Spender zur Ehre gereichen. Ich stellte mir die Gläubigen vor, wie sie den Bodhisattwas Butterlampen opferten, um alle Hindernisse zu überwinden, die ihnen das Leben in den Weg stellte; das ergreifende Schauspiel der Kinder, die an den Gewändern der Gottheiten Nadeln anbrachten, als Symbol ihrer Bereitschaft, ihren noch jungen Geist und ihre noch unzureichenden Kenntnisse zu schärfen. Ich vermeinte zwischendurch den Duft von Weihrauch wahrzunehmen und die so eigenartig zitternden Schemen der mir schier lebendig dünkenden Statuen zu erkennen. In meinem Innersten spürte ich die Ruhe und Heiterkeit eines von tausend Butterlampen erhellten Raums.

In Tashi Kyil wurden wir von sieben alten Mönchen begrüßt, den einzigen, die sich, abgesehen von ein paar Bau-
arbeitern, die mit der Renovierung des Klosters beschäftigt waren, hier aufhielten. Die Restaurierung war nach
dem Besuch der ersten Delegation beschlossen worden;
ein Großteil der Gebäude hatte bereits sein ursprüng-
liches Äußeres zurückerhalten. Obwohl im Haupttempel
sogar ein paar Butterlampen brannten, ging vom Kloster
insgesamt etwas Unwirkliches aus, so als sei es unbewohnt,
ausgestorben. Wie sich bald herausstellen sollte, waren
wir tatsächlich wieder einmal von den chinesischen Offiziellen in die Irre geführt worden: Der Tempel diente seit
langem nicht mehr als ein Hort des Friedens.

Statt einem Gefühl der Glückseligkeit, das sich für gewöhnlich mit einem solchen Ort verbindet, überkam
mich wie auch meine Begleiter heller Zorn. Derartige Täu-
schungsmanöver sollten wohl Besuchern aus dem Ausland
weismachen, daß alles in Ordnung sei? Mit der entsprechenden haarsträubend verlogenen Propaganda mochten
sie sich überzeugen lassen. Wir Tibeter dagegen waren
entrüstet und aufs tiefste betroffen.

Vor der chinesischen Invasion hatte jeder Zutritt zu den
Klöstern, konnte dort auch Wissenswertes über unsere Le-
bensweise erfahren. Inzwischen hatten die chinesischen
Besatzungsmächte diese Orte entweder in sterile Museen
umgewandelt, zugänglich nur für einige wenige handver-
lesene Besucher, oder Steinhaufen daraus gemacht. Auf
Ausstellungen versuchte man die Mönche als Barbaren
darzustellen, die grausam und unerbittlich waren und inmitten einer im Elend lebenden tibetischen Gesellschaft
einem Leben in Luxus und Überfluß frönten.

Überall, wo noch Klöster standen – in Tashi Kyil, Sera,
Drepung oder Tashi Lhunpo –, besaßen die Chinesen die
Stirn zu behaupten, in Tibet sei die freie Religionsaus-
übung gewährleistet. In Tashi Kyil gelang es mir, in die
Klosterküche vorzudringen. Nichts wies darauf hin, daß
hier in jüngster Zeit eine Feuerstelle entfacht worden war.

Ich fragte mich sogar, ob diese sieben alten Mönche nicht vorübergehend aus einem Arbeitslager abkommandiert und für die Dauer unseres Besuchs hierher verfrachtet worden waren, um anschließend wieder dorthin zurückgeschickt zu werden. Mögen sie aus den Lehren des Buddha Kraft schöpfen, die Perfidie der Chinesen zu erdulden!

Wir hatten mit den Behörden in Peking Einigung darüber erzielt, Taktser aufsuchen zu dürfen, den Geburtsort eines Großteils meiner Familie, auch meiner Eltern und Seiner Heiligkeit. Ich freute mich darauf, war ich doch noch niemals in »unserem« Dorf gewesen. Einzig anhand von Erzählungen konnte ich mir in etwa ein Bild von dieser Region in Amdo machen, wo wir den 6. Juli, den Geburtstag des Dalai-Lama, verbringen wollten. Aus Siling kommend, hielten wir in einem kleinen Dorf an, in dem noch immer die Familie meines Schwagers Phuntsok Tashi lebte. Ich lernte seine Schwester kennen, und wir hatten genügend Zeit, um mit ihr ein Frühstück einzunehmen.

Dann die Ankunft in Taktser. Nach den *pudjas*, den Opfergaben, bekam ich Gelegenheit, mich ein wenig im Dorf umzusehen. Von unserem Haus stand fast nichts mehr, nur zwei Räume im Innenhof und vier Wände. Alles andere war zerstört. Vor unserer Ankunft hatten die Chinesen ein überdimensionales Eingangstor errichten lassen, war die Schwester meiner Cousine mit der Aufsicht über das Haus betraut worden. Von den dreißig tibetischen Familien, die früher in Taktser gelebt hatten, waren nurmehr vier übrig; alle anderen Bewohner waren Chinesen.

Die beiden kleinen Räume im Innenhof dienten als Klassenzimmer; der Sohn meiner Cousine war hier Lehrer. Da unser Besuch in die Ferienzeit fiel, trafen wir kein einziges Kind an. Im Hof konnte ich ein paar Gebete sprechen. Meine Cousine hatte ihre schönsten Kleider angelegt und Brot gebacken. Wie sie uns gestand, hatten chinesische Funktionäre achtundvierzig Stunden vor unserer Ankunft neue Kleidung und Lebensmittel verteilt, denn Brot war für die tibetischen Familien zur Rarität geworden.

Trotz der ständigen Beeinträchtigung unserer Bewegungsfreiheit fühlte ich mich in dieser Umgebung wohl und war glücklich, ein wenig Zeit in dieser meinen Eltern, meinen Brüdern und meiner Schwester so vertrauten Landschaft zu verbringen. Taktser blieb mir als schönste Erinnerung dieser Tibetreise im Gedächtnis. Um ins Dorf zu gelangen, mußte man über einen Hügel, dessen Boden merkwürdigerweise rot war. Weil ich von Amala wußte, wie mühsam es gewesen war, tagtäglich Wasser vom Brunnen heranzuschaffen, machte ich von der Wasserstelle ein Foto, um es Amala nach meiner Rückkehr zu zeigen. Der Brunnen war nur noch mit eigenartig verfärbtem Wasser gefüllt.

Der Tag verging wie im Fluge. Schweren Herzens nahm ich Abschied von meinen Cousinen und Taktser. Zurück in Siling, sprach ich beim Abendessen ein Gebet, in dem ich den Wunsch zum Ausdruck brachte, Seine Heiligkeit, dessen Geburtstag wir an diesem Tag begingen, möge noch tausend Jahre leben. Die Dolmetscherin übersetzte meine Worte für die uns auf Schritt und Tritt begleitende Funktionärin, die keinen Hehl daraus machte, wie verärgert sie über meine Äußerung war. Ansonsten quittierten sie und die anderen Chinesen das Fest, das wir veranstalteten, mit einigem Kopfschütteln, wohl auch deshalb, weil wir moderne Musik hörten. Worauf ich mir nicht verkneifen konnte, sie auf die vielseitige Erziehung hinzuweisen, die wir in den Missionsschulen in Indien genossen hatten.

Uns über Indien auszufragen, schien den Funktionären ein vorrangiges Bedürfnis zu sein. Und als sie in diesem Zusammenhang einwarfen, daß der abrupte Klimawechsel für den Tod vieler Tibeter verantwortlich gewesen sei, gab ich zurück, daß es die ersten Flüchtlinge in der Tat sehr schwer gehabt hätten, daß dies jedoch nichts gewesen sei im Vergleich zu den Mißhandlungen durch die Chinesen. Vor allem sprach ich von den Freiheiten, die uns in Indien zugestanden würden – Bewegungsfreiheit, Redefreiheit, uneingeschränkte Ausübung unserer Religion. Daß wir dort unsere Klöster hätten und unsere Schulen, in denen die Kinder eine Erziehung erhielten, um die uns viele beneideten.

Wenn ich daran denke, was unser Volk an Leid erfahren mußte, und wenn ich mir ins Gedächtnis zurückrufe, was ich in Tibet gesehen und gehört habe, wird mir bewußt, wie schwierig es ist, vor der Welt Zeugnis von der tragischen Geschichte des tibetischen Volkes abzulegen. Dennoch drängt es mich aufzuzeigen, wie viele Leben durch die Unterdrückung des Aggressors zerstört wurden. Ist überhaupt bekannt, daß, wenn Eltern angesichts des »Schauspiels« der Hinrichtung ihrer Söhne nicht lächelten oder Beifall klatschten oder den Chinesen nicht dafür dankten, ihre Kinder vor ihren eigenen Augen umgebracht zu haben, ebenfalls mit dem Tod bestraft wurden? Daß man kleinen Kindern zugemutet hat, mit anzusehen, wie ihre Eltern durch die Straßen getrieben, ausgepeitscht, mit Steinen beworfen und schließlich niedergemetzelt wurden, weil sie sich des »Verbrechens« schuldig gemacht hatten, dem vorherigen Regime treu ergeben oder Grundbesitzer gewesen zu sein?

Nicht weniger grausam bestrafte man Frauen, deren Ehemänner des Widerstands bezichtigt und hingerichtet worden oder nach Indien geflohen waren. Ich verfüge über Namenslisten von Frauen, die vergewaltigt und mißhandelt wurden, die ich aber aus Gründen der Sicherheit für deren Familienangehörige nicht veröffentlichen kann.

Wo immer wir uns aufhielten, hörten wir die gleichen furchtbaren Berichte, erzählten uns Tibeter, was ihnen durch die Hand der Chinesen widerfahren war. Ihrer Mei-

202

nung nach war die gesamte Nation angesichts der Greueltaten in Gefahr. Sie glaubten, daß das Sterben ihres Landes unausweichlich war.

Tränen schossen mir in die Augen, wenn ich ihnen zuhörte, wenn ich mir diese verhärmten Gesichter, diese abgemagerten Körper betrachtete. Unsere Delegation fiel von einem Entsetzen ins andere. Häufig mischten sich unsere Tränen mit denen der Menschen, die gekommen waren, um uns zu begrüßen; das Gefühl, zum erstenmal seit dreißig Jahren wieder miteinander sprechen zu können, übermannte uns. Wenn wir dann unter uns die Zeugenberichte austauschten, die wir tagsüber gesammelt hatten, konnten wir, erschöpft und entmutigt, nur noch still vor uns hin weinen.

Was mich auf andere Weise überwältigte, war die spirituelle und mentale Kraft, die unseren Landsleuten in der Heimat innewohnte. Unter Lebensgefahr riefen sie: »Es lebe der Dalai-Lama! Mögen ihm zehntausend Jahre gegeben sein!« ..., obwohl sie in ständiger Angst lebten und um die Allgegenwart von Informanten und Spitzeln im Dienste der Besatzungsmacht wußten. Entsprechend vorsichtig verhielten wir uns bei unseren Gesprächen, was unsere Mission noch schwieriger gestaltete.

1961 hatte die Vollversammlung der Vereinten Nationen die Resolution 1723–XVI verabschiedet, mit der dem tibetischen Volk ausdrücklich das Recht auf Selbstbestimmung zuerkannt wurde. Die Vereinten Nationen forderten die Regierung der Volksrepublik China auf, »von den Praktiken abzulassen, die den Grundrechten und der Freiheit des tibetischen Volkes, unter anderem das Recht auf Selbstbestimmung, entgegenstehen«. 1965 war diese Resolution in der Vollversammlung (Resolution 2079–XX) bestätigt worden.

Im selben Zeitraum jedoch hatte sich die eiserne kommunistische Faust um unser Land geschlossen. Zusehends weniger Flüchtlingen gelang es, die Kette des Himalaja zu überwinden. Die Berichte derer, die es schafften, waren um so tragischer, wenn noch Angehörige in Tibet lebten und nicht in Erfahrung gebracht werden konnte, was zwischenzeitlich aus ihnen geworden war.

Vom 24. November 1950 bis zum 19. Oktober 1953 hatte Peking einen Großteil der Region Kham annektiert und der benachbarten chinesischen Provinz Sichuan angegliedert. Von Kham wurden zwei »autonome tibetische Präfekturen« und ein »autonomer tibetischer Bezirk« abgetrennt. Am 13. September 1957 war ein Gebiet im Süden von Kham in »autonome tibetische Präfektur Dechen« umbenannt und der Provinz Yunnan zugeschlagen worden. Ein beträchtlicher Teil der Amdo-Region sowie bestimmte Gebiete in Kham waren zu der neuen chinesischen Provinz Qinghai zusammengefaßt worden. Ein weiteres Gebiet in Amdo war als »autonome tibetische Präfektur von Ngapa« Sichuan zugefallen. Was von Amdo übriggeblieben war, hatte man nochmals am 6. März 1950 in den »autonomen tibetischen Bezirk Tianghu« und am 1. Oktober 1953 in die »autonome tibetische Präfektur Kanlho« unterteilt und der chinesischen Provinz Gansu unterstellt.

Am 9. September 1965 hatte China formell die »autonome Regionalregierung von Tibet« ausgerufen und ihr die gesamte Region U-Tsang sowie einen Teil von Kham zugesprochen. Zahlreiche ethnische Gruppierungen, die sich seit jeher als Tibeter erachtet hatten – die Sherpas, die Monpas, die Lhopas, die Tengpas, die Jangpas – waren somit ihrer Identität beraubt und willkürlich als chinesische Minderheiten eingegliedert und abgestempelt worden.

Vor der chinesischen Invasion hatte Tibet zu keiner Zeit Hunger leiden müssen. Gewiß, es hatte magere Jahre gegeben; dann aber war das Volk aus den Beständen der Bezirksverwaltung oder der Klöster, des Adels oder wohlhabenderen Familien versorgt worden. 1950 hatten sich chinesisches Militär und Zivilisten aus den Lebensmittelbeständen des Staates bedient und die Tibeter gezwungen, ihre Getreidevorräte weit unter Marktpreis zu verkaufen. Die »Befreiung« bedeutete Armut für alle. Von dem, was auf den Feldern geerntet wurde, gestand man den Bauern nur noch einen lächerlich kleinen Teil zu, zwang sie dadurch, mit dem, was sie für ihren täglichen Bedarf brauchten, sparsamst umzugehen. Wenn in Tibet vor 1950 die Grundlage der Ernährung Gerste gewesen war, hatte sich die Bevölkerung danach auf Weizen umstellen müssen. Die Folgen waren katastrophal: Für das tibetische Klima nicht geeignet, gelangte dieses Getreide nicht zur Reife, und der Großteil der Ernten erfror bereits im Keim. Felder, die man bewußt hatte brachliegen lassen, dienten jetzt als zusätzliches Weideland. Die chinesischen Behörden verfolgten damit eine Politik der Überproduktion, begleitet von dem Bestreben, die Nomaden zur Seßhaftigkeit zu zwingen. Reihenweise verendeten ganze Herden, wurden die Äcker ausgelaugt. Eine Hungersnot breitete sich aus.

Die chinesische Invasion von 1949 war der Auftakt zu einer weiteren Tragödie gewesen: Tibet verwandelte sich in ein riesiges Gefängnis; das ganze Land war von Arbeitslagern durchzogen. Massaker, Folterungen, Ermordungen, Bombardierung der Klöster, Ausrottung ganzer Nomadendörfer – all diese Unmenschlichkeiten sind in den Dokumenten festgehalten, die die Internationale Juristenkommission 1960 vorlegte und aus denen hervorgeht, daß die »Befreiungsarmee« zwischen 1952 und 1958 Hunderte von Aufständen im Kanlho niedergeschlagen hat und daß dabei Tausende von Tibetern getötet wurden. Ich entsinne mich sehr genau an das, was der Panchen-Lama 1963 über die Goloks aus einem Gebiet in Amdo berichtete, deren Bevölkerung von hundertdreißig- auf sechzigtausend geschrumpft war. »Wenn man in einem Film Grausamkeiten zeigen würde, wie sie in der Provinz Qinghai verübt wurden, wären die Zuschauer entsetzt. Im Gebiet der Goloks hat man die Menschen reihenweise abgeschlachtet und die Leichen dann von einer Anhöhe aus in einen breiten Graben geworfen. Soldaten haben die Eltern und Angehörigen der Opfer gezwungen, die Hinrichtung der Rebellen zu feiern und sogar auf den Leichen zu tanzen – ehe sie ihrerseits unter den Garben der Maschinengewehre zusammenbrachen.«

Nach dem Aufstand der Tibeter 1959 in Lhasa waren innerhalb von drei Tagen zwischen zehn- und fünfzehntausend Tibeter hingerichtet worden. In einem Bericht heißt es, daß zwischen März 1959 und Oktober 1960 allein in Zentraltibet siebenundachtzigtausend Tibeter ihr Leben verloren.

Von denjenigen, die sich durch die Flucht der Verhaftungswelle hatten entziehen können, war Näheres über die Gefangenenlager zu erfahren: Durchschnittlich 70 Prozent der Inhaftierten überlebten sie nicht. In Jang Tsalakha im abgeschiedenen Norden beispielsweise waren mehr als zehntausend Menschen, die als Zwangsarbeiter in den Boraxminen schufteten, in fünf Gefängnissen untergebracht gewesen. Täglich waren zwischen zehn und dreißig von ihnen an Hunger, Entkräftung oder als Folge von Mißhandlungen gestorben, nach einem Jahr mehr als achttausend. Anderswo, während der Bautätigkeit am Wasserkraftwerk von Lhasa Ngachen, mit dessen Erstellung sich fälschlicherweise die Volksbefreiungsarmee brüstet, wurden täglich drei bis vier Leichen verbrannt oder in den nahegelegenen Fluß geworfen. In Kham wies uns eine ehemalige Strafgefangene, Adi Taphe de Nyarong, darauf hin, daß zwischen 1960 und 1962 in der Bleimine in der Region von Dartsedo im Osten des Landes mehr als zwölftausend Tibeter umgekommen sind.

Allein in Lhasa trafen wir mit mehr als dreißigtausend Landsleuten zusammen. Ein Besuch reihte sich an den anderen, von fünf Uhr morgens bis zwei Uhr nachts. Erschöpft, wie wir waren, mußten wir unsere ganze Energie aufbringen, wollten wir doch niemanden abweisen, sondern im Gegenteil alle anhören, die das Bedürfnis hatten, mit uns zu sprechen. Als kleine Erleichterung teilten wir es so ein, daß sich zumindest nachts der eine oder andere ausruhen konnte, während die übrigen Besuche machten. Zwei kleine Mädchen dienten als Boten. Sie überbrachten uns Briefchen, entweder mit der Bitte um ein Treffen oder mit einer Botschaft für den Dalai-Lama. Beide kannten die Mantras sehr gut und sagten sie zusammen mit mir auf. Ich erinnere mich genau an sie, kann aber auch ihre Namen nicht preisgeben, um ihr Leben nicht zu gefährden.

Bei unserer Ankunft in der Hauptstadt wurde ich von meinen Gefühlen übermannt. Wir kamen aus Shigatse, und nach einer letzten Wegbiegung stand mit einemmal der Potala vor uns. Das Bauwerk hatte sich seine atemberaubende Schönheit erhalten. Im Gasthof dann, in dem die Delegation einquartiert wurde, blickte ich von meinem Fenster aus sehnsüchtig zu dem Hügel hinüber, auf dem sich majestätisch der Potala erhob. Unmöglich, meine Tränen länger zuruckzuhalten. Ich dachte an früher, an die Besuche bei Seiner Heiligkeit. Wie ich später von einem Wachhabenden erfuhr, stand dieser gigantische Palast inzwischen völlig leer.

Lhasa hatte sich seit meinen Kindertagen gewaltig verändert. Das Haus meiner Familie war mit einem Gitterzaun umgeben, die blau umrahmten Fenster wirkten wie tot. Auf meine Frage, wozu das Gebäude – übrigens das einzige, das ich neben dem Potala wiedererkannte – jetzt diene, erhielt ich zur Antwort: »Als Quartier für Offiziere der chinesischen Armee!« Ansonsten war die Stadt dem Erdboden gleichgemacht worden; Bauten im chinesischen Stil standen an der Stelle der einstigen Häuser. In Jokhang registrierten wir, daß die Gullys überliefen, weil das Kanalisationsnetz nicht mehr funktionierte, und auf den Straßen gab es zwar Laternen, aber keinen Strom. Der war den von Chinesen bewohnten Vierteln vorbehalten. Diese Art Fortschritt auf chinesisch war nichts weiter als plumpe

Augenwischerei. Und während die von tibetischen Gefangenen gebauten Straßen jetzt den Aufmarsch ganzer Truppenverbände und Kolonnen erlaubten, hauste die tibetische Bevölkerung in Unterkünften, die eher die Bezeichnung Ruinen verdienten; die sonst stets zu Neujahr frisch gekalkten Mauern waren seit zehn, fünfzehn oder gar zwanzig Jahren nicht getüncht worden.

Die Bevölkerung lebte in ständiger Angst vor Repressalien. Wenn uns auf der Straße ein Tibeter begegnete, hielt er meist den Kopf gesenkt. Wie man mir erklärte, war ihnen während der Kulturrevolution verboten worden, den Blick zu heben, und inzwischen war ihnen dieses Verhalten in Fleisch und Blut übergegangen. Jeden Abend mußten sie indoktrinative Zusammenkünfte über sich ergehen lassen, eine reine Gehirnwäsche, die bei Sonnenuntergang begann und bis Mitternacht oder länger dauerte. Selbst den eigenen Kindern mißtraute man, aus Furcht, sie könnten das, was im Familienkreis besprochen wurde, ausplaudern. Auch im Radio hörte man nur Chinesisch. Die Nachrichten kamen aus Peking, desgleichen die Musik und selbst die Gymnastikkurse. Die Uhrzeit entsprach der in Peking, so daß sich die Tibeter mit einer beträchtlichen Zeitverschiebung abfinden mußten.

Ich glaube, ich habe in diesen drei Monaten eimerweise Tränen vergossen. Jeder Tag gab Anlaß zu weinen. Daß wir nichts für unsere Landsleute tun konnten, empfanden wir als besonders schmerzlich; für sie dagegen war allein die Tatsache, daß wir ihnen zuhörten, bereits ein Trost. Vor der Tür unseres Zimmers fotografierte ein Funktionär jeden, der eintrat. Ob sie nicht befürchten müßten, erkannt zu werden, fragten wir unsere Besucher. Das, erwiderten sie, sei ihnen egal. Diese Begegnung sei für sie ungeheuer wichtig; dafür setzten sie gern ihr Leben aufs Spiel.

Ich erinnere mich an die ergreifende Geschichte einer Frau, die zu mir kam. Sie hatte drei Kinder, deren Kräfte von Tag zu Tag mehr geschwunden waren; ihr Jüngstes, ein sechsjähriges Mädchen, hatte sich zuletzt schon nicht mehr auf den Beinen halten können. Deshalb hatte sie *tsampa*-Reste mit ihrem eigenen Blut vermischt und diese »Suppe« den Kindern vorgesetzt. Dreimal pro Tag war sie so verfahren und hatte dadurch ihre Kinder vor dem sicheren Tod bewahrt.

Die chinesische Botschaft in den Niederlanden gab ein Kommuniqué heraus, in dem mir vorgeworfen wurde, ich hätte diese Geschichte von Anfang bis Ende erfunden. Einige Jahre später berichtete *Time Magazine*, bei einem Erdbeben in der Sowjetunion Ende der achtziger Jahre habe sich eine Mutter, die mit ihrem Kind in den Trümmern verschüttet war, einen Finger abgetrennt, das Kind mit dem Blut aus der Wunde ernährt und ihm dadurch das Leben gerettet.

Auch wenn mich meine Reise nach Tibet aufwühlte und sehr traurig stimmte, muß ich doch sagen, daß sie aufschlußreich war und mehr Erkenntnisse mit sich brachte als erwartet. Aus Zeitmangel und wegen des Drucks, den die chinesischen Funktionäre ausübten, konnten wir nicht das ganze Land besuchen, uns auch nicht näher mit dem befassen, was uns an Ort und Stelle ins Auge sprang. Eines jedoch ist gewiß: Die tibetische Bevölkerung hat uns freudigst aufgenommen, wollte unbedingt mit uns sprechen, komme, was da wolle und ungeachtet der Warnungen, die sie vor dem Auftauchen unserer Delegation erhalten hatte. Durch sie erfuhren wir von den Täuschungsmanövern, die die Chinesen ausgeheckt hatten, von den Verschleierungstaktiken, die inszeniert worden waren, um Begegnungen zu verhindern, und immer wieder von dem Leid und den Gewalttätigkeiten, die die Bevölkerung seit dreißig Jahren erdulden mußte. Ihre Haltung und ihr Mut ließen die Unannehmlichkeiten dieser Reise vergessen. Jeden Tag konnten wir uns von dem unerschütterlichen Vertrauen überzeugen, das die Tibeter in Seine Heiligkeit den Dalai-Lama setzen, von ihrem Abscheu vor der Brutalität der Besatzer, von ihrer Sehnsucht nach Freiheit. Jedes Zusammensein mit ihnen festigte das Band zwischen uns, erlaubte uns zuweilen, das Ränkespiel der chinesischen Kommunisten zu vereiteln.

Hundertfünf der insgesamt hundertfünfunddreißig Tage hielten wir uns in Tibet auf. Wir besuchten einundvierzig Städte, dazu zahlreiche Dörfer und Nomadenansiedlungen, kämpften uns über dreizehntausend Kilometer unwegsamer Straßen. Wo immer wir Halt machten, wurden wir vom jeweiligen Bürgermeister oder dessen Stellvertreter mit langatmigen Ansprachen empfangen, in denen es von Zahlen und Statistiken nur so wimmelte und die uns die Errungenschaften unter der Führung von Deng Xiaoping seit 1959, dem Datum des Aufbruchs des Dalai-Lama ins Exil, vor Augen führen sollten. Gewiß, auch die Verfehlungen der Viererbande wurden gestreift; wichtiger war jedoch stets der Hinweis, daß »in Tibet, das zu besuchen wir in der glücklichen Lage sind, alles zum Besten steht«. Diese langatmigen wie sinnlosen Empfangsrituale stahlen uns nur kostbare Zeit. Und je wichtiger eine Stadt für uns war, desto mehr uferten die Ansprachen aus.

Ich kann bestätigen, daß die Mehrheit meiner Landsleute in Tibet wie Tiere lebt. Sie haben ihre Familie verloren, ihr Haus, ihr Kloster; sie dürfen sich nicht öffentlich zu ihrer Identität und zu ihrer Religion bekennen. Aber obwohl sie körperlich am Ende sind, ist ihre Gesinnung unverändert und ihre Entschlossenheit so felsenfest wie nie zuvor. Immer wieder bekam ich von ihnen zu hören: »Wir haben ein geistliches und weltliches Oberhaupt, den Dalai-Lama. Er sorgt für uns; alles andere wird die Zeit bringen.« In Gormo, wo ich Muslime aus Turkestan antraf, gestand mir einer von ihnen: »Sie dürfen sich glücklich preisen, Madame, denn Sie haben etwas, was wir nicht besitzen: den Dalai-Lama. Ihr Tibeter habt zwar wie wir alles verloren, aber dank Seiner Heiligkeit bleibt eure Sache weiterhin lebendig. Wir haben niemanden mehr; es sieht ganz so aus, als hätten wir unsere Schlacht verloren ...« Es stimmt, diese Muslime laufen Gefahr, von der

Masse von Chinesen verschluckt zu werden. Wir haben das große Glück, uns von ihnen zu unterscheiden: Wir bewahren uns unsere durch den Dalai-Lama eindrucksvoll repräsentierte Identität, und wir halten an einem Ziel fest: Tibet zu befreien.

13.
BEGEGNUNG MIT
EINEM UNTERDRÜCKTEN VOLK

Im Verlauf unserer Reise gelang es mir mehrmals, Radiosendungen der BBC zu empfangen. Ich erfuhr, daß der Sohn von Indira Gandhi bei einem Flugzeugabsturz ums Leben gekommen war. Meine Begleiterin erkundigte sich eingehend nach dieser Frau, die an der Spitze der indischen Regierung stand, und wollte wissen, welche politischen Veränderungen jetzt, da der präsumtive Amtsnachfolger nicht mehr lebte, zu erwarten seien. Ich berichtete ihr, wie großzügig Premierminister Nehru und nach ihm Indira Gandhi die tibetischen Flüchtlinge seit 1959 unterstützt hätten und daß wir Indien dafür sehr dankbar seien. Ein Thema, das meiner Aufpasserin höchst unbehaglich war. Sie war mehr daran interessiert zu erfahren, ob der zweite Sohn von Indira Gandhi ebenfalls eine politische Karriere anstrebe. »Bis jetzt noch nicht, aber das kann durchaus noch kommen!« gab ich ihr, die vermutlich wie alle Chinesen einen Rückzug der Gandhis von der internationalen Bühne erhoffte, zurück und fügte noch hinzu: »Indira Gandhi ist eine sehr starke Frau. Auch wenn ihr der Tod ihres Sohnes verständlicherweise sehr nahegeht, verfügt sie über eine enorme Energie. Außerdem ist Indien nicht China ...« Damit war ich wieder einmal an der rückschrittlichen Mentalität dieser chinesischen Funktionärin angeeckt, für die ein weiblicher Premierminister undenkbar war.

Was mir von Anfang an bei unseren chinesischen Begleitern auffiel, war deren Trägheit. Da mußte täglich ein langer Mittagsschlaf abgehalten werden, zu dem sie auch uns vergattern wollten. Ein vergebliches Unterfangen. Wir nutzten statt dessen die Zeit und machten uns selbständig. Abends war es das gleiche. Sobald sie sich zurückzogen, seit unserem heftigen Aufbegehren aber nicht mehr wagten, uns in unsere Zimmer einzusperren, bewaffneten wir uns mit Taschenlampen und begaben uns zu Treffen mit Tibetern ...

Wo immer wir auf unserer Route Halt machten, steckten uns Tibeter unauffällig Briefe für den Dalai-Lama zu, die ich unter den Mitgliedern der Delegation aufteilte. Somit trug jeder von uns eine Tasche mit sich herum, von der er sich niemals trennte, um die Absender der Briefe nicht in Schwierigkeiten zu bringen. Am Ende unserer Reise hatten wir an die siebentausend Schreiben gesammelt, von denen die meisten für Seine Heiligkeit bestimmt waren.

Wie nicht anders zu erwarten, leierte man uns vom ersten Tag an bei jedem offiziellen Treffen auch die Litanei der beispiellosen Fortschritte auf dem schulischen Sektor herunter. Laut chinesischer Statistik präsentierte sich das Unterrichtswesen wie folgt: 430 Grundschulen mit 17000 Schülern, 55 höhere Schulen mit 10000 Schülern sowie 6000 öffentliche Schulen, die an die 200000 staatlich geförderte Schüler besuchten. Vorgesehen war sogar, diese Einrichtungen den Behörden zu unterstellen. Außerdem waren in dieser Statistik 22 Gymnasien mit 2000 Schülern aufgeführt, dazu 4 Hochschulen mit mehr als 560 Studenten. Ob Stadt oder Dorf, jedesmal überschwemmte man uns mit Zahlen, immer mehr Zahlen, möglicherweise in der Hoffnung, damit eine weit weniger erfreulichere Realität zu vertuschen.

Festzuhalten ist, daß wir zu keiner Zeit Gelegenheit bekamen, diese Zahlen zu überprüfen, schon weil man mit allen Mitteln versuchte, uns am Besuch einer Schule zu hindern. Dabei bestanden wir gar nicht darauf, Hunderte von Einrichtungen sehen zu wollen; eine oder zwei in jeder Provinz, durch die wir kamen, hätten genügt!

Aber nein, alle Schulen waren geschlossen. Wegen der Sommerferien, wie man uns sagte. Die Logik, sie während der warmen Jahreszeit zuzumachen, in einem Land, wo die Winter lang und hart sind, wollte mir nicht einleuchten. Dazu kam, daß Schulgebäude im eigentlichen Sinn nicht vorhanden waren, von Zentralheizung gar nicht zu sprechen. Die Kinder besaßen keine warme Kleidung; die Transportmöglichkeiten beschränkten sich auf Militärlastwagen und ein paar Überlandbusse. »Die Schule ist wegen der Sommerferien geschlossen« wurde zur gängigen Ausrede; wir bekamen sie vom ersten bis zum letzten Tag, den wir in Tibet verbrachten, vom 18. Juni bis zum 23. September 1980, zu hören. Wenn wir anfangs noch darauf gedrängt hatten, wenigstens die Unterrichtsräume besichtigen zu dürfen, interpretierten wir die stereotype Antwort der Chinesen schon bald als verkappte Ausrede dafür, daß entweder gar keine Schule existierte oder daß man auf ein Betreten des als Schule deklarierten Gebäudes nicht erpicht war. Gelegentlich machte uns die Dolmetscherin auch weis, der Direktor sei abwesend; der Besuch einer Lehranstalt ohne die Anwesenheit der Person, die als einzige unsere Fragen kompetent beantworten könne, erübrige sich somit.

Um unseren Auftrag zu erfüllen, mußten wir diese Hindernisse überwinden. Mit dem Ergebnis, daß wir 92 schulische Einrichtungen ausmachen konnten. In dieser Zahl sind die Weiterbildungseinrichtungen in verschiedenen Regionen Tibets enthalten, die Schulen für nationale Minderheiten in Peking, Shenyang, Lanzhou und Chengdu, die auch vereinzelt von Tibetern besucht wurden, sowie einige Grundschulen in Peking, die wir vor unserer Abreise nach Tibet gesehen hatten. Ebenfalls inbegriffen ist die muslimische Schule in Lhasa und eine mongolische Schule im Amdo-Bezirk Daku Zong. Betreten haben wir 70 Einrichtungen, genug, um die schulische Situation in Tibet objektiv zu beurteilen.

In 16 dieser 70 wurde überhaupt kein Tibetischunterricht erteilt; in acht weiteren erst in den oberen Klassen. Die meisten Dorfschulen und den überwiegenden Teil der Grundschulen, an denen, wie man uns versichert hatte, angeblich Tibetisch unterrichtet würde, gab es überhaupt nicht. Anderswo war das schulische Niveau ausgesprochen mäßig. Kein Wunder, da ein Großteil der Lehrer lediglich die Volksschule besucht hatte!

In Peking hatten die kommunistischen Behörden die Schulsituation in Tibet so hingestellt, daß hier in den letzten zwanzig Jahren eindeutig ein Aufschwung stattgefunden habe und die Schülerzahl um dreihundert Prozent gestiegen sei. Ihren Schätzungen nach hätte es vor 1950 nicht mehr als dreizehn Schulen gegeben. Das hieße denn doch allzu rasch die Tausende in der Folgezeit zerstörten Klöster vergessen, die sich ebenfalls als Schulen, oftmals ausgezeichnete sogar, verstanden. Heutzutage bemühen sich die Chinesen paradoxerweise angeblich darum, die, die ihre Ausbildung in unseren klösterlichen Einrichtungen erworben haben, ausfindig zu machen, um sie als Lehrkräfte einzusetzen. Dabei vermittelten die früheren Klosterschulen die tibetische Sprache und die tibetische Kultur, während die von den Chinesen eingerichteten Schulen vor allem darauf abzielten, unsere Kinder zu indoktrinieren, sie soweit zu beeinflussen, daß sie ihre Gesellschaftsordnung verachten, ihre Religion und selbst die eigenen Brüder, ihr Volk! Es sah ganz danach aus, als ob die Chinesen unser Erziehungssystem für gut befänden und gleichzeitig unsere Kultur ablehnten! Diese Heuchelei, dieser ganze Schwindel hat die Grundlagen der Erziehung in Tibet ein für allemal zunichte gemacht.

Abgesehen von einigen Ausnahmen betrug der Anteil tibetischer Schüler in den 70 von uns besichtigten Schulen lediglich 40 Prozent. 70 Prozent der Lehrer waren Chinesen. Diese Zahlen hatten uns die Behörden genannt, sie können also nicht angefochten werden und gaben uns Anlaß zur Besorgnis.

In einigen Dörfern hatten sich die Chinesen dazu verstiegen, für die Dauer unseres Aufenthalts rasch eine Schule hinzustellen! Eine präsentierte sich uns als Zelt, alles war niegelnagelneu: die Leinwandbahnen, die Kleidung der Kinder, die Tische, die Tafel – selbst das Gras unter den Sitzmatten war zart und grün. Ein Lehrer verbreitete sich über Eigenheiten der tibetischen Grammatik – und das vor Kindern, die nicht einmal das Alphabet beherrschten! Das Ganze war derart grotesk, daß sich selbst unsere chinesischen Begleiter peinlich berührt zeigten. Im Innern des Zeltes hatten die Behörden ein Mittagessen organisiert. Als unsere Delegation Platz genommen hatte, setzten sich die Bewohner des Dorfes draußen um das Zelt herum in Bewegung, betend, auf die Knie sinkend, uns mit ehrfürchtigen Blicken bedenkend. An jenem Tag ergriff auch ich das Wort, überbrachte meinen Landsleuten die besten Wünsche Seiner Heiligkeit. Worauf zwei Tibeter unter Tränen ein altes und sehr melancholisches Volkslied anstimmten.

Unser Zwischenstopp in Gormo, einem Ort zwischen Toe und Chuni, war, man höre und staune, im offiziellen Programm eigentlich nicht vorgesehen gewesen. In der Schule war kein Kind anzutreffen. Es sei Mittagszeit, erklärte der Direktor. Um zehn Uhr morgens! … Als ich ihn fragte, wann denn der Unterricht beginne, sagte er: »Um acht«, berichtigte sich dann auf »Um sieben« und beeilte sich hinzuzufügen, daß die Mittagspause bis vierzehn Uhr dauere. Wie ein kurzer Rundumblick ergab, konnte hier gar kein Unterricht stattfinden; das Gebäude diente vielmehr zum Lagern von Brennholz.

In Kangsto, unweit von Chaktso, besuchte unsere Delegation eine Grundschule mit siebenunddreißig Kindern und zwei Lehrkräften, von denen sich die eine höchst unwillig dazu bequemte, unsere Fragen zu beantworten. In dem winzigen Klassenzimmer gab es nicht einmal Matten, auf denen die Schüler sitzen konnten. In Lhatse, in einer kombinierten Vor- und Grundschule, trafen wir völlig zerlumpte, barfüßige Kinder an, die in Strohtaschen Steine und Erde schleppten. Muß eigens erwähnt werden, daß auch dort das schulische Niveau zu wünschen übrig ließ?

In Lhasa war es nicht viel besser. In Jarak Linka führte man uns in ein Gebäude, mit dem man Ausländer zu beeindrucken suchte. Mehr als die Hälfte der 1500 Schüler waren Chinesen. Von den Tibetern hatten die Besatzungsmächte verlangt, in ihren besten Kleidern zu erscheinen. Wie sich später herausstellte, war diese Schule den Kindern von Funktionären im Dienste Pekings vorbehalten. In Nyitri Ghey Chik, im Verwaltungsbezirk Kongpo, waren von 441 Schülern 200 Interne, die sich selbst verköstigen mußten, da die Schule nach Aussage des Direktors keinerlei Subventionierung von der chinesischen Regierung und erst recht nicht von den örtlichen Behörden erhielt.

Ich könnte noch unzählige Beispiele dafür anführen, wie die chinesischen Kommunisten immer wieder versuchten, uns mit lächerlichen Farcen an der Nase herumzuführen. Aber ich glaube, daß jeder vernunftbegabte Mensch anhand des Gesagten klar erkennen kann, wie schlimm es um mein Land steht, und begreift, daß diese Nation erbarmungslos unter das Joch fremder Streitkräfte, deren Zahl die der tibetischen Bevölkerung insgesamt weit übersteigt, gezwungen wird.

Heute demonstriert sich die chinesische Macht dadurch, daß auf einen Tibeter zwei bewaffnete Soldaten kommen. Die Kommunisten haben ein tief religiöses und friedliebendes Land unterworfen, in dem ein Drittel der Menschen in klösterlicher Ruhe und Beschaulichkeit lebte; ein friedliches Land, das über keinerlei moderne Waffen verfügte. Die Tragödie unseres Volkes läßt sich in einem einzigen Satz zusammenfassen: Die Volksrepublik China hält Tibet besetzt. Und solange die Truppen der Invasoren auf tibetischem Boden stehen, so lange wird diese

Tragödie fortdauern und die Situation zunehmend dramatischer werden. Soll man wirklich glauben, daß eine Kolonialmacht ein Land besetzt, dessen Bevölkerung dezimiert und systematisch dessen Kultur ausrottet – alles unter dem Vorwand, dies geschehe zum Wohle des besetzten Landes? Das geht doch nicht an!

Drei Monate hindurch habe ich mich mit eigenen Augen von der Tragödie meines Volkes überzeugen können. Hunderte von Berichten haben mir bestätigt, daß die Absicht besteht, rücksichtslos und bis zum letzten Rest die natürlichen Reichtümer Tibets auszubeuten. Ganze Wälder sind bereits abgeholzt, der Boden allmählich zu großflächigen Wüsteneien verkommen. Mit ausländischer Hilfe, vornehmlich japanischer, geht China daran, die Bodenschätze auszubeuten. Daß die tibetische Bevölkerung in keinster Weise für diese Verwüstungen entschädigt wird, versteht sich von selbst.

Die Chinesen behaupten immer wieder, den Fortschritt nach Tibet gebracht, dort Straßen, Brücken und Wohnungen gebaut zu haben. Auch das ist eine schamlose Lüge. Die verbesserte Verkehrsanbindung dient einzig und allein der Massenumsiedlung der Bevölkerung und dem Abtransport der Bodenschätze. Und die neuen Häuser sind für Siedler und solche Tibeter bestimmt, die mit den Besatzern gemeinsame Sache machen.

Während die Tibeter Hungers sterben, dienen von Chinesen bestellte fruchtbare Felder zur Ernährung Tausender chinesischer Neusiedler oder zum Export. In Marchu hat man uns einen Schlachthof gezeigt, in dem jährlich 3000 Schafe und 7300 Jaks geschlachtet werden. Wohin dieses Fleisch geht? In alle möglichen arabischen Länder. In Dholen Zong werden im Jahr 40000 Schafe und Jaks getötet; Wolle, Felle und Leder landen in China. Dies nur zwei Beispiele von vielen.

Vor meiner Reise nach China hatte ich einen persönlichen Wunsch zum Ausdruck gebracht – Fauna und Flora fotografieren zu dürfen. In mir lebte noch die Erinnerung

218

an eine so überaus reiche Tier- und Pflanzenwelt, daß ich früher immer geglaubt hatte, in meinem Land gäbe es mehr Tiere als Menschen. Jetzt mußte ich feststellen, daß die Hirsche, die Wildesel, die Antilopen meiner Kindheit verschwunden waren. Selbst der *trung-trung*, der berühmte weiße Kranich, ist mittlerweile ausgestorben.

Die Chinesen mochten uns noch so viele Lügenmärchen auftischen, wir beurteilten die Situation als dramatisch. Sogar die Amtssprache war jetzt Chinesisch; Tibetisch galt nichts mehr.

Ob Nomaden oder Bauern – die Tibeter waren von den Behörden erfaßt und in sogenannte Kommunen, Produktionsbrigaden und weitere Unterdivisionen eingeteilt worden. Jede dieser Gruppen hatte sich an Pläne zu halten, jeweils festgelegt nach der geschätzten Leistungsfähigkeit der einzelnen Brigade. Ungeheuer hochgeschraubte Aufgaben mußten bewältigt werden, zum Beispiel der Bau einer Abwasserkanalisation, von Kläranlagen oder Staudämmen. Die Bewohner von Shigatse wurden sogar gezwungen, zwischen Gyantse und Shigatse einen Damm zu beiden Seiten des Flusses aufzuschütten, um ihn einzuengen! Nach den heftigen Regenfällen im Sommer erhöhte sich der Pegelstand des Flusses um so rascher und riß die Deiche ein, so daß das Gebiet im Umkreis von mehr als fünfzig Kilometern überschwemmt wurde. Bis zur völligen Erschöpfung arbeitend, den Rücken zerschunden von der Last der Steine, die sie schleppen mußten, bezahlten viele tibetische Männer, Frauen und Kinder derlei wahnwitzige Unternehmungen mit dem Leben.

In den Städten war ein Großteil der noch einsatzfähigen Bevölkerung für Maßnahmen wie den Bau von Straßen, Landebahnen, den Ausbau der Kommunikationswege und elektrischen Installationen eingespannt worden. Diese Arbeiten wurden mit eineinhalb oder zweieinhalb Geldgutscheinen entlohnt. Weil Einkäufe nur auf Marken getätigt werden konnten, waren selbst diejenigen Tibeter, die noch über etwas Erspartes verfügten, nicht in der Lage, sich mit zusätzlichen Nahrungsmitteln oder Kleidung einzudecken.

Die Tibeter wohnten in Hütten. In die leerstehenden Häuser zu ziehen, konnten sie sich wegen der unerschwinglich hohen Mieten nicht leisten. Auffallend bei den Leuten, denen wir auf der Straße begegneten, war, daß die Chinesen ausnehmend gut gekleidet waren und rundum gesund wirkten, während die Tibeter in Lumpen herumliefen und eher einen kränklichen Eindruck machten.

Ein sehr gut ausgebautes Straßennetz kam dem dichten Verkehr auf den Hauptachsen entgegen. Vor allem schwere Lastwagen, in erster Linie Militärfahrzeuge, waren zu beobachten. Sie dienten zum Transport von Soldaten der Volksbefreiungsarmee und von Lebensmitteln in die Kasernen. Auf ihrem Rückweg nach China waren die Lastwagen mit Produkten der einheimischen Landwirtschaft beladen, mit Zuchtvieh, mit Bodenschätzen.

Die Arbeitsbrigaden bestanden vornehmlich aus tibetischen Beamten aus der Zeit vor 1959. Aus der Gefangenschaft entlassen, durften sie nicht zu ihren Familien zurückkehren, und ihre Häuser waren entweder von den Behörden beschlagnahmt oder dem Erdboden gleichgemacht worden. Diese auf mehrere Gegenden des Landes verteilten Brigaden dienten den Besatzern als billige Arbeitskräfte. All unsere Bemühungen, unsere Landsleute in den Lagern aufzusuchen, blieben erfolglos. In Shigatse und Emagang schützten die Chinesen die ergiebigen Niederschläge vor, die ein Überqueren des Flusses auf dem Weg nach Emagang unmöglich machten. Ähnlich abschlägig wurde unser Ersuchen beschieden, einen Abstecher zur Brigade von Kongpo Phagmotrang zu machen, die für das Abholzen von Wäldern eingeteilt war. Die Bevölkerung hatte nichts zum Heizen, aber lastwagenweise wurden Baumstämme nach China gekarrt.

Für unseren Aufenthalt in Lhasa waren zwei Wochen anberaumt worden. Ich war derart erschöpft, daß ich sehr viel schlief. Der Grund dafür dürfte zweierlei gewesen sein: Zum einen vertrug ich das doch reichlich schwere Essen nicht, zum anderen machte ich nachts kaum ein Auge zu. Als uns die Funktionäre eine Fabrik zeigen wollten, in der Seide hergestellt, und eine weitere, in der Jade verarbeitet wurde, lehnte ich ebenso ab wie seinerzeit in Peking den Ausflug zur Großen Mauer.

Bei dem Besuch der zweiten Delegation war es vor den Toren Lhasas zu einem ernsten Zwischenfall gekommen. Als sich die Delegation zum Norbulingka begab, hatte eine Frau gerufen: »Lang lebe Seine Heiligkeit!« Sie war auf der Stelle verhaftet und eingesperrt, die Delegation umgehend ausgewiesen worden. Aus diesem Grund hatte mir die verantwortliche Chinesin das Versprechen abgenommen, jetzt nicht nach Lhasa zu fahren, weil sich Thubten Jigme Norbu dort privat aufhielt, und hinzugefügt, wir könnten statt dessen Shigatse besuchen. Immerhin durfte ich meinen Bruder anrufen. Und danach gestatteten mir die Funktionäre überraschenderweise doch noch, einen Tagesausflug von Shigatse nach Lhasa zu unternehmen, um meinen Bruder und meine Schwägerin zu treffen. Bei dieser so wichtigen Begegnung tauschten wir aus, was wir mit eigenen Augen erlebt hatten, waren einhellig entsetzt über das blindwütige Vorgehen der Chinesen.

Nachdem mein Bruder wieder abgereist war, stand unserem offiziellen Besuch in Lhasa nichts mehr im Wege. Bei der Ankunft in der tibetischen Hauptstadt wurden wir von einer riesigen Menschenmenge erwartet. Ich hielt eine Ansprache, in der ich den guten Gesundheitszustand Seiner Heiligkeit erwähnte und dann auf die Bemühungen der Exiltibeter zu sprechen kam, die, nicht anders als die Bewohner von Lhasa, nur ein Ziel vor Augen hätten: Tibet zu befreien. Um Mitternacht jenes Tages kam die Dolmetscherin in mein Zimmer und brachte mich zu der uns zugeteilten Funktionärin, die mich einem regelrechten Verhör unterzog. »Sie haben von einem Ziel gesprochen, das alle Tibeter verfolgen. Was meinen Sie damit?« Worauf ich ihr erklärte, Seine Heiligkeit sei um das Wohl aller Tibeter bemüht, ob sie nun im Exil lebten oder in Tibet. Am Ende der Unterredung forderte mich mein Gegenüber auf, nie wieder das Wort »Ziel« zu verwenden.

Die Bevölkerung war von unserem Besuch schier überwältigt. Da die Chinesen für den Morgen unserer Abreise jegliche Menschenansammlung untersagt hatten, strömten am Abend vorher Tibeter herbei, um uns ein letztes Mal zu sehen. Wieder sprach ich zu ihnen, versicherte ihnen abermals, was ich bereits zum Ausdruck gebracht hatte. Diesmal unterblieb jeglicher Kommentar seitens der Funktionäre. Wohl weil wir anderntags sowieso abreisten.

Eines Sonntags waren Mönche erschienen, um uns zum Jokhang zu begleiten. Mit geschickten Manövern gelang es uns, unsere Eskorte abzuwimmeln und uns ohne sie zum Tempel zu begeben. Im Jokhang angekommen, zeigten uns die Mönche eine Statue, die während der Kulturrevolution von einer Kugel getroffen worden war. Als kurz darauf unsere chinesischen Bewacher auftauchten, knöpften sie sich augenblicklich die Mönche vor: »Heute ist Sonntag, ein Feiertag. Warum also sind die Tore geöffnet?« ... Wieder einmal trat die Beschränktheit der chinesischen Kommunisten zutage. Nach ihrer eigenartigen Vorstellung von religiöser Freiheit sollte der Tempel unter der Woche geöffnet sein, also wenn die Bevölkerung arbeitete, am einzigen Tag jedoch, an dem die Tibeter den Jokhang besuchen konnten, geschlossen bleiben! Wie ich weiterhin erzählt bekam, fuhr jeden Abend, am Ende der Besuchszeit, ein Lastwagen vor und holte die Butter ab, die die Tibeter den Göttern geopfert hatten. Damit wurden Keksfabriken beliefert: ein weiterer Beweis für die systematische und rücksichtslose Ausbeutung unseres tapferen Volkes.

Bestürzt war ich auch beim Anblick des Khyi Chu. Die

Landschaft entlang des Flusses war noch immer sehr schön und die Temperaturen milde, aber statt Tibetern lebten dort jetzt chinesische Siedler, und überall waren Fabriken entstanden, darunter eine, in der Decken hergestellt wurden. Als ich Tibet schon wieder verlassen hatte, mußte ich plötzlich feststellen, daß ich zwar Kinder gesehen hatte und viele Frauen, aber so gut wie kein Baby und keine Schwangeren.

Auf unserer Besichtigungsreise wurde nur allzu deutlich, um wieviel besser es uns in Indien ging: Wir lebten zwar in einem fremden Land, genossen jedoch alle Freiheiten und wurden als Gäste respektiert. In Tibet dagegen sind die Einheimischen Sklaven. Dieser Eindruck bestätigte sich Tag für Tag. Wie kann man nur den Ammenmärchen glauben, die die Chinesen seit viel zu langer Zeit schon verbreiten? Manchmal frage ich mich direkt, ob sie nicht vielleicht inzwischen selbst daran glauben, genauso wie sie sich als eine höherstehende Rasse betrachten, uns dagegen als absolut minderwertig, rückständig und ungehobelt und nur dazu da, von ihnen geknechtet zu werden, um sich die Reichtümer unseres Landes zu eigen zu machen.

Meine Reise führte mir deutlich vor Augen, wie wenige Tibeter noch in der Lage sind, unsere Sache zu verteidigen, oder wenigstens noch eine winzige Chance haben, die eine oder andere Veränderung herbeizuführen. Die gesamte tibetische Bevölkerung beweist zwar außergewöhnlichen Mut und Seiner Heiligkeit dem Dalai-Lama sowie der Exilregierung gegenüber unverbrüchliche Treue, nach dreißigjähriger Unterdrückung sind aber alle Anstrengungen auf das schiere Überleben ausgerichtet. Und dann gibt es natürlich jene Tibeter, die das Vertrauen der Chinesen besitzen. Abtrünnige wie sie, die mit der Besatzungsmacht paktieren, sind für jedes Land eine Strafe. Dabei haben die Kommunisten sie lediglich geschult, Befehle zu empfangen und sie bedenkenlos auszuführen. Diesen Menschen ist jegliches Verständnis für die althergebrachte tibetische

Kultur verlorengegangen. Sie haben von den Chinesen einen höheren Posten in der Verwaltung zugeschanzt bekommen und bilden sich ein, ihren Landsleuten gegenüber den Ton angeben zu können. Sie werden von den Chinesen manipuliert, zu Tyrannen ihres eigenen Volkes abgerichtet.

Auch wenn ich mich wiederhole: Die Freiheit, die die Tibeter im indischen Exil oder in anderen Aufnahmeländern genießen, ist unendlich kostbar. Nur dort können wir weiterhin die Weichen für die Zukunft unseres Landes stellen. Wir sind weder rückständig noch ungehobelt, wie das die Chinesen behaupten. Derartige Unterstellungen sind um so absurder, wenn man bedenkt, was sie uns angetan haben. Wir dürfen zu Recht erhobenen Hauptes durchs Leben gehen und uns unseren Hunger nach Demokratie bewahren.

Die Chinesen sollten sich ihr unrechtes Tun eingestehen und sich dafür schämen. Aber nein, dieses angeblich neue, große China versucht um jeden Preis, die übrige Welt zu täuschen. Ist das sein Karma? Die Wahrheit läßt sich nicht auf ewig unterdrücken. Auch für China kommt der Tag der Abrechnung. Und wir sind die Zeugen seiner Unmenschlichkeit. Wie kann man von wirtschaftlichem Aufschwung um jeden Preis sprechen, wenn die Würde eines Volkes tagtäglich mit Füßen getreten wird?

So vieles bleibt noch zu tun. Wir müssen unermüdlich arbeiten, auf allen Gebieten; nur auf diese Weise können wir der Herausforderung der Besatzungsmacht trotzen. Wir müssen uns bewußt sein, was das Exil uns für Möglichkeiten eröffnet und wie klug sich der Dalai-Lama verhält. Alle Gedanken Seiner Heiligkeit sind auf Tibet gerichtet und auf die, die dort schmachten. Gemeinsam mit der Regierung und mit uns allen bereitet er die Zukunft unserer Nation vor. Hat er nicht oft genug gesagt: »Selbst wenn der Wind des Unheils weht, werden Gerechtigkeit und Wahrheit obsiegen ... Das Recht des Stärkeren wird nur vorübergehend die Oberhand gewinnen, so vehement es auch vertreten werden mag; die Flamme der Wahrheit dagegen wird nicht verlöschen. Davon bin ich fest überzeugt ...« Diese Worte sollten wir niemals vergessen.

Nach der Invasion von 1949 hatte China ein großangelegtes Kollektivierungsprogramm in Angriff genommen. Nomaden wie Bauern wurden die Herden weggenommen, und sie wurden in Brigaden und Kommunen aufgeteilt. Diejenigen, denen gestattet wurde, die Tiere zu behalten, hatten keinerlei Anspruch auf den Ertrag, den sie einbrachten. Die Tibeter mußten im Jahr mit etwa fünf bis sechs Pfund Butter auskommen, mit zehn Pfund Fleisch und vier bis fünf *khel*[1] *tsampa*. Im Verlauf der folgenden Jahre hatte sich eine Hungersnot ausgebreitet. Die Flüchtlinge, die über die Grenze kamen, berichteten, daß sich die Menschen von Mäusen und Ratten, von Hunden und Würmern ernährten, von allem, was irgendwie eßbar schien. Außerdem war fast jede Familie physisch und psychisch Opfer der systematischen Unterdrückung geworden.

Ab 1966 war die »totale Sinisation« angesagt. Als erstes wurde verboten, Tibetisch zu sprechen, das die Chinesen als religiöse Sprache einstuften. Mönche, Nonnen und tibetische Laien, die als Lehrer tätig waren, wurden aufgefordert, ihren Unterricht einzustellen, die Grammatikbücher als »Bücher des blinden Glaubens« verunglimpft, ihre Benutzung unterbunden. Statt dessen mußten ab sofort die kleinformatigen Hefte mit dem Gedankengut von Mao Tse-tung sowie chinesische Propagandaschriften als Lehrmaterial herhalten. Den Kindern wurde weisgemacht, daß Religion nichts weiter sei als längst überholter, abergläubischer Hokuspokus, die tibetische Sprache überflüssig und rückständig, die Hinterlassenschaft einer zurückgebliebenen, primitiven und ihre Umwelt knechtenden Gesellschaft. Wer sich gut mit dem Eindringling stellte,

[1] Ein *khel* entspricht etwa fünfundzwanzig bis dreißig Pfund.

galt als progressiv, alle anderen stempelte man als Konterrevolutionäre, Reaktionäre oder Feinde des Proletariats ab. Eine ganze Generation Tibeter wurde in völliger Unkenntnis ihrer eigenen Kultur und Geschichte erzogen! Chinesische Bezeichnungen marxistischer Prägung lösten die Namen von Häusern, Straßen und Plätzen ab. Sogar zu einer entsprechenden Änderung des Familiennamens wurden viele gezwungen. Der Norbulingka, der Sommerpalast Seiner Heiligkeit, wurde in »Gemeindepark des Volkes« umbenannt.

Wenige Monate nach der Annexion Tibets hatte Peking erklärt: »Die Kommunistische Partei Chinas sieht ihre Ideologie und die der Religion als zwei Kräfte an, die eine Koexistenz ausschließen. Wissenschaft und Religion sind Gegensätze wie Licht und Dunkel, Wahrheit und Lüge. Ein Konsens zwischen derart gegensätzlichen Anschauungen, wie sie Wissenschaft und Religion beinhalten, ist ausgeschlossen.« Mao selbst hatte ergänzend hinzugefügt: »Religion ist eindeutig Gift, weist sie doch zwei große Fehler auf: Sie bemächtigt sich der Rasse und verzögert den Fortschritt. Sowohl Tibet wie auch die Mongolei sind durch die Religion vergiftet worden.« Um die Mitte der fünfziger Jahre hatten die Besatzer erkannt, daß die Religion in der Tat das größte Hindernis bildete, um die totale Kontrolle über Tibet zu erlangen. Ab 1956 waren Klöster, Tempel und kulturelle Zentren systematisch geplündert und anschließend dem Erdboden gleichgemacht worden. Mineralogen waren aufgetaucht und hatten alles an kostbaren Steinen fortgeschafft. Als nächstes waren sämtliche Objekte aus Edelmetall markiert und anschließend vom Militär per Lastwagen mit unbekanntem Ziel abtransportiert worden. Und nachdem man Balken und Stützen entfernt hatte, waren die Mauern gesprengt und die Skulpturen zerstört worden, in der Hoffnung, auf noch mehr Gold und Silber zu stoßen. Nichts mehr war übrig geblieben außer haufenweise Gesteinstrümmer und Holz – wenn man nicht gleich alles verbrannt hatte. Hunderte von Tonnen wertvollster Statuen, *thankas*, Kunstgegenstände aus Edelmetall sowie andere Schätze waren nach China verschifft worden, landeten in der Folgezeit auf internationalen Antiquitätenmärkten in Hongkong, Singapur und Amsterdam oder wurden, noch schlimmer, eingeschmolzen.

Im Gegensatz zu den offiziellen Bekräftigungen Pekings wurde bereits zwischen 1956 und 1961 – nicht erst während der berüchtigten Kulturrevolution 1966 bis 1976 – der größte Teil des kulturellen und religiösen Erbes Tibets vernichtet. Von insgesamt 6259 Klöstern bestanden 1976 nur noch acht. In Schutt und Asche gelegt wurden Klöster wie das im 8. Jahrhundert erbaute erste tibetische Kloster von Samye, das von Sakya, das bedeutendste Kloster der Sakyapa*, weiterhin das von Tschurpu, eines der schönsten Klöster der Kagyupa*, Ganden, die älteste und ehrwürdigste klösterliche Universität der Gelugpa*, Mindroling, mit das berühmteste geistliche Zentrum der Nyingmapa*; Menri, das älteste und heiligste Bön-Kloster* ... Von 592558 Mönchen, Nonnen und Rinpoches wurden 110000 gefoltert und umgebracht und mehr als 250000 zum Austritt aus dem Orden gezwungen.

Und im ganzen Land wurden Abertausende Frauen zwangssterilisiert oder zur Abtreibung gezwungen.

14.

DER KAMPF
DER TIBETISCHEN FRAUEN

Nach einem kurzen Zwischenaufenthalt in Hongkong und zwei Tagen in Neu-Delhi kehrte unsere Delegation nach Dharamsala zurück, wo wir unverzüglich von Seiner Heiligkeit empfangen wurden. Wir waren derart aufgewühlt, daß wir unsere Tränen nicht zurückhalten konnten.

Nach einer warmherzigen Begrüßung bat uns der Dalai-Lama um einen ausführlichen Bericht. Über mehr als zwei Stunden zog sich die Audienz hin. Ich übergab ihm die siebentausend Briefe sowie einige Manuskripte, die wir an uns bringen und vor der Vernichtung bewahren konnten. Seine Heiligkeit brachte den Wunsch zum Ausdruck, diesmal auch unsere Landsleute im Exil darüber zu informieren, was wir in Tibet erlebt hatten, um ihnen ein genaues Bild über die augenblickliche Lage in der Heimat zu vermitteln. 1979, nach der Rückkehr der ersten Delegation, hatte man sich noch Zurückhaltung auferlegt, schon um die beiden anderen geplanten Inspektionsreisen nicht zu gefährden. Einige Mitglieder der zweiten Delegation hatten sich nach ihrer überstürzten Abreise aus Tibet in Dharamsala den Fragen von Journalisten gestellt, weshalb die Öffentlichkeit bereits ein wenig hellhörig geworden war.

Dementsprechend begierig nach Neuigkeiten waren jetzt die Tibeter, die uns auf den Straßen begegneten. Die Teilnehmer der dritten Delegation sahen sich zuweilen mit dem Problem konfrontiert, nicht auf alle Fragen antworten zu können. Auf Vorschlag Seiner Heiligkeit sollten wir deshalb zunächst vor dem Kashag und anschließend zur Bevölkerung sprechen. Ich schickte einen langen Brief an alle Freunde und Paten, die ebenfalls Interesse angemeldet hatten, und verfaßte ein paar Wochen später sogar einen Artikel. Die ersten drei Tage jedoch verwandte ich darauf, dem Kashag Bericht zu erstatten, wobei ich jedesmal in Tränen ausbrach, wenn mir das Schreckliche, das ich mitangesehen hatte, wieder vor Augen trat. Ich brauchte viel Zeit, um dies alles zu verarbeiten.

Auch Amala bestürmte mich mit Fragen. Mit ihren jetzt achtzig Jahren war sie sich schmerzlich bewußt, daß sie wohl nicht mehr nach Tibet zurückkehren würde. Einiges hätte ich ihr mit Rücksicht auf ihr Alter gern verschwiegen, fühlte mich aber andererseits verpflichtet, ihr das ganze Ausmaß der Tragödie, die auf unserem Volk lastete, zur Kenntnis zu bringen. Zunächst beschränkte ich mich darauf, von der Familie zu berichten, von den Freunden, die ich in Lhasa wiedergetroffen hatte, von unseren Begegnungen mit der Bevölkerung, gab vor, daß die chinesischen Behörden jetzt, nachdem drei Delegationen durch das Land gefahren seien, eine Verbesserung der Lage zugesagt hatten. Aber Amala ließ sich nicht damit abspeisen. Auch der Besuch eines Theaterstücks, eine Fernsehserie oder ein indischer Film vermochten sie nicht auf andere Gedanken zu bringen. Kaum daß wir wieder unter uns waren, kam das so bedrückende Thema abermals zur Sprache.

Amala war zutiefst betroffen. Ihr hoher Blutdruck, der ihr seit jeher zu schaffen machte, hatte sie nicht in ihren Aktivitäten zu beeinträchtigen vermocht; angesichts dessen jedoch, was sie jetzt an Schrecklichem zu hören bekam, erlitt sie einen Schlaganfall, der sie linksseitig lähmte. Zum Glück gab es für derartige Fälle ein hervorragendes tibetisches Medikament, *strok*, und so konnte der behandelnde Arzt bereits nach kurzer Zeit eine Besserung ihres Befindens konstatieren, aber Amala hatte inzwischen jede Hoffnung begraben, ihr Land wiederzusehen, ihre Tage in Taktser, ihrem Dorf zu beschließen. Sie hatte resigniert.

Im Tibetan Children's Village ging das Leben weiter. Für den 23. Oktober 1980, zum zwanzigsten Jahrestag seines Bestehens, war ein Fest geplant, um diesem Ereignis gerecht zu werden. Seine Heiligkeit beehrte uns mit seiner Anwesenheit, nahm auch an den Wettbewerben der Schulen untereinander – Fußball, Basketball, Diskussionen und Rededuelle – teil. Für mich war dies eine Gelegenheit, Vergleiche zwischen dem zu ziehen, was wir im Exil in Indien zuwege gebracht hatten, und dem, was ich in Tibet gesehen hatte, wo die Schulen nur lächerliche Fassaden und für die Kinder, größtenteils Analphabeten, keine ausgebildeten Lehrer vorhanden waren. Hier hingegen, zu diesem festlichen Anlaß, waren mehr als vierhundert Schüler aus allen Schulen des Landes nach Dharamsala gekommen. Ein Aufmarsch der Mannschaften eröffnete die Spiele. Es wurde ein Fest, bei dem wir die Früchte unserer Arbeit genießen konnten und das uns gleichzeitig anspornte, weiterzumachen.

Ich selbst war zwischen Freude und Trauer hin und her gerissen: Freude darüber, Hunderte prachtvoll entwickelter Kinder zusammen mit ihren Pflegeeltern zu erleben; Trauer darüber, daß sich der Zustand meiner Mutter tagtäglich verschlechterte, ihre Kräfte zusehends schwanden. Lobsang Samten war aus den Vereinigten Staaten nach Dharamsala zurückgekehrt; mein jüngerer Bruder lebte mit Frau und zwei Kindern schon länger hier.

Das niederländische SOS-Kinderdorf hatte mich nach Amsterdam eingeladen. Ich zögerte meine Abreise hinaus, ich wollte Dharamsala nicht schon wieder verlassen, zumal Amala bettlägrig und völlig auf meine Schwägerinnen und zwei Dienstboten angewiesen war. Dennoch war sie es, die mich drängte, nach Holland zu fahren. »Du bist doch kein Arzt«, sagte sie, »kannst mir also gar nicht helfen.« Also fuhr ich. In Amsterdam erhielt ich zehn Tage später ein Telegramm: Amala war am 12. Januar 1981 gestorben. Ich sagte alle Termine ab und flog sofort nach Dharamsala zurück. Leider kam ich dennoch zu spät: Auf Weisung des Astrologen war Amala bereits am 14., einen Tag vor meiner Ankunft, einge-äschert worden.

Die Nachricht von ihrem Tod löste bei der gesamten Bevölkerung in Dharamsala tiefe Trauer aus; am Tag der Einäscherung versammelten sich alle zum Gebet, die Ge-schäfte blieben geschlossen. Auch am Tag nach der Be-stattung fand sich eine riesige Menschenmenge am Berg-hang ein. Ich selbst beweinte Amala hemmungslos, war sie mir doch viel mehr gewesen als nur eine Mutter. Täg-lich besuchte ich den Ort, wo sie verbrannt worden war, und betete lange. Der Dalai-Lama hielt sich zu der Zeit in Bodh-Gaya auf, der bedeutendsten Pilgerstätte für die Ti-beter. Hier war Buddha erleuchtet worden.

Amala war der Pfeiler unserer Familie gewesen, das Bindeglied zwischen meinen Brüdern und mir. Daß sie nicht mehr unter uns weilte, änderte zwar nichts an un-seren Gefühlen füreinander; da wir jedoch alle stark ein-gespannt waren, sahen wir uns ab jetzt seltener. Für meine Brüder, die jeweils die Schulferien bei Amala ver-bracht hatten, gab es jetzt außer einem Besuch bei Seiner Heiligkeit zu besonderen Anlässen eigentlich keinen konkreten Anlaß mehr, nach Dharamsala zu kommen. Was deutlich macht, wie sehr Amala die Seele unserer Familie gewesen war.

Damals, in den achtziger Jahren, war meine Familie in alle Himmelsrichtungen verstreut. Thubten Jigme Nor-bu lebte weiterhin in den Vereinigten Staaten, zusammen mit seiner Frau Kunchok Yangkyi und den drei Kindern, Lhundup Namgyal, Kunga Gyaltsen und Jigme Kunden. Gyalo Thondup war in Hongkong; seine beiden Söhne, Tenzin Khedroop und Ngawang Tempa, wohnten in Darjeeling. Diki Dolkar litt sehr unter dem Tod ihres er-sten Kindes, Yangzom Dolma. Die Kinder von Lobsang Samten studierten an der Universität; seine Frau Namgyal Lhamo arbeitete nach wie vor für die Exilregierung. Tend-zin Choegyal, mein jüngster Bruder, lebte glücklicherweise mit seiner Frau Rinchen Khando bei uns in Dharamsala. Ihre beiden Kinder Tenzin Chonzom und Tenzin Lodoe besuchten die Schule im Tibetan Children's Village.

Trotz unserer Trauer setzten wir unsere Arbeit unermüdlich fort. Zum erstenmal wurden die für die Schulen des TCV Verantwortlichen, die inzwischen einer Kommission für Verwaltung und Finanzen unterstanden, in Arbeitskreise berufen, zu einem Meinungsaustausch und um auf etwaige Mißstände in den einzelnen Schulen aufmerksam zu machen, vor allem in Sachen Hygiene und Gesundheit. Verfahren wurde bei diesen Treffen, deren Ziel auch war, den Kontakt der Schulen untereinander zu fördern, nach demokratischen Grundsätzen.

Zusammen mit den Kindern und allem Personal bildeten wir eine große Familie. Und weil sie geographisch so weit verstreut war, kam diesen Treffen um so größere Bedeutung zu. Wir alle gehörten einer Organisation an, die im Dienste der Kinder und der Zukunft unseres Landes stand. Zu jener Zeit gab es Schwierigkeiten mit unserer Niederlassung im Ladakh, eine im äußersten Nordwesten an Tibet grenzenden Region. Niemand wollte dort hin, weil die Winter in dieser Region so streng waren wie in Tibet und die meisten der Lehrer im Süden Indiens gelebt hatten und die Höhe nicht vertrugen. Wir lösten das Problem im Rotationsverfahren: Lehrkräfte aus dem Süden sollten nach Ladakh gehen und die aus dem Ladakh nach Bylakuppe und Dharamsala. Hermann Gmeiner, Präsident des Internationalen SOS-Kinderdorfs, hatte den Grundstein für das Dorf gelegt und den Bau von sieben Heimen für Kinder aus dem Ladakh beschlossen. Ich setzte alles daran, um einheimische Pflegemütter zu gewinnen und vor allem sicherzustellen, daß Ladakhi-Unterricht erteilt wurde, eine Sprache, die sich ein wenig vom Tibetischen unterscheidet. Wenn sich 1975, zu Beginn unserer Aktivitäten im Ladakh, um das Dorf herum noch unwirtliches Gelände erstreckt hatte, war es Kindern und Personal mittlerweile gelungen, die Ansiedlung in eine kleine Oase zu verwandeln. Ab 1981/82 wuchsen dort sogar schon Bäume und breiteten sich kleine Gärten aus. Noch heute ist dieses Dorf ein Beweis dafür, was sich mit Fleiß und gutem Willen erreichen läßt.

Es gehörte zu meinen Aufgaben, wo immer ich hinkam, eine Rede zu halten. Jedesmal nutzte ich die Gelegenheit, auch von der Situation in unserer Heimat zu sprechen. Der Regierung in Peking schien das alles andere als recht zu sein. Mehrmals drohte es deswegen sogar zu einem Abbruch der Kontakte zu kommen; Peking wollte einfach nicht, daß die Wahrheit bekannt wurde. Auch jetzt noch machten sich zahlreiche Tibeter auf den Weg nach Indien, vor allem immer mehr Kinder. Zwischen 1980 und 1982 gelangten über tausend nach Dharamsala; einige hundert kamen ins TCV und nach Mussoorie. Die anderen, die Mönche werden wollten, wurden auf die verschiedenen tibetischen Klöster in Indien verteilt. Die Anzahl der Jugendlichen zwischen dreizehn und zwanzig stieg mit jedem Jahr, ebenso die der Monche. In den Jahren 1981/82, nach der Rückkehr unserer Delegation, gelangten im Schnitt fünftausend Flüchtlinge jährlich nach Tibet – Kinder sowie Erwachsene aller Altersgruppen, darunter auch Mönche und Nonnen. Ein Teil von ihnen ließ sich in Indien nieder, andere unternahmen lediglich eine Pilgerfahrt und kehrten anschließend wieder heim nach Tibet – wo ein Familienmitglied als Geisel der Chinesen zurückgeblieben war. Außerdem hatten diese zur Rückkehr Gezwungenen die Dauer ihrer Reise vorher schriftlich festlegen müssen. Hätten sie sich zum Bleiben entschlossen, wäre das Leben ihrer Familien zu Hause in Gefahr gewesen.

Häufig wurden Indien-Besuchern Kinder anvertraut, deren Eltern nicht die Möglichkeit hatten, mitzukommen. In den Jahren 1987 und 1988 schoben die chinesischen Behörden diesem Exodus einen Riegel vor; nur noch Kleinkinder unter drei Jahren durften ausreisen. Dennoch gelang es vielen, nach wochenlangen Fußmärschen durchs Gebirge, heimlich die Grenze zu passieren. Dann konnte es sein, daß sie einen Finger oder einen Zeh eingebüßt hatten, der nach ihrer Ankunft amputiert werden mußte. Wenn sie endlich und in jämmerlicher Verfassung Katmandu erreichten, waren sie nur von dem Wunsch beseelt, in die Schule gehen zu dürfen. In Gruppen von zehn bis zwanzig Kindern wurden sie dann zu uns gebracht.

Das Personal des TCV nahm sich ihrer an. Weil es für diese Kinder verständlicherweise sehr belastend war, ständig dieselben Fragen beantworten und immer wieder von den schrecklichen Erlebnissen in Tibet berichten zu müssen, hatte ich das Personal angewiesen, die Kinder soweit wie möglich in Ruhe zu lassen; sie zu befragen war ab sofort Sache von eigens dafür abgestellten Mitarbeitern. Vorrangig war, den Kindern zu helfen, das, was sie durchgemacht hatten, zu verarbeiten. In kleinen Klassen wurde dies anhand von Zeichnungen erreicht, in denen immer wieder die gleichen Themen zum Ausdruck kamen: Tibeter in Ketten, Mönche, die von chinesischen Soldaten erschossen werden. Zu Farben griffen die Kinder kaum.

Im Kinderdorf von Dharamsala stieg die Zahl der Kinder von 1000 auf 1200, auf 1500, auf 1700. Heute sind es 2200, die bei uns leben. Die Bungalows, ursprünglich für zwanzig Kinder konzipiert, waren eine Zeitlang mit der doppelten Anzahl belegt, in einem Fall sogar mit 55. Eindeutig viel zuviel. Diese jungen Menschen waren schwer traumatisiert und brauchten um so mehr Zuwendung. Die Pflegemütter waren überlastet. Erst als wir Kinder nach Unter-Dharamsala und in die TCVs von Bylakuppe und Pathli Kuhl in Kulu umquartierten, wurde es etwas leichter für uns. Dennoch blieben uns zwischen 1700 und 2000 Schulkinder.

Ungeachtet der Überbelegung dachten wir niemals daran, die Kinder abzuweisen. Sie waren nach Indien gekommen, um in der Nähe Seiner Heiligkeit eine Schulausbildung zu erhalten, die nicht nur ihre einzige Hoffnung war, sondern auch die ihrer Eltern. Es war ein wahres Glück, daß sich in den achtziger Jahren die Patenschaften bewährten. Allmählich erfuhr die Welt, was in Tibet tatsächlich vorging: Sechstausend Klöster waren zerstört, eine Million zweihunderttausend Tibeter umgebracht worden; es gab keine Schulen, viele Analphabeten – ein menschlicher und kultureller Völkermord. Die Paten waren sich ihrer Verantwortung bewußt geworden, und in der gleichen Weise, wie die Zahl der Kinder täglich stieg, stieg auch die Spendenfreudigkeit.

Die Kleinsten wurden sofort nach ihrer Ankunft in die Obhut von Pflegemüttern gegeben, die sie liebevoll umsorgten und dazu beitrugen, daß nach und nach alle Wunden verheilten. Diejenigen Kinder, die Zeugen von Folterungen und Ermordungen – vor allem der eigenen Eltern – geworden waren, hatten es allerdings weitaus schwerer und brauchten besondere Zuwendung.

Noch größere Schwierigkeiten gab es bei den Jugendlichen zwischen dreizehn und zwanzig. Für sie, so kamen wir überein, wollten wir in Bir, wo junge Menschen mit psychischen Problemen behandelt wurden und allmählich ihre leidvollen Erfahrungen verarbeiteten, eine eigene Klasse angliedern. So überglücklich sie bei ihrer Ankunft gewesen waren, endlich frei zu sein, so ungeheuer aggressiv zeigten sie sich schon bald, sperrten sich gegen alles. Da die meisten von ihnen während der Kulturrevolution geboren und in ständiger Angst vor Bespitzelungen aufgewachsen waren, gelang es uns nur mühsam, ihr Vertrauen zu gewinnen. Auf unseren Rat hin setzte der Leiter der Einrichtung, Gen Tenzin La, einer der ersten Mitarbeiter meiner Schwester, verstärkt auf sportliche Betätigungen wie Basketball, Volleyball und Fußball. Wie er uns berichtete, brauchte er jeden Tag neue Bälle, da die Jugendlichen ihren Haß auf die Chinesen und ihre Wut, von ihnen geknechtet worden zu sein, an diesen Lederbällen austobten.

Daneben erhielten die Jugendlichen Werkunterricht, schon weil sie nicht in der Lage waren, sich mehrere Stunden hintereinander auf Fächer wie Mathematik, Englisch oder Tibetisch zu konzentrieren. Die handwerkliche Betätigung dagegen erlaubte jedem Schüler, sich nach seinem eigenen Rhythmus zu beschäftigen. Gen Tenzin La teilte sie gelegentlich in kleine Gruppen auf oder nahm sie sich einzeln vor, um sich eingehend mit ihnen zu unterhalten. Ihm lag daran, etwas über ihre Herkunft zu erfahren, über ihre Familien, auf welche Weise sie nach Indien gelangt waren. Er machte ihnen deutlich, daß sie es Seiner Heiligkeit dem Dalai-Lama verdankten, hier zu sein und eine Ausbildung zu erhalten, eine Chance, die sie nicht ungenutzt verstreichen lassen sollten.

Bei meinen häufigen Besuchen in Bir entging mir nicht, daß viele dieser Jugendlichen rauchten, sich weigerten, etwas zu lernen, eigentlich nur blieben, weil sie nicht wußten, wohin sie sonst gehen sollten. Entwurzelt, für immer geprägt durch ihr Leben in einer unterdrückten Gesellschaft, fanden sie sich in ihrer neuen Freiheit nicht zurecht. Mit unendlicher Geduld und viel Einfühlungsvermögen unsererseits besserte sich die Situation allmählich. Immer wieder versuchten wir ihnen zu erklären, daß wir ihnen helfen wollten, daß wir für sie da waren, daß ihre Zukunft auch uns am Herzen lag. Die Jugendlichen, die bereits seit zwei oder drei Jahren in Bir waren, unterstützten uns in unseren Bemühungen, führten lange Gespräche mit den Neuankömmlingen. Dieser Gedankenaustausch erleichterte die Integration wesentlich.

1991 zeichneten sich weitere ernstzunehmende Konflikte ab. In Bir kam es zu schweren Zusammenstößen; Steine flogen. Wir waren nicht ganz unschuldig daran, hatten wir doch auch Zwanzigjährige dort aufgenommen und sogar einen Dreißigjährigen, obwohl das Durchschnittsalter der mehr als siebenhundert Zöglinge zwischen dreizehn und sechzehn lag. Banden hatten sich gebildet, eine unerträgliche Spannung lag in der Luft. Sogar die indische Polizei mußte einschreiten und die Streitigkeiten schlichten. Unsere erste Reaktion auf diese Mißstände war, daß wir die Rädelsführer wegschickten und uns die anderen in Gruppen zu jeweils zwanzig vorknöpften. Da alle das gleiche vorbrachten, nämlich daß ihnen das Zusammenleben mit Zwanzigjährigen und noch Älteren nicht möglich sei, verfügten wir für Bir über eine Altersbegrenzung.

Was aber sollte mit den anderen geschehen? Den Einsichtigsten wurde zugestanden, ihre Ausbildung fortzusetzen, und nachdem wir den anderen Arbeitsplätze beschafft hatten, kehrte in Bir Ruhe ein. Und wer seine Ausbildung abgeschlossen hatte, erhielt auf Wunsch die Möglichkeit, zu seiner Familie nach Tibet zurückzukehren.

Das Zusammensein mit diesen Jugendlichen zeigte immer wieder, daß China die Menschenrechte mit Füßen tritt. Wenn es sich damit brüstet, Tibetern in Tibet eine Schulausbildung ermöglicht zu haben – was bedeuten schon die wenigen, die in diesen zweifelhaften Genuß gekommen sind, angesichts der fortlaufenden massiven Verletzung der Grundrechte? Es genügt nicht, einen einzelnen zu schulen und ihn dann zum Minister zu machen oder einen Nomaden zum Volksvertreter umzupolen. Einzelfälle wie diese dienen lediglich dazu, eine Tragödie zu verschleiern.

Als Frau und Mutter bin ich über die schändliche Zerstörung meiner Heimat durch die Chinesen zutiefst empört. 1980 stellten die Tibeter nur noch eine Minderheit dar – in ihrem eigenen Land! Wenn ich bei meinem Besuch in Tibet Mütter von sieben- oder achtjährigen Kindern gefragt hatte, warum es bei einem einzigen geblieben sei, war die Antwort immer dieselbe gewesen: »Ich weiß es nicht.« In Wahrheit verhält es sich so, daß sie bei der Entbindung auch gleich noch und ohne ihr Wissen sterilisiert worden sind. Ein derartiges Vorgehen ist grausam und abartig! Und weckt den Kampfgeist der Tibeterin in mir.

Seit über dreißig Jahren betreue ich Kinder. Ich verstehe nichts von Politik. Ich arbeite nicht, damit man mir einen Lorbeerkranz windet oder ein Denkmal setzt. Ehrlichkeit gegenüber mir selbst und meiner Religion, dem Buddhismus, ist meine Devise. Ehrlich sein heißt wissen, was man will. Ich will für die Kinder da sein, und das ist mein Beitrag für die tibetische Sache.

Ich bin in keinster Weise pädagogisch ausgebildet, ich habe mir alles durch die Praxis angeeignet. Wenn ein Problem auftauchte, mußte ich umgehend eine Lösung dafür finden. Ich habe sehr rasch gelernt. Als mich 1964 Seine Heiligkeit damit betraute, das Werk meiner Schwester fortzuführen, habe ich die Ärmel hochgekrempelt und bis zum Umfallen gearbeitet. Auch wenn ich häufig gebeten werde, über die Situation der Frauen in Tibet zu sprechen, gilt mein Hauptanliegen, mein Einsatz nach wie vor den Kindern.

An dieser Stelle sei darauf hingewiesen, daß es eine Vereinigung tibetischer Frauen gibt, die sehr rührig, sehr aktiv ist und die derart gute Arbeit leistet, daß ihr heute eine wichtige Rolle in der tibetischen Gesellschaft im Exil zukommt. Neben ihrem Kampf für die Unabhängigkeit Tibets prangert sie vor allem die Sterilisierungen und Zwangsabtreibungen an. Es geht nicht an, daß man als Mutter die Zahl der Kinder, die man in die Welt setzen möchte, nicht selbst bestimmen darf! Im Zeitalter von Empfängnisverhütung und Familienplanung gibt es nichts Schändlicheres, als eine Frau ohne deren Wissen zu sterilisieren oder sie zu zwingen, das Kind, das sie im Mutterleib trägt, töten zu lassen. Die Vereinigung tibetischer Frauen, die ich in ihrer Arbeit unterstütze, soweit es meine Zeit erlaubt, sieht ihre Aufgabe unter anderem darin, gegen derlei Machenschaften vorzugehen.

Bedauerlicherweise ist in der Vergangenheit über die Rolle der Frau in der tibetischen Gesellschaft herzlich wenig geschrieben worden. Was zu dem Schluß führt, daß man den Aktivitäten und Bestrebungen der Hälfte der tibetischen Bevölkerung bislang nicht die Bedeutung beigemessen hat, die ihr zusteht. Unsere Vorfahren haben uns die wohl weltweit umfangreichste Sammlung an religiöser Literatur hinterlassen. Schriftliche Aufzeichnungen, die sich mit der Rolle der Frau in der mehr als zweitausendjährigen Entwicklung Tibets beschäftigen, gibt es dagegen so gut wie keine.

Mit um so größerer Freude stelle ich deshalb fest, daß in den letzten Jahren die tibetischen Frauen die Initiative ergriffen haben und aktiver am sozialen Leben ihres Landes teilnehmen. Anders als in der Vergangenheit, wo sie sich fast ausschließlich häuslichen Aufgaben gewidmet haben, verschaffen sie sich zunehmend Zutritt zur Geschäfts- und Finanzwelt und zur Industrie, betätigen sich auf dem Gebiet der Kunst, der Literatur, der Politik und des Sports. Ihre neue Identität trägt dazu bei, das festgefahrene Image der Hausfrau abzuschütteln.

Diese Bestrebungen sind im Exil verstärkt und erleichtert worden. In der tibetischen Gemeinschaft im Ausland, ob in Indien, in Europa oder in den Vereinigten Staaten, hat zwangsläufig ein Umdenkungsprozeß stattgefunden, dort sieht man die Welt inzwischen mit anderen Augen. Ich bin keine Historikerin, betrachte mich auch nicht als Expertin in Sachen Tibet. Dennoch möchte ich, schon im Hinblick auf die entscheidende Rolle der Frauen seit dem Aufstand in Lhasa im Jahr 1959, von der Stellung der Frau in Tibet sprechen, damit sich der Leser ein Bild von ihrer Unabhängigkeit im früheren Tibet machen kann.

Normalerweise genossen die Tibeterinnen seit jeher hohes Ansehen. Vielleicht nicht so ganz in dem Sinne, wie es die feministischen Bewegungen in den westlichen Ländern einfordern, aber doch sehr viel mehr als in anderen asiatischen Ländern. So wurden ihnen, trotz einer von alters her patriarchalischen Gesellschaftsstruktur, niemals die Füße eingebunden, wie das in China gang und gäbe war. Ebensowenig wurden, anders als in Indien, kleine Mädchen nach der Geburt umgebracht. Die Stellung der tibetischen Frau »entspricht der Unabhängigkeit, die ihr eigen ist. Sie kann nach eigenem Gutdünken schalten und walten, verfügt über materielle Werte, was eine Scheidung erleichtert; häufig regelt sie die finanziellen Angelegenheiten ihres Mannes. Ihre wirtschaftliche Situation ist bei den viehzüchtenden Nomaden nicht weniger gefestigt als bei den seßhaften Bauern.«[1]

Tibetische Historiker aus dem 2. Jahrhundert nach Christus berichten von einem Reich von Königinnen im Südosten Tibets. Alle politische Macht lag bei ihnen, während die Männer Krieger oder Diener waren. Griechische Sagen verweisen auf ein ähnliches Königinnenreich im Westen Tibets, das zu unterwerfen selbst Alexander dem Großen nicht gelang. Diese Reiche waren jedoch im 7. Jahrhundert nach Christus, als in Tibet die Ära der Geschichtsschreibung begann, bereits so gut wie ausgestorben.

Unter der Regentschaft der Dynastie Yarlung[2] kamen den Müttern der tibetischen Kaiser wichtige politische Entscheidungen zu. Tibetische Kaiserinnen und Prinzessinnen mischten eifrig bei den Regierungsgeschäften mit. Sie waren auch unter den ersten Tibeterinnen, die vom Buddhismus angezogen wurden. 1926 schrieb Rinchen Lhamo: »Bei uns wird keines der beiden Geschlechter als besser oder schlechter erachtet, Mann und Frau werden gleich behandelt. Ehemann und Ehefrau sind Gefährten und Partner.«[3] 1949 vermerkt Lowell Thomas: »Im Gegensatz zu den meisten anderen asiatischen Ländern genießen die Frauen in Tibet sei Beginn des Buddhismus die gleichen Rechte wie die Männer.«[4]

Die Religion ist vielleicht das einzige Gebiet, auf dem die Frau nicht dem Mann gleichgestellt ist. Auf tibetisch bedeutet *kyemen*, die Frau, »von niederer Geburt«. Yeshe Tsogyal schildert ungemein packend die Frustration von

[1] R. A. Stein, *Tibetan Civilization*, London 1972.
[2] 7.–9. Jahrhundert n.Chr.
[3] Rinchen Lhamo, *We Tibetans*, New York 1995.
[4] Lowell Thomas, *Out of this World: Across the Himalayas to Forbidden Tibet*, New York 1950, S.222.

Tibeterinnen, die Unterweisungen im Buddhismus erteilen wollten: »Frauen wie ich, von niederer Geburt und nicht sehr kämpferisch, sind den Anfeindungen der Welt ausgesetzt. Wenn wir betteln, verbellen uns die Hunde, was wir an Geld und Nahrung besitzen, schnappen sich Diebe. Wenn wir gut aussehen, stellt man uns nach. Selbst wenn wir nichts Böses tun, wird über uns gelästert. Wenn unser Benehmen einmal als ungebührlich empfunden wird, fällt alle Welt über uns her. Was immer wir tun – das Los der Frau ist und bleibt ein undankbares. Deshalb ist es uns nicht möglich, unsere Lehrtätigkeit weiterhin auszuüben; für uns ist es schon schwer genug, überhaupt am Leben zu bleiben.«[1] Demgegenüber verweist die Lehre von Padmasambhava* auf die buddhistische Vorstellung von der Gleichheit der Geschlechter: »Aus dem menschlichen Körper erwächst Weisheit. Sie zu erlangen, ist der Körper der Frau wie der des Mannes gleichermaßen geeignet.« Und in ebendiesem Bewußtsein überwand Yeshe Tsogyal alle Hindernisse, die sich ihr wegen ihres Geschlechts entgegenstellten, und gelangte »in den buddhistischen Stand«. Neben Yeshe Tsogyal gibt es in der Geschichte Tibets noch ähnliche Beispiele.

Dennoch bleibt festzuhalten, daß die Rolle der Frau im religiösen Tibet im Vergleich zu der des Mannes winzig klein ist. Auf Tausende nach buddhistischer Tradition erkannte Reinkarnationen entfallen lediglich drei Frauen: Machik Labdon aus Lhoka im Süden Tibets, Shugseb Jetsun aus Lhasa und die bekannteste, Samding Dorje Phagmo, die Äbtissin des Klosters Samding am Ufer des Yamdro-Tso-Sees im Süden des Landes. Nach der chinesischen Invasion widerrief die kaum achtzehnjährige Samding Dorje Phagmo ihr Gelübde und wurde Mitglied der Politischen Beraterkommission des chinesischen Volkes, einer Organisation, die sich aus hochgestellten tibetischen Persön-

---

[1] Rita M. Gross, *Enlightened Consort, Great Teacher, Female Role: Yeshe Tsogyal*, New York 1989.

lichkeiten zusammensetzte, aber keinerlei Machtbefugnisse besaß.

Es bedurfte der chinesischen Invasion und aller mit ihr einhergehenden Grausamkeiten, um die Tibeterinnen zu einer Umorientierung zu bewegen, auf daß sie endlich eine geschlossene soziale und politische Kraft verkörpern. Die zunehmenden Gewalttaten der Chinesen führten im Osten Tibets zum Aufruhr gegen die Volksbefreiungsarmee, zu einer Rebellion, die sich über das ganze Land ausbreitete und mit dem Aufstand 1959 ihren Höhepunkt erreichte. Im selben Jahr wurde in Lhasa die Vereinigung tibetischer Frauen gegründet.

Zwei Tage nach der Demonstration vom 10. März zogen die Frauen durch die Straßen von Lhasa, wie Rinchen Dolma Taring berichtet, »unter der beherzten Führung der tibetischen Jeanne d'Arc, Tsarong Kunsang (auch bekannt unter dem Namen Kundeling Kunsang). Sie, die sonst eher schüchtern war und niemals wagte, frei von der Leber weg zu sprechen, forderte mich an jenem Tag auf, im indischen Generalkonsulat vorstellig zu werden und um Hilfe für Tibet zu bitten – was ich auch tat. Wie eine Heldin trat sie auf. Nach ihrer Verhaftung erfuhren wir, daß sie bei den Verhören die volle Verantwortung für ihr Vorgehen übernommen und darum gebeten hatte, die anderen zu verschonen. Die Ärmste wurde grün und blau geschlagen und büßte darüber hinaus ein Auge ein.«[1]

Wie Kundeling Kunsang riskierten auch andere Frauen ihr Leben bei ihrem Widerstand gegen die chinesische Oppression: Ganning Sha Choela, Tawutsang Dolkar, Demo Chimi, Tsongkhang Mimi, Ani Trinley Chodon, Gugarshar Kelsang und Risur Yangchen ... Ihre Namen stehen stellvertretend für alle Tibeterinnen, die umgebracht, zur Abtreibung gezwungen, sterilisiert, gefoltert oder vergewaltigt wurden.

Obwohl die Chinesen die Revolte des tibetischen Vol-

---

[1] Dolma Taring, *Daughter of Tibet*, London, 1986 , S. 258.

kes niedergeschlagen hatten, setzte sich in den Herzen der Frauen die Hoffnung auf ein freies und unabhängiges Tibet fest. Von 1966 bis 1969 wurden China und in dessen Sog Tibet in den Strudel der Kulturrevolution hineingezogen, wobei es sich in China vor allem um eine von Mao initiierte Kampagne handelte, um jede oppositionelle Einflußnahme zu unterbinden. In Tibet dagegen diente diese Periode des Umschwungs dazu, die tibetische Kultur und tibetische Traditionen auszumerzen. Um diesen umfassenden menschlichen und kulturellen Völkermord aufzuhalten, hatte eine Nonne aus dem unweit von Lhasa gelegenen Nyemo zum Protest aufgerufen. Leider war dieser von Ani Trinley Chodon organisierten Bewegung das gleiche tragische Schicksal beschieden wie allen tibetischen Aufständen. Die Drahtzieherin wurde verhaftet und öffentlich hingerichtet.

1979, als Seine Heiligkeit der Dalai-Lama eine erste Delegation mit dem Auftrag entsandte, sich über die Lage in Tibet zu informieren, war es zwischen Tsering Lhamo, die auch unter dem Namen Rangtsen Ama bekannt ist, und den chinesischen Behörden zu einer Auseinandersetzung gekommen. Um den Norbulingka hatte sich eine eindrucksvolle Menschenmenge versammelt, vor der Tsering Lhamo den Dalai-Lama ihrer Unterstützung versicherte und den Chinesen zurief, sie sollten Tibet verlassen. Sie wurde, nachdem die Delegation abgereist war, verhaftet und kam erst 1982, auf Intervention von Amnesty International, wieder frei. Auch ihr Sohn Lobsang Chodak wurde eingesperrt, dem Vernehmen nach lebenslänglich. Tsering Lhamo gelang schließlich die Flucht. Sie lebt heute in Dharamsala.

Gestatten Sie mir noch ein paar Worte zu den tibetischen Nonnen. In den letzten Jahren führten sie die pazifistische Bewegung für ein freies Tibet an. Als Organisatorinnen und Wortführerinnen der meisten Demonstrationen in jüngster Zeit sind viele von ihnen verhaftet und gefoltert worden oder in Arbeitslagern oder Gefängnissen an den Folgen grauenvoller Mißhandlungen gestorben.

Eine Demonstration bewegte mich ganz besonders. Neun Nonnen aus dem Kloster Shungseb, in der Nähe von Lhasa, hatten sie im Mai 1988 organisiert. Weil sie Parolen gegen die Chinesen skandierten, wurden sie sofort verhaftet, verhört und gefoltert. Eine von ihnen, Ani Kelsang Pelmo, berichtete später: »Wir wurden einzeln verhört. Wer der Anführer der Demonstration sei, haben sie mich gefragt. Außerdem wollten sie wissen, ob wir aus dem Ausland unterstützt würden und weshalb wir demonstriert hätten. Um meine Mitschwestern zu retten, habe ich gesagt, die Anführerin sei ich, und Unterstützung von außen erhielten wir nicht; wir seien einfach nur Nonnen und lebten gemäß unserer Religion. Und nachdem man unsere Lamas, unsere Mönche und Ordensschwestern verhaftet habe, hätten wir mit dieser Demonstration ihre Freilassung bewirken wollen.«[1]

Wütend darüber, wie entschlossen Ani Kelsang Pelmo auftrat, hetzten die chinesischen Polizisten einen Schäferhund auf sie. Der Hund sprang ihr an die Kehle und warf sie zu Boden. »Den Tod bereits vor Augen, gelang es mir, einen Stein zu packen und ihn der Bestie auf den Schädel zu schlagen. Später beschuldigten mich die Beamten, ihn getötet zu haben.« Das Verhör zog sich endlos in die Länge. Ani Kelsang Pelmo betonte immer wieder: »Ich habe Ihnen bereits erklärt, daß ich die Anführerin bin und daß wir keinerlei Unterstützung von außen erhalten. Selbst auf die Gefahr hin, daß Sie mich umbringen, habe ich dem nichts hinzuzufügen.« Worauf einer der Funktionäre meinte: »Schon möglich, daß wir euch kaltmachen und eure Kadaver den Hunden zum Fraß vorwerfen.«

Die neun Nonnen wurden drei Monate später entlas-

---

[1] »A Nun Tells her Story«, *Tibetan Bulletin*, August/September 1990, Dharamsala.

sen. Sie konnten nach Indien entkommen und leben heute ebenfalls in Dharamsala.

Wenngleich die Tatsache, im Exil zu sein, schmerzlich für sie ist, muß gesagt werden, daß die Frauen sich gerade hier als echte Tibeterinnen erweisen. Von Tabus befreit, die sie vordem auf ganz bestimmte Aktivitäten einschränkten, haben sie sich inzwischen eine moderne Ausbildung erworben, dank derer sie dazu beitragen, daß sich die Situation der tibetischen Exilgemeinde bessert. So sind sie zum Beispiel heute in der Ärzteschaft stärker vertreten als die Männer.

Ich nehme dieses Buch auch zum Anlaß, meine ganz besondere Hochachtung den Frauen auszusprechen, die im Exil die Rolle von Pflegemüttern für Tausende tibetischer Waisenkinder übernommen haben, für Kinder, deren Eltern auf der Flucht oder bei Kampfhandlungen ihr Leben verloren haben. Neben einer Schulbildung brauchten diese Kinder unendlich viel Liebe und Zuwendung. Um ihnen zum einen eine Ausbildung zukommen zu lassen und zum anderen sicherzustellen, daß sie in einer Atmosphäre der Harmonie aufwachsen, wurde das TCV geschaffen. Solange die Kinder noch traumatisiert waren und sich ohne elterliche Hilfe an eine neue Umgebung anpassen mußten, waren die Pflegemütter rührend um sie bemüht. Heute sind diese Kinder in sich gefestigt, verfügen über eine zeitgemäße Ausbildung und sind sich darüber hinaus ihrer kulturellen Wurzeln sehr wohl bewußt. Auch sie tragen entscheidend zur Weiterentwicklung der tibetischen Gemeinschaft bei.

Der Einsatz der tibetischen Frauen im Exil gilt nicht zuletzt dem Kampf um das Wiedererstehen eines freien Tibet. Um dieses Ziel zu erreichen, haben sie auf Anregung Seiner Heiligkeit die Vereinigung tibetischer Frauen neu belebt und arbeiten darauf hin, unsere Religion und unsere Kultur zu bewahren und zu fördern und die gesellschaftliche Situation der Exiltibeter zu verbessern.

Meine Aufgaben im Tibetan Children's Village, auf die ich in keinster Weise vorbereitet war, erfordern meinen vollen Einsatz. Um alles in den Griff zu bekommen, mußte ich anfangs sehr hart arbeiten, dazu sehr viel lesen – alles auf Kosten eines richtigen Familienlebens. Mit der Zeit waren Kinderdörfer im Ladakh entstanden, in Bylakuppe, in Unter-Dharamsala, außerdem eine Schule im Tal von Kulu. Und an mir lag es, dafür zu sorgen, daß diese Einrichtungen reibungslos funktionierten.

Auch nach meiner Rückkehr aus Tibet war ich häufig unterwegs, verbrachte alles in allem kaum sechs Monate im Jahr in Dharamsala, wo meine Kinder aufwuchsen. Mein Tätigkeitsbereich hatte sich inzwischen ein wenig verlagert; jetzt kümmerte ich mich mehr um diejenigen, die in den Kinderdörfern beschäftigt waren. Manch Erfreuliches gab es da festzustellen – daß beispielsweise viele ehemalige Schüler, die nach ihrem Abschluß im TCV ein weiterführendes Studium angehängt hatten, zurückkamen, um eine verantwortliche Position in unseren Schulen und Kinderdörfern in Indien übernahmen. Gegenwärtig setzt sich das Personal zu 75 Prozent aus ehemaligen TCV-Kindern zusammen. Sie sind inzwischen um die Vierzig, haben eine Familie gegründet, und ihre Kinder besuchen unsere Schulen. In diesem Zusammenhang möchte ich Tashi La erwähnen, die heute bei uns im Büro beschäftigt ist. Sie war mit der ersten Kindergruppe ins Dorf gekommen, hat hier ihre Schulausbildung absolviert und geheiratet. Eines ihrer drei Kinder unterrichtet heute in der Schule in Bir.

Zur Zeit beherbergt das TCV zehntausend Kinder – verständlich, daß mir kaum Zeit für anderes blieb. Meine Aufgabe ist es, Tibeter zu erziehen und auszubilden, hängt doch sehr viel davon ab, auch in Zukunft über eine größtmögliche Auswahl an geeigneten Führungskräften zu verfügen. Wenn ich unterwegs bin, also nicht im TCV sein kann, überlasse ich es meinen Mitarbeitern, Entscheidungen eigenverantwortlich zu treffen. Die Jüngeren müssen sich beweisen. Nach dreißig Jahren Aufbauarbeit klappt es in den Dörfern wunderbar, und ich bin meinem Stab so etwas wie eine Mutter geworden: Ich höre ihnen zu, erteile ihnen einen Rat und gelegentlich auch eine Abreibung.

Die tibetische Sache steht immer im Vordergrund und muß auch der Dreh- und Angelpunkt unserer Tätigkeit bleiben. Ich unterhalte mich oft mit den Kindern des TCV, weil es mir ein Anliegen ist, daß sie sich ihrer Verantwortung Tibet gegenüber bewußt werden, nicht nur weil sie selbst Tibeter sind, sondern auch angesichts einer Million zweihunderttausend Landsleute, die sterben mußten, und all jener, die in der Heimat schmachten.

Seine Heiligkeit ist entschlossen, China mit Gewaltlosigkeit zu begegnen. Das ist wohl der beste Weg für die Tibeter in Tibet, der beste für jedes Volk. In den siebziger und achtziger Jahren haben die Sowjetunion und die Vereinigten Staaten einen Kurs der hemmungslosen Aufrüstung und der militärischen Überlegenheit eingeschlagen. Inzwischen ist die Sowjetunion zerbrochen, die Mauer in Berlin gefallen; man setzt auf Abrüstung, auf Verschrottung der Nuklearwaffenbestände.

Seine Heiligkeit hat sich immer und immer wieder für Frieden und weltweite Verantwortung ausgesprochen. Von weltweiter Verantwortung zu sprechen heißt, sich für Frieden und Gewaltlosigkeit einzusetzen. Wo beginnt der Frieden, wenn nicht in den Herzen der Menschen? Wenn jeder mit sich im reinen wäre, um wieviel leichter wäre es, überall auf dieser Welt, wo Frieden niemals nötiger war als jetzt, über Frieden zu sprechen. Wir alle sind gefordert. Wir dürfen nicht nur an uns denken, sondern auch an unsere Kinder, an unsere Enkel und Urenkel. Und es ist ganz wichtig, auch schon den Kleinsten den Begriff Frieden nahezubringen. Im TCV jedenfalls sind wir intensiv darum bemüht.

Gegenwärtig schwebt Seiner Heiligkeit vor, Tibet in

eine Friedenszone umzuwandeln, in der die Tibeter im Einklang mit der Natur leben können. Ein wunderbarer Gedanke. Wie aber ihn umsetzen? Frieden ist schließlich weder ein geographischer noch ein gegenständlicher Begriff, sondern einer, der Herz und Verstand beherrschen muß.

Deshalb schreite ich sofort ein, wenn ich mitbekomme, wie sich zwei Kinder streiten. Was im Dorf allerdings eher selten der Fall ist. Wenn aber doch, dann unterhalten wir uns mit ihnen und helfen, ihre Meinungsverschiedenheiten zu klären und zu begreifen, wie überflüssig Streitereien sind. Mit dem Erfolg, daß die Kinder schon bald wieder vergnügt miteinander herumtollen.

In unserer kommunikationstechnisch so entwickelten Welt finden wir vor lauter Streß kaum noch Zeit, miteinander zu reden, zu kommunizieren. Wieviel Positives könnte erreicht werden, wenn man sich an einen Tisch setzte und einander zuhörte! Mit einer positiven Einstellung ließen sich dann so viele Probleme aus der Welt schaffen, so viele Ärgernisse und erst recht Kriege!

Wir leben im 20. Jahrhundert – in was für einer Welt! Alle möglichen wissenschaftlichen Erfindungen wurden gemacht; wir verfügen über ausgefeilte Technologien. Und sind dennoch nicht in der Lage, in Frieden zu leben und uns gegenseitig zu respektieren. Wofür dann dieser ganze Fortschritt und diese hochentwickelte Gesellschaft? Unser Ziel sollte sein, bessere Menschen zu werden ...

Viele junge Exiltibeter sind ungeduldig, gelegentlich auch frustriert, daß sie den Chinesen nicht Gewalt entgegensetzen können. Für ihr Tibet würden sie am liebsten zu Terroristen werden und wie die Palästinenser Druck ausüben. Wozu? Tibet stünde dann zwar auf den Titelseiten sämtlicher Tageszeitungen weltweit, aber unser Volk hätte allen Kredit und Respekt verspielt, den es sich durch seine Absage an jegliche Gewalt erworben hat.

Was uns ausharren läßt, ist die Hoffnung auf eine Rückkehr. Ich bin überzeugt, daß, wie lange es auch noch

dauern mag, der Tag kommen wird, an dem wir hocher-
hobenen Hauptes ein wieder freies Land betreten können.
Vielleicht morgen, vielleicht in zehn, vielleicht aber auch
erst in fünfzig Jahren. Wann immer – wir sind entschlossen, unser Schicksal in die Hand zu nehmen. Warum diese
Hoffnung? Woher diese Kraft in uns? Ich glaube, daß aus
Leid Hoffnung erwächst. Daß die Hoffnung in uns Kräfte
freisetzt, die wir brauchen, um uns zu behaupten. Was in
Tibet vor sich geht, ist furchtbar. Wir haben unsere Heimat verloren, sind Zeugen schlimmster Grausamkeiten
geworden. Dies alles hat uns in dem Wunsch bestärkt, am
Leben zu bleiben, unsere Unabhängigkeit zurückzugewinnen und unsere kulturelle Identität zu bewahren.

Die Politik der Chinesen hatte zunächst darin bestanden, Tibet zu überfallen, später dann, unser Volk zu vernichten. Um so entschlossener wollen wir ihnen trotzen
und dafür sorgen, daß es nicht dazu kommt. Die Erziehung
hat den Kampf möglich gemacht. Solange die Kinder im
Exil eine tibetische Ausbildung erhalten, wird unsere Kultur weiterbestehen. In dieser von Schicksalsschlägen ge-
beutelten Periode unserer Geschichte darf ich mich glücklich schätzen, als Schwester des Dalai-Lama geboren zu
sein, weil ich mich so für die tibetische Sache einsetzen
und meinem Land dienen kann. Glücklich bin ich auch
darüber, daß Jahr für Jahr Hunderte von Kindern ähnlich
wie Kalsang Gyelsten die Kette des Himalaja durchqueren
und ihr Leben aufs Spiel setzen, um in der Nähe Seiner
Heiligkeit des Dalai-Lama eine tibetische Schulbildung zu
erhalten.

15.

DAS KIND AUS
DER HOCHEBENE VON
CHANG TANG

Seit dem Besuch der Delegationen hatte eine Lockerung
der Bestimmungen abermals zahlreichen Tibetern Gelegenheit gegeben, ihr Land zu verlassen. Auch immer mehr
Kinder folgten dem Weg ins Exil, um dort eine tibetische
Schule zu besuchen. Die Eltern wußten genau, daß sie ihre
Söhne und Töchter dazu verdammten, chinesisch indoktriniert zu werden, wenn sie sie nicht gehen ließen. Aus
den Berichten dieser Kinder erfuhren wir von den unsäglichen Tragödien, die sich in Tibet abspielten. Da es mir
nicht möglich ist, all diese Schicksale hier wiederzugeben,
möchte ich mich auf die Geschichte des damals zwölfjährigen Kalsang Gyelsten beschränken, dem Jüngsten aus
einer Familie mit drei Kindern.

Kalsang Gyelsten stammt aus einem Nomadendorf an
den Hängen der im Norden Tibets gelegenen Hochebene
von Chang Tang. In den umliegenden Wäldern lebten
Leoparden, Wildkatzen und Braunbären. Die Gipfel der
Berge waren schneebedeckt, die Flanken dahinter wirkten
schwarz. An den tiefer gelegenen Hängen weideten Schafe
und Jaks. Unweit der Siedlung führte ein Fluß vorbei; auf
der Anhöhe am gegenüberliegenden Ufer erstreckte sich
weiteres Weidegebiet. Eine Bilderbuchlandschaft. Im Winter zogen sich die Nomaden in ihre Einraumhäuser am
Rande des Waldes zurück, aus dem sie auch ihr Brennholz bezogen. Den Sommer über stellten sie ihre schwarzen Jakhautzelte dort auf, wo ihre Tiere grasten. Die Ebe-
nen waren von Hors* und Khampas bevölkert.

Die Mutter von Kalsang Gyelsten, eine Nomadin, stammt aus dem benachbarten Grenzland, aus einer Familie, in der es Mönche gab und vor allem einen angesehenen und wohlhabenden Lama. Als die Chinesen einmarschiert waren, hatte man sie als Reaktionäre hingestellt; ihre Großeltern waren bei einem *thamzing* verhöhnt, beleidigt und geschlagen worden. Ihr Großvater war an den Folgen der wiederholten Bastonnaden gestorben, die Großmutter hatte überlebt. Auch ihr Großonkel war mit dicken Rundhölzern, die ihm die Chinesen über Arme und Beine gerollt hatten, gefoltert worden.

Der Vater von Kalsang Gyelsten kommt aus einer einfachen bäuerlichen Familie aus Zentraltibet und wurde nach seiner Heirat ebenfalls Nomade. Mehr wußte uns Kalsang Gyelsten über die Herkunft seiner Familie nicht zu berichten. Da es in Tibet üblich war, sich ab einem bestimmten Alter nicht länger auf seinen Namen, sondern vielmehr auf die Orte oder Regionen zu berufen, in denen man beheimatet war, fand man sich nach deren Umbenennung durch die Chinesen entsprechend schwer zurecht. Mit zwölf Jahren hatte sich der 1978 geborene Kalsang Gyelsten zur Flucht entschlossen. Seine Eltern, damals achtunddreißig und zweiundvierzig Jahre alt, hatten ihm erzählt, daß die Chinesen sämtliche Klöster in der Gegend zerstört und die Nomaden zusammengetrieben, ihnen alles weggenommen hatten – Schmuck, Teppiche, sakrale Gegenstände –, und wie sie später dann, nach einem Lageraufenthalt, in Gruppen zu je dreißig Familien in Volkskommunen verbracht und zur Seßhaftigkeit gezwungen worden waren.

Nach der Willkür der Behörden mußte jede Familie ab sofort regelmäßig etwa fünfundzwanzig *gyamas*[1] Butter pro *dri*, ob sie Milch gab oder nicht, abliefern sowie zwei *gyamas* Wolle pro Schaf. Wenn der Ertrag diese Quote überstieg, durfte die Familie den Überschuß behalten.

[1] 1 *gyama* = 0,5 kg.

Wenn aber umgekehrt die Tiere krank waren oder von Wölfen oder Braunbären gerissen wurden, mußten die Bauern die Differenz in bar begleichen. Da es nur allzu häufig vorkam, daß die Schafe ein Opfer wilder Tiere oder von einer Lawine begraben wurden, trug diese Regelung dazu bei, die Angst in der Bevölkerung zu schüren. In mageren Zeiten mußten Kalsang Gyelstens Eltern sogar Butter und Wolle zukaufen.

Gelegentlich gelang es ihnen, den Behörden ein Schnippchen zu schlagen, nicht zuletzt deshalb, weil die Region schwer zugänglich war, weshalb sich die Chinesen nur in Abständen dort blicken ließen. Kreuzten sie doch auf, blieb den Bewohnern genügend Zeit, die Schafe im Gebirge zu verstecken. Die Eltern von Kalsang Gyelsten besaßen drei Pferde, fünfunddreißig *dris*, zwanzig Jaks und etwa hundert Schafe. Die *dris*, die Milch gaben, sowie die Jungtiere wurden auf einer Koppel gehalten, die Jaks blieben meist draußen auf der Weide. Jedes Tier trug, um Verwechslungen zu vermeiden, das Zeichen seines Besitzers, und einmal in der Woche trieb man die Herden zur Zählung zusammen.

In diesen Gegenden war es im Winter so kalt, daß der Fluß zufror. Um die Wasserversorgung zu sichern, taute die Familie des Jungen im Haus Eisblöcke auf. Leoparden und Wildkatzen kamen halb verhungert und erstarrt von den Bergen herab und wüteten unter den Herden. Die Jaks waren weniger gefährdet, es sei denn, den Wildkatzen gelang es, ein Jungtier zu isolieren, das sie dann anfielen und ihm die Kehle durchbissen. Für gewöhnlich aber zielten sie darauf ab, sich unbemerkt in eine Schafherde einzuschleichen, um dort der Wachsamkeit der Hunde zum Trotz Beute zu machen. Wölfe dagegen waren um einiges leichter auszumachen und zu vertreiben.

Zur Aufbesserung seines Einkommens begab sich der Vater von Kalsang Gyelsten gelegentlich nach Lhasa. Dazu brauchte er einen Passierschein, der pro Tag fünfzehn Yuan kostete. Um die Grenze nach Nepal zu passieren, mußten die Tibeter Chinesen oder tibetische Funktionäre in Lhasa kennen. Zwanzigtausend Yuan kostete ein Paß; Mönche waren vom Erwerb eines solchen Dokuments ausgeschlossen, auch nicht gegen Zahlung von hunderttausend Yuan. Der Vater von Kalsang Gyelsten verdiente ein bißchen hinzu, indem er den Khampas zwischen Kham und Lhasa Waren abkaufte und sie dann in seiner Gemeinde weiterveräußerte. Da ihm nicht gestattet war, Handel zu treiben, mußte alles unter größten Vorsichtsmaßnahmen vonstatten gehen.

Eines Tages tauchten zwei Fremde in Kalsang Gyelstens Dorf auf. Sie waren groß und blond, hatten lange Nasen und struppiges Haar. Sie bewegten sich beneidenswert frei und ungezwungen, benötigten im Gegensatz zu den erwachsenen Tibetern keinerlei Passierschein, kannten somit auch nicht das Problem, die Steuermarken von drei oder vier Verwaltungen einzuholen, was schwer genug, wenn nicht gar unmöglich war. Wenn andererseits ein Einheimischer ohne diesen Passierschein erwischt wurde – auch wenn wenig chinesisches Militär präsent war, gab es doch genug Informanten! –, mußte er eine Geldstrafe zahlen oder wanderte auch schon mal für mehrere Tage ins Gefängnis.

In der ganzen Gegend gab es keine Schule. Mit der Schaffung von Volkskommunen vor dreißig Jahren hatten sich die Chinesen zwar verpflichtet, den Fortschritt nach Tibet zu bringen und somit auch Schulen zu bauen; doch inzwischen herrschte überall im Land Hungersnot, und Schulen waren leere Versprechungen geblieben.

In dem Dorf befand sich auch ein Kloster namens Balong, in dem einstmals hundertdreißig Mönche gelebt hatten. Das chinesische Militär hatte die Lamas ermordet, die Heiligtümer geplündert und verwüstet und ein Teil des Gebäudes in Schutt und Asche gelegt. Was stehengeblieben war, war zu Toiletten umfunktioniert worden, mit den *mani**-Steinen hatte man die Straßen gepflastert. Erst in den achtziger Jahren brachten die Bewohner die Steine ins Kloster zurück, in dem lediglich siebzehn Mönche leben durften – unter ihnen kein einziger *tulku**, die Reinkarnation eines Lamas. Jeden Monat kamen zwei oder drei Chinesen vorbei, kontrollierten und zählten genau nach.

Kalsang Gyelsten war es leid gewesen, unter den gegebenen Umständen weiterhin Schafe und Jaks zu hüten, und hatte sich zu dem Entschluß durchgerungen, seine Familie zu verlassen. Er wollte etwas lernen und wünschte sich darüber hinaus, Gyalwa Rinpoche – wie die Tibeter den Dalai-Lama nennen – zu begegnen. Gleich anderen jungen Tibetern, die nach Lhasa auf eine Schule geschickt worden waren, sehnte er sich nach einem besseren Leben. Er besprach sich mit seinen Eltern, die ihn daraufhin in der chinesischen Schule in Nagchu Kha einschreiben lassen wollten. Der Leiter der besagten Anstalt forderte fünfhundert Yuan pro Monat für Schulgeld, Bücher, Unterkunft und Essen – zuviel, als daß die Eltern eine derartige Summe hätten aufbringen können. Kalsang Gyelsten, der sehr wohl durchschaute, daß dem Beamten nur daran gelegen war, mit einer derart astronomischen Summe die Eltern abzuschrecken, hatte Mühe, seine Enttäuschung zu verbergen. Dann würde er eben Mönch im Kloster Balong werden, erklärte er schließlich, und die dortige Schule besuchen. Da ihm in Balong jedoch ein Platz verweigert wurde, wollte er es auf eigene Faust entweder im Kloster Drepung, Sera oder Ganden versuchen. Sollte er in keinem dieser drei unterkommen, so seine Überlegung, würde er weiterziehen, sogar bis nach Indien.

Kalsang Gyelsten legte sich einen Plan zurecht. Am fünfzehnten Tag des ersten tibetischen Monats im Eisen-Pferd-Jahr (März 1990) wollte er aufbrechen, bereits ein Jahr vorher begann er, die Route nach Lhasa festzulegen. Um keinen Verdacht zu erregen, zog er bei denjenigen, die viel herumkamen und in ihm nichts weiter als ein besonders neugieriges Kind sahen, so unauffällig wie möglich und obwohl er sich dabei wie ein Verräter vorkam, Erkundigungen über die umliegende Region ein.

Wie immer holte seine Mutter vor Losar die besten Kleider aus der Truhe, wo sie die übrige Zeit eingemottet waren. Kalsang Gyelsten trug sie ein paar Tage, versteckte sie dann, nachdem er seiner Mutter weisgemacht hatte, er habe sie bereits wieder in die Truhe zurückgelegt. Er ließ den mit einer Spitze bewehrten Stock verschwinden, den sein Bruder beim Hüten der Schafherde benutzte und dessen Fehlen jetzt, da Losar war und man nicht auf die Weide zog, nicht auffiel. Auch eine Fackel brachte er auf die Seite. Die Kleider wickelte er in ein Schaffell, dazu ein Paar chinesische Stoffschuhe, die beim Klettern besseren Halt boten.

Am Tag vor dem Aufbruch trieb er sich abseits des Hauses herum, damit niemand seine Nervosität und seine Angst bemerkte. Bei Einbruch der Nacht dann, nach den Abendgebeten, wurde dem jungen Burschen das Herz mit einemmal schwer. Was würde die Zukunft bringen? Kalsang Gyelsten wartete ab, bis die Familie sich zum Schlafen niedergelegt, bis der Vater seine Mantras rezitiert und endlich die Petroleumlampe gelöscht hatte. Vorsichtig glitt er daraufhin von seinem Lager, griff sich die zu einem Bündel zusammengerollten Kleider, öffnete geräuschlos die Tür und zog sie leise hinter sich zu.

Die Nacht war klar und entsprechend bitterkalt. Rasch zog er sich an. Dem Stand des Mondes nach war es nicht später als elf Uhr. Nicht umsonst hatte er sich diesen fünfzehnten Tag ausgesucht: Der Vollmond würde ihm erlauben, bis Tagesanbruch zu marschieren; außerdem würde sich niemand wundern, ihn um diese Zeit noch draußen anzutreffen, wird doch der fünfzehnte Tag des ersten tibetischen Monats als besonders günstig für das Rezitieren von Mantras erachtet. Es gab Leute, die deswegen die ganze Nacht hindurch beteten.

Da ohne Jaks das Vorwärtskommen im tiefen Schnee fast unmöglich war, trieb Kalsang Gyelsten vier dieser

Tiere vor sich her, damit sie ihm den Weg zum Gipfel des Berges bahnten. Nachdem er die erste Anhöhe überwunden hatte, bemerkte er erneut schwarze Schatten auf dem Schnee: weitere Jaks. Mit ihrer Hilfe überwand er den nächsten Berg, hatte bis Tagesanbruch noch einen weiteren geschafft und war in eine völlig verlassene Gegend gelangt. Er entrollte sein Bündel und schlief auf der Stelle ein.

Drei Nächte wanderte der Junge so dahin. Tagsüber verbarg er sich in den Bergen, sprach eingedenk der Märchen von Teufeln und Gespenstern, die in verlassenen Gegenden ihr Unwesen treiben, ein Gebet ums andere, um seiner Angst ein Schnippchen zu schlagen. Der eigentliche Weg nach Lhasa führte immer geradeaus; um nicht entdeckt zu werden, zog Kalsang Gyelsten jedoch Umwege vor. Am meisten fürchtete er sich vor den Mastiffs, jenen doggenähnlichen Hunden, die groß genug waren, um es mit den Wölfen aufzunehmen, und wild genug, ein Kind zu töten und aufzufressen. Am ersten Tag trieb er sich, wenn er nicht schlief, zwischen den Felsen herum, wo sich seltene Vögel aufhielten und hier und da ein Jak auftauchte, Hasen und Murmeltiere, die ihn, auf den Hinterpfoten aufgerichtet, aus der Ferne beäugten. Am nächsten Tag hatte Kalsang Gyelsten Blasen an den Füßen, die in der Kälte aufplatzten und zu bluten anfingen. Zu diesen Schmerzen kam hinzu, daß sich seine Haut zu schälen begann und die darunterliegende neue Schicht überaus empfindlich war. Den Hunger, der an ihm nagte, spürte der Junge nicht mehr. Seit seinem Aufbruch hatte er außer Schnee nichts mehr zu sich genommen.

Als Kalsang Gyelsten am dritten Abend, kurz nach Einbruch der Dunkelheit, in nicht allzu weiter Ferne einen Wolf heulen hörte, kam er sich entsetzlich allein vor. Er schlotterte vor Angst, schien doch die Bestie sehr viel näher zu sein als alle Teufel und Gespenster. Er riß sich zusammen und vertraute auf sein Glück, dem wilden Tier zu entkommen. Im Schutze eines Felsens fing er an zu beten, dachte so intensiv an Gyalwa Rinpoche, bis er schließlich in einen Dämmerzustand fiel und glaubte, der Dalai-Lama beuge sich über ihn, streiche ihm über den Nacken und sage ihm, er solle aushalten und keine Angst haben. Tatsächlich schwand seine Furcht nach und nach, der Wolf verzog sich, und Kalsang Gyelsten schlief tief und fest ein.

Bisher hatte er tagsüber geschlafen, wo die Kälte noch erträglich ist. Als er jetzt am frühen Morgen aufwachte, war sein Körper völlig steif; er konnte sich kaum noch bewegen. Erst nach einer Weile gelang es ihm, die geschnürten Schuhe abzustreifen, sich die Füße zu massieren und sie dann zum Wärmen der Sonne entgegenzustrecken. Dennoch verging der ganze Vormittag, bis er in der Lage war, aufzustehen und weiterzugehen. Etwas Eßbares aufzutreiben und einen Schutz vor der Nacht war lebensnotwendig geworden.

Kalsang Gyelsten stieg hinunter zur Hauptstraße, die nach Lhasa führte. Noch einen ganzen Tag lang marschierte er, rezitierte mit leiser Stimme Mantras – jene Gebete, die er für gewöhnlich abends mit seinem Vater gesprochen hatte. Die Tibeter, auf die er stieß, waren überaus freundlich, hielten ihn für ein Kind, das sich verlaufen oder keine Eltern mehr hatte, gewährten ihm Unterkunft und verköstigten ihn. Wenn jemand für seinen Geschmack zu viele Fragen stellte, verstummte er, um nicht den chinesischen Behörden übergeben zu werden oder womöglich Geschäftspartnern seines Vaters gegenüberzustehen, die unweigerlich seine Eltern benachrichtigt hätten. Bei einer Familie verweilte er drei Tage, kurierte seine Wunden aus, half bei der Arbeit mit. Die guten Leute hätten ihn gern bei sich behalten; Kalsang Gyelsten jedoch lehnte ab und zog weiter.

Am zwanzigsten Tag des zweiten Monats näherte er sich Lhasa. Im Hause eines Händlers fand er Aufnahme, mußte allerdings während des Abendessens in der Küche jede

Menge Fragen über sich ergehen lassen. Kalsang Gyelsten erzählte etwas von einer Pilgerreise, was die Frau des Hauses sowie deren Tochter und Sohn zwar höchst schnurrig fanden, ihre Neugier indes nicht befriedigte. Deshalb fügte Kalsang Gyelsten noch einige tragische Einzelheiten aus seiner Vergangenheit hinzu, die verdeutlichen sollten, weshalb er allein war. Erst als er Müdigkeit vorschützte, drang die Familie nicht weiter in ihn. Im stillen den Segen von Jowo* im Jokhang erflehend, schlief er ein.

Am nächsten Morgen bot ihm der älteste Sohn an, ihn mit dem Motorrad zum Jokhang zu bringen. Kalsang Gyelsten hatte noch nie auf einer solchen Maschine gesessen, auch noch nie so viele Menschen auf einem Haufen gesehen. Im Jokhang betete er lange vor Jowo Rinpoche, erflehte dessen Schutz auf dem Weg nach Indien und bat um ein langes Leben für Gyalwa Rinpoche. Als sein Begleiter zum Aufbruch drängte, lehnte er höflich ab. Er zog es vor, sich im Jokhang zu verstecken, wo er schließlich von einem Mönch entdeckt wurde. Dieser nahm ihn mit in seine Zelle, in der sich heilige Schriften stapelten und die Wände mit unzähligen *thankas* dekoriert waren. Der Junge erklärte gerade, er wolle nach Sera, er werde dort von seinen Gefährten erwartet, als plötzlich zwei Polizisten, ein Chinese und ein Tibeter, die Zelle stürmten. Auf die Frage des Tibeters, woher er komme, brachte Kalsang Gyelsten vor, er heiße Dawa und sei ein Vetter des Mönchs aus Nagchu Kha. Der Mönch widersprach nicht, und die Polizisten zogen sich zurück.

Um nach Sera zu gelangen, mußte Kalsang Gyelsten an mehreren chinesischen Wachposten vorbei, die ihn wie die anderen Besucher des Klosters anhielten und ausfragten. Im Kloster selbst begegnete ihm ein Mönch, dem er von seiner Absicht berichtete, Mönch zu werden und die heiligen Schriften zu studieren. Das sei inzwischen sehr schwierig, meinte der fromme Mann daraufhin. Um Mönch zu werden, brauche man Beziehungen; Eltern und Familie müßten bei den chinesischen Behörden einen guten Stand haben. Alle Unterlagen würden genauestens geprüft, um sicherzustellen, daß der Kandidat kein potentieller Unruhestifter sei. Erst dann gäben die Behörden die Genehmigung für den Eintritt ins Kloster, wo er einen Lehrer finden und sich ihm unterordnen müsse. Bevor er jedoch ein klösterliches Leben beginne, müsse er zwei Jahre lang handwerkliche Arbeiten verrichten und unter anderem größtmögliche Schweigsamkeit unter Beweis stellen.

Kalsang Gyelsten bat, einige Tage in Sera bleiben zu dürfen. Obwohl ein Polizist genau aufpaßte, was innerhalb des Klosters vor sich ging, war es leicht, sich dieser Kontrolle zu entziehen. Der Junge mußte schließlich einsehen, daß es in Tibet heutzutage schier unmöglich ist, Mönch zu werden. Kurz bevor er weiterzog, äußerte er den Wunsch, nach Indien zu gehen. Dem Großteil der Mönche war nicht minder daran gelegen, Sera zu verlassen, um rechtzeitig zum im Dezember 1990 stattfindenden Kalachakra*-Fest in Sarnath zu sein. Viele ihrer Ordensbrüder waren bereits ausgewiesen oder verhaftet worden, nachdem sie ihren Unmut öffentlich zum Ausdruck gebracht hatten und auf Fotos, die chinesische Sicherheitskräfte bei Demonstrationen aufzunehmen pflegten, erkannt worden waren. Fielen sie zum erstenmal auf, wurden sie ins Gefängnis gesteckt, zusammengeschlagen und dann nach Hause geschickt. Ins Kloster durften sie nicht zurückkehren. Beim zweitenmal wurden Demonstranten länger als ein Jahr eingesperrt, beim drittenmal hingerichtet. Sobald ein Mönch einmal festgenommen worden war, wurde er ständig belästigt und konnte sich nicht mehr frei bewegen, weshalb sich viele von ihnen zur Flucht entschlossen. Legal konnte man die Stadt nur in kleinen Gruppen von zwei oder drei Personen verlassen, und nur dann, wenn Verwandte zurückblieben. Daß jeder ständig seinen Passierschein bei sich tragen mußte, selbst wenn er lediglich an religiösen Ritualen teilnehmen wollte, verstand sich von selbst ...

Kalsang Gyelsten machte sich auf nach Lhasa. Da er

keine Bleibe fand, mußte er unter einem Hausvorsprung
Schutz suchen, bei ein paar Bettlern und einer Pilger-
gruppe aus Amdo, deren Dialekt er zwar nur mit einiger
Mühe verstand, die jedoch ihr Essen mit ihm teilten. Sobald es hell wurde, schlug er den Weg nach Ganden ein,
wo er weniger Mönche als in Sera antraf. Sie schienen alle
sehr jung zu sein. Der Kloster war in einem trostlosen Zustand. Man hatte Kalsang Gyelsten erzählt, daß die Chinesen nach der völligen Zerstörung mit dem Wiederaufbau
begonnen hätten, aber zu seiner Verwunderung entdeckte
er keinen einzigen Handwerker. Wie sich herausstellte,
waren die älteren Mönche nach den letzten Demonstrationen abgeholt und die Bauarbeiten eingestellt worden.
In Ganden herrschten weit primitivere Lebensbedingungen als in Sera. Die wenigen Mönche hausten in winzigen
Zellen. Der Junge blieb einige Tage. Sein Vorhaben, in Tibet zur Schule zu gehen, gab er endgültig auf.

Von Kloster zu Kloster zog Kalsang Gyelsten während
seines zweiwöchigen Aufenthalts in Lhasa, vermied es, bei
Bewohnern der Stadt unterzukommen, schlief lieber draußen, unter Hausvorsprüngen, in der Gesellschaft von Bettlern oder Pilgern, weil man ihm gesagt hatte, unter den
Städtern gebe es viele Spitzel, er solle auf der Hut sein. Dabei waren die Menschen durchaus freundlich zu ihm, füll-
ten ihm die weiße Emailschüssel, die ihm ein Mönch in
Ganden überlassen hatte.

Kalsang Gyelsten brannte darauf, den Potala zu besuchen. Der Palast des Dalai-Lama war aber wegen Renovierungsarbeiten geschlossen. Kein Tibeter durfte den Norbulingka betreten. Dennoch gelang es ihm, sich Zutritt zu
verschaffen – sogar durch den Haupteingang! –, indem er
sich unter eine von einem chinesischen Fremdenführer
begleitete Gruppe Ausländer mischte, die sich Kalsang
Gyelsten zufolge so eigenartig verhielten, daß er meinte,
Zeuge einer dieser marxistischen Propagandaveranstal-
tungen zu sein, von denen ihm der Vater erzählt hatte: Da
machten sich die Männer emsig Notizen, und viele hatten

eine Kamera umgehängt. Die Frauen waren, nicht anders als die Männer, ausnehmend groß; die Farbe ihrer Haare entsprach einer ungewöhnlich bunten Palette: Orange, Gelb, Braun, Schwarz, derartige Frisuren hatte der Junge noch nie gesehen. Auch ihre Kleidung kam ihm sehr ausgefallen vor: weite oder enge Hosen, lange oder kurze Röcke, die wie dekorative Gefäße wirkten, weite Westen in allen Farben des Regenbogens. Offenbar kamen sie aus allen möglichen Ländern und zeigten sich jeweils in ihren traditionellen Gewändern.

Als der Chinese seinen Vortrag beendet hatte, schlenderte die Gruppe auf Mingyur Potrang zu, der Residenz von Gyalwa Rinpoche. Kalsang Gyelsten ließ sich mittreiben. Die Fremden schienen sich über seine Anwesenheit zu freuen. Einer von ihnen steckte ihm sogar eine Art Umschlag zu. Jetzt betrat die Gruppe den Palast, der Chinese hob wieder an zu reden, erklärte offenbar Details. Auch wenn der Junge nichts verstand, bekam er auf diese Weise vor Augen geführt, wo Gyalwa Rinpoche einst gelebt hatte. Vor einem Fresko, auf dem zahlreiche Männergesichter, darunter natürlich auch das von Gyalwa Rinpoche, so lebensnah abgebildet waren, daß man hätte meinen können, sie würden gleich zu sprechen anfangen, verweilte die Gruppe längere Zeit. Das war auch der Moment, da der Führer auf Kalsang Gyelsten aufmerksam wurde und auf ihn deutete. Alle starrten ihn plötzlich an. Der Junge rettete sich dadurch, daß er eine Frau mit besonders langem Haar mit einem breiten Grinsen bedachte, worauf ihn die Frau ihrerseits anlächelte. Der Fremdenführer sah ihn durchdringend an, beschloß dann wohl, ihn nicht zur Kenntnis zu nehmen, und die Besichtigung ging weiter.

In jener Nacht schlief Kalsang Gyelsten im Park des Norbulingka unter den Trauerweiden. Kurz vor Tagesanbruch begannen die Vögel um ihn herum zu zwitschern. Der Frühling kündigte sich an, die Zweige trugen bereits winzige Knospen. Kalsang Gyelsten faltete das Papier auseinander, das ihm der Fremde zugesteckt hatte. Eine braune, sehr süße Teigmasse fand sich darin. Da sie ihm nicht sonderlich schmeckte, wickelte er sie wieder ein.

Er verließ den Park und wanderte zum Kloster Drepung, in dessen Labyrinth er sich den Tag über aufhielt. Als er einem Mönch begegnete, bat er ihn, für seine Eltern folgendes zu schreiben: »Liebe Eltern, ich bin in Lhasa. Wenn Ihr diesen Brief erhaltet, werde ich bestimmt sehr weit weg von hier sein. Ich habe vor, in die Schule zu gehen. Macht Euch keine Sorgen, es wird schon klappen.« Daß er nach Indien wollte, erwähnte er absichtlich nicht. Im Barkhor, einige Tage später, versprach ihm ein Händler aus einer Region nicht weit weg von zu Hause, den Brief seinem Vater zu überbringen. Jetzt konnte Kalsang Gyelsten Lhasa den Rücken kehren.

Er begab sich nach Shigatse, der zweitgrößten Stadt in Tibet. Tagsüber marschierte er, nachts kam er in Bauernhöfen unter. Wenn er zwischendurch überlegt hatte, einfach dem Flug der Raben zu folgen, entschied er sich dann doch für die Hauptverkehrsstraße, auch wenn es dadurch länger dauerte. Im Vergleich zu den von Nomaden bewohnten Gegenden schien es den Siedlern in Tsang nicht so gut zu gehen. Sie besaßen keine warme Kleidung; Fleisch und Butter waren eine Seltenheit. Wenn er im Norden des Landes darum gebeten hatte, war ihm gegeben worden, während man ihn hier lediglich mit *tsampa* abspeiste. Kalsang Gyelsten hielt sich fünf Tage in Sakya auf und ebensolange in Shigatse, wo er das Kloster Tashi Lhunpo und das Mausoleum des Panchen-Lama aufsuchte.

Seine Familie hatte Panchen Rinpoche nicht sonderlich geschätzt, vor allem nicht die Art, wie er mit den Chinesen verhandelt hatte. Sein Vater hatte seine Hoffnungen auf Gyalwa Rinpoche gesetzt. Dennoch empfand der Junge beim Anblick des einbalsamierten Leichnam des Panchen-Lama, von dem etwas ganz Besonderes auszugehen schien, unwillkürlich Bewunderung und tiefe Dankbarkeit.

Nachdem Kalsang Gyelsten Shigatse hinter sich gelassen hatte, gelangte er an eine Weggabelung. Die Straße, die nach links abzweigte, führte zur nepalesischen Grenze, die rechte zum Kailash, über den man ebenfalls nach Nepal gelangte. Auf diesem Berg sollte Kalsang Gyelstens Abenteuer jedoch noch nicht zu Ende sein: Er begegnete dort Gueshe Senge, einem Seher, der ihm riet, den längeren Weg auf sich zu nehmen und erst dann die Grenze zu passieren.

In Dharamsala hat Kalsang Gyelsten oft an seine Eltern gedacht, an den Moment, als sie feststellen mußten, daß er verschwunden war. Seine Gewissensbisse wurden jedoch schon bald durch die Perspektive beschwichtigt, die sich für ihn auftat: eine Ausbildung zu absolvieren, einen Beitrag zur Befreiung seines Landes zu leisten, in der Lage zu sein, seine Eltern im Alter zu unterstützen.

Tausende ähnlicher Geschichten haben wir im tibetischen Kinderdorf zu hören bekommen, jede von ihnen nicht weniger abenteuerlich. Und so tragisch manche auch ausgegangen sind – sie dienen den Kindern Tibets von morgen, klären sie darüber auf, was geschehen ist.

Weil die Chinesen wissen, daß der tibetische Buddhismus dem Wesen nach ein langjähriger mentaler und spiritueller Prozeß ist, der sich unter Anleitung qualifizierter Lamas vollzieht, versuchen sie, diese Unterweisungen zu unterbinden, indem sie die Religion nicht in der Form würdigen, die ihr zusteht, sondern sie als abergläubischen Hokuspokus, als Verblendung abwerten. Die Politik, die die Regierung in Peking dabei verfolgt, zielt darauf ab, die tibetische Kultur aussterben und das Volk so verrohen zu lassen, daß es gerade noch dazu taugt, von der Besatzungsmacht ausgebeutet und manipuliert zu werden.

Der gegenwärtige Wiederaufbau von Sehenswürdigkeiten und Klöstern erfolgt einzig aus politischen oder wirtschaftlichen Gesichtspunkten des kommunistischen Chinas. Historische Bauten werden zu touristischen Museen, sind nicht länger Hochburgen der Kultur. Im unabhängigen Ti-

bet galten die namhaften klösterlichen Universitäten mit ihren jeweils zwischen 3000 und 10000 Hörern für Intellektu-
elle wie Studenten aus Asien als Zentren der Wissenschaft.
Vor der chinesischen Invasion lebten in Sera 7997 Mönche; heute sind es nur noch etwa 300. Die Anzahl der
Mönche in Drepung hat sich von über 10000 auf 400 re-
duziert, die in Ganden von 5600 auf 150.

Zwischen 1980 und 1985 hatte ich mich, bestärkt durch
meine Reise nach Tibet, voll und ganz auf die Arbeit im
Kinderdorf konzentriert, häufig auf Kosten meines Privat-
lebens. 1970 war mein Mann Lhundup Gyalpo aus dem
Finanzministerium ausgeschieden, weil der Mitarbeiter-
stab der tibetischen Exilregierung seiner Ansicht nach auch
ohne ihn groß genug war und er mehr Zeit für unsere drei
Kinder haben wollte. Also hatte er 1973 in Bangalore ein
Restaurant eröffnet, das ihm außerdem erlaubte, Amala
finanziell zu unterstützen. Wir verbrachten die Winterferien im Familienkreis im Süden Indiens, und wenn ich
dann ins TCV nach Dharamsala zurückfuhr, ließ ich Tenzin Choedon, Kelsang Yangzom und Tenzin Choedak
häufig genug in der Obhut ihres Vaters.
Das Dorf in Bylakuppe war am 17. Juli 1980 mit dem
Segen des Dalai-Lama eröffnet und am 16. Februar 1984,
in Anwesenheit von Herrn Raghupathy, dem Minister
für Information, Öffentlichkeitsarbeit und Tourismus von
Karnataka, Helmut Kutin vom Internationalen SOS-Kinderdorf sowie weiteren ausländischen Vertretern, vornehmlich Holländern – das Dorf war mit Unterstützung des
SOS-Niederlande, vornehmlich seiner Präsidentin Yvonne
Praxmeyer, errichtet worden – von Seiner Heiligkeit offiziell seiner Bestimmung übergeben worden. Die Exilregierung arbeitete effektiv und zur allgemeinen Zufrieden-
heit, die Siedlungen wurden den Anforderungen gerecht,
und Seine Heiligkeit unternahm zahlreiche Reisen in die
verschiedenen Regionen Indiens. Da er auch häufig im
Ausland war, sah ich ihn nur noch selten.

Ich hatte den Winter in Bylakuppe verbracht und war im März, nach der Einweihung des neuen Dorfes und kurz vor Wiederbeginn des Unterrichts, mit meinen drei Kindern nach Dharamsala zurückgekehrt.

Es war bereits Mai, als ich nachts um zwei Uhr durch ein heftiges Pochen am Fenster und laute Schreie aus dem Schlaf gerissen wurde. Es war Diki Dolkar in Begleitung ihres Sohnes. Sie wollte mich unbedingt sprechen. Nachdem ich sie eingelassen hatte, berichtete sie mir, daß mein Mann bei einem Autounfall ums Leben gekommen war. Ich dachte unwillkürlich an unsere drei Kinder, brach in Tränen aus. Diki Dolkar versuchte mich zu trösten, beschwor mich, ihnen gegenüber Haltung zu bewahren. Ich war derart erschüttert, daß ich nicht wußte, wie ich ihnen die traurige Nachricht beibringen sollte. Diki Dolkar und mein Neffe blieben bis zum Morgen, sprachen mit mir im einzelnen durch, was jetzt zu geschehen hatte. Um sechs Uhr weckte ich Tenzin Choedon, Kelsang Yangzom und Tenzin Choedak.

Seine Heiligkeit hielt sich gerade außerhalb von Indien auf. Ich beschloß, sofort nach Bangalore zu fahren, nahm mir gerade soviel Zeit, um einzupacken und unsere Sachen im Auto von Gyalo Thondup zu verstauen. Alle Mitarbeiter aus dem Kinderdorf drückten mir ihre Anteilnahme aus, wollten irgendwie helfen.

Zu allem, was ich in Bangalore zu erledigen hatte, nahm ich meine Kinder mit. Tenzin Choedon war mittlerweile siebzehn, Kelsang Yangzom fünfzehn, Tenzin Choedak elf. Als erstes begaben wir uns zur Polizei, bei der ich Antrag auf Freigabe der sterblichen Überreste meines Mannes stellte. Man erklärte mir, das Auto sei ausgebrannt, vom Leichnam so gut wie nichts übrig geblieben, und händigte uns eine Sterbeurkunde aus, mit der wir alles weitere in die Wege leiten konnten.

Die Belegschaft unseres Restaurants erwies sich als sehr hilfsbereit, auch Tsering Wangyal, der Verantwortliche einer tibetischen Kolonie in der Gegend, desgleichen befreundete Anwälte wie John de Souza und dessen Familie. Allerlei Gerüchte kursierten um den Tod von Lhundup Gyalpo, selbst Mord wurde nicht ausgeschlossen. Eigentlich wußte niemand so recht, was genau passiert war. Fest stand lediglich, daß er abends mit dem Auto weggefahren war; danach hatte man nichts mehr von ihm gehört. Tenzin Chonlan, der stellvertretende Geschäftsführer des Restaurants meines Mannes, war beim Überfliegen der Zeitung auf das Kennzeichen eines Wagens gestoßen, von dem es hieß, er sei in einen Unfall verwickelt worden, und hatte mich umgehend benachrichtigen lassen.

Wir brauchten sechs Tage, um alles zu regeln. Die drei Mitarbeiter aus dem Kinderdorf, die mir bei der Vorbereitung der Trauerfeierlichkeiten zur Hand gehen wollten, hatte ich angesichts der vielen Arbeit, die zu Hause liegen blieb, nach drei Tagen wieder heimgeschickt. Entsprechend den Berechnungen des Astrologen begannen, unter Anteilnahme vieler Tibeter, die Bestattungszeremonien – und für mich eine weitere Trauerzeit.

Wir hielten uns noch immer in Bangalore auf, als Seine Heiligkeit nach Dharamsala zurückkehrte. Er rief mich sofort an. Seine Stimme zu hören war für mich ein großer Trost. Er verstand meinen Kummer, redete mir aber gut zu, stark zu bleiben, ich sei doch nicht allein. Unfälle passierten nun mal, die Zeitungen seien voll davon. Ich weiß noch, daß in der Presse genau an dem Tag, an dem ich mit Seiner Heiligkeit telefonierte, über die Feuersbrunst in Japan berichtet wurde, die Hunderte Tote gefordert hatte. Auch die Angehörigen dieser Menschen waren vom Schicksal heimgesucht worden.

Da Tenzin Chonlan als rechte Hand meines Mannes sehr wohl das Restaurant zu leiten verstand, schlug er mir vor, es in eigener Regie weiterzuführen. Ich war einverstanden, trat ihm und den weiteren Gesellschaftern, darunter dem Onkel meines Mannes, meine Anteile ab.

Auf Einladung von Diki Dolkar, die seit eh und je wie eine Mutter zu mir gewesen war, verbrachten wir ein paar

Tage in Neu-Delhi, fuhren erst dann zurück nach Dharamsala. Der Dalai-Lama war nach Kulu aufgebrochen, um sich zu erholen und zu meditieren. Mit meinen drei Kindern begab ich mich zu ihm, für zehn Tage, in denen ich reichlich Gelegenheit fand, mich mit ihm auszutauschen. Wir speisten zusammen, und häufig fuhren wir mit dem Auto ins Gebirge. Auch an den Vorträgen, die Seine Heiligkeit vor den Bewohnern von Lohal und Spiti hielt, durfte ich teilnehmen.

Während meines Aufenthalts in Kulu kam ich auch auf die Gerüchte zu sprechen, die sich um den Tod meines Mannes rankten. Im Gegensatz zu Gyalo Thondup und Diki Dolkar, die ich ebenfalls davon informiert hatte und die der Meinung gewesen waren, ich solle einen Detektiv anheuern, riet mir Seine Heiligkeit von etwas derartigem ab. Rachegefühle zu nähren, sagte er, sei nicht gut. Meine Kinder waren ebenfalls dieser Meinung. Viele haben es mir verübelt, die Aufdeckung der eigentlichen Hintergründe dieses Unfalls nicht zielstrebiger betrieben zu haben; wenige haben verstanden, daß es mir wichtiger war, unsere Kinder zu schützen und unliebsames Aufsehen zu vermeiden.

Zu jener Zeit hatte meine älteste Tochter Tenzin Choedon bereits mit ihrem Medizinstudium an der Universität in Chandigarh begonnen. Nach dem Tod ihres Vaters entschloß sie sich jedoch, fürs erste bei mir zu bleiben, sich um das Haus und die Besucher zu kümmern und ein Fernstudium zu absolvieren.

Leider war ihr Gesundheitszustand alles andere als zufriedenstellend. Sie fieberte stark und wurde immer wieder von einem Zittern befallen. Wenn wir zunächst vermutet hatten, es handle sich um eine schwere Grippe, stellte sich nach einer Blutuntersuchung im Labor heraus, daß sie Malaria hatte.

Nach Ablauf eines Jahres ging es ihr schon wieder so gut, daß sie in Simla weiterstudieren konnte. Ich erinnere mich noch daran, als wir sie zum allererstenmal zur Universität begleitet hatten. Da sie sehr früh eingeschult worden war und fleißig arbeitete, hatte die damals Fünfzehnjährige ihren Studienkollegen gegenüber einen Vorsprung von zwei oder drei Jahren.

Meine andere Tochter, Kelsang Yangzom, studierte inzwischen ebenfalls, und zwar an der Universität in Bangalore. Und so zog es schließlich auch die ältere Schwester nach dem Examen dorthin, nicht zuletzt, um Tenzin im Restaurant zu helfen.

Für mich ging das Leben im tibetischen Kinderdorf weiter, auch für meinen Sohn, der in einem Alter war, in dem ein Junge eine männliche Bezugsperson braucht. Dank meiner Brüder und den Kollegen im Dorf mußte Tenzin Choedak nicht allzusehr darunter leiden, daß er keinen Vater mehr hatte.

Ich hatte allen Grund, auf meine Kinder stolz zu sein. Als sie klein waren, hatte ich mit ihnen geschmust und gespielt. Jetzt waren sie erwachsen, und wir konnten ganz offen miteinander reden. Da mein Mann nur jeweils sechs Monate im Jahr bei uns gelebt hatte, hatten sie schon sehr früh gelernt, Verantwortung zu übernehmen. Wenn Besuch erwartet wurde, halfen sie mir bei den Essensvorbereitungen. Seit Amala tot war und sie sich tagsüber allein überlassen gewesen waren, hatte ich ihnen jeden Monat einen gewissen Geldbetrag ausgehändigt, mit dem sie tatsächlich ausgezeichnet zu wirtschaften verstanden hatten.

Ich muß immer daran denken, wie mich einmal mein Sohn, damals fünf Jahre alt, derart in Rage versetzt hatte, daß ich die Beherrschung verlor und ihm eine Ohrfeige verpaßte. Bereits im nächsten Augenblick bereute ich zutiefst, daß ich mich derart hatte gehen lassen. Meine Kinder bedeuten mir unendlich viel. Und daß das umgekehrt auch so ist, beweisen mir alle drei immer und immer wieder.

16.

HOFFNUNGEN FÜR DIE ZUKUNFT

Der Tod meines Mannes traf mich schwer, stürzte mich in tiefe Depressionen. Seine Heiligkeit der Dalai-Lama half mir, über diese Phase hinwegzukommen, er war stets für mich da. Wenn ich ihn nach seinen Audienzen jeweils für etwa eine Viertelstunde aufsuchte, erwies er sich mir – wie auch allen anderen gegenüber – als gütig und offen, als das personifizierte Mitgefühl.

Als Seine Heiligkeit eine Einladung zum Kalachakra in der Schweiz erhielt, bat er mich, ihn zu begleiten. Die französische Stiftung Alexandra David-Neel war ein wichtiger Partner für uns geworden, und deshalb begab ich mich zunächst nach Dignes, wo ich die Paten, die in dieser Gegend lebten, besuchte, und traf erst danach wieder in Rickon, in der deutschen Schweiz, mit Seiner Heiligkeit zusammen. Zum Kalachakra, das sich über fünf Tage hinzog, erschienen nicht nur tibetische Flüchtlinge, sondern auch erstaunlich viele Europäer. Viele von ihnen kannte ich bereits aus Dharamsala, aber sie hatten meines Wissens nach noch nie an einer Unterweisung durch Seine Heiligkeit teilgenommen. In der Zwischenzeit waren in Europa und den Vereinigten Staaten buddhistische Zentren entstanden, und die Zahl derer, die sich auf ein Leben als buddhistischer Mönch vorbereiteten, war beträchtlich gestiegen.

Alle Anwesenden wußten, daß die Tibeter mit ihrer uralten Kultur, ihrer Philosophie und ihrer Religion der westlichen Welt eine Friedensbotschaft vermitteln wollten.

Für all jene, die ihr Heil in den Lehren des Buddhismus suchen, ist der Dalai-Lama zweifellos der bestmögliche Lehrmeister. Der Grund dafür scheint mir ganz einfach der zu sein, daß Seine Heiligkeit anders ist als die meisten politischen und religiösen Oberhäupter. Immer wieder betont er: »Ich bin nur ein einfacher Mönch«, und ich glaube, er wäre sehr glücklich gewesen, wenn er sein Leben damit hätte zubringen können, in aller Ruhe die heiligen Schriften zu studieren, zu meditieren und zu beten.

In der entspannten und befruchtenden Atmosphäre dieses Kalachakra zeigte sich für mich die Zukunft in einem sehr viel freundlicheren Licht. Wenn sich so viele Europäer der tibetischen Kultur zuwenden, kann das unserer Sache nur dienlich sein. Von Technologie und Materialismus geprägte Gesellschaften haben sich uns geöffnet, einer Zivilisation, die die chinesischen Kommunisten mit Stumpf und Stil ausrotten wollten. Möglicherweise sehen ja auch die Chinesen eines Tages ein, wie falsch das war – und dann darf das tibetische Volk Hoffnung schöpfen.

Am Ende des Kalachakra fühlte ich mich sehr viel besser und freute mich, nach Dharamsala zurückzukommen und meine Arbeit wiederaufzunehmen. Ein Stapel Briefe erwartete mich; es verging eine Weile, bis sie alle beantwortet waren.

1985 mußte meine Familie einen weiteren Schicksalsschlag hinnehmen. Seine Heiligkeit kehrte aus den Vereinigten Staaten zurück, und ich war zu seinem Empfang mit nach Neu-Delhi gefahren. Lobsang Samten sollte ihn anschließend nach Dharamsala begleiten, mußte aber kurz vorher absagen – angeblich hatte er zuviel Arbeit am Tibetischen Medizinischen Institut. Als ich selbst wenige Tage später wieder in Dharamsala eintraf, erreichte mich die telefonische Nachricht, daß es um Lobsang Samten nicht gut stünde. Ich setzte mich sofort mit meiner Schwägerin Namgyal Lhamo in Verbindung und bat sie, nach Neu-Delhi zu fahren und nach dem Rechten zu sehen. Drei Wochen später begab auch ich mich in die indische

Hauptstadt. Der Gesundheitszustand von Lobsang Samten, der mit Gelbsucht im Krankenhaus lag, verschlechterte sich derart rapide, daß wir ihn sofort ins Hospital der Heiligen Familie verlegen ließen, wo er ins Koma fiel, dann ins Nationale Medizinische Institut. Längst waren auch seine Kinder Tenzin Chuki und Tenzin Namdhak eingetroffen, die beide an der Universität studierten. Nach weiteren zwölf Tagen, im Alter von erst dreiundfünfzig Jahren, starb Lobsang Samten, ohne das Bewußtsein wiedererlangt zu haben.

Es war Ende September. Eine brütende Hitze lag über der Hauptstadt. Da wir den Leichnam unbedingt in Dharamsala einäschern wollten, ließen wir ihn einbalsamieren und nachts überführen. Seine Heiligkeit zeigte sich tief erschüttert über den Tod des Bruders. Sie waren zusammen aufgewachsen, und Lobsang Samten hatte geschworen, sein Leben lang dem Dalai-Lama zu dienen.

Die Familie trug schwer an diesem neuerlichen Schicksalsschlag. Unablässig war Seine Heiligkeit bemüht, uns zu trösten und zu ermuntern, unseren Weg beherzt weiterzugehen. Mit seiner Persönlichkeit bewirkt der Dalai-Lama in der Tat, daß wir das, was uns niederdrückt, überwinden. Seine Lehre beruft sich auf die Vergänglichkeit des irdischen Lebens und zwingt uns, den Tod zu akzeptieren, der ja für einen Buddhisten nicht das Ende bedeutet, sondern den Beginn einer Wiedergeburt, eine weitere Umdrehung des Schicksalsrads, das uns der Erleuchtung näherbringt. Ich kann mich nicht erinnern, daß Seine Heiligkeit jemals den Tod eines Menschen beweint hätte. Angesichts von Gewalt und Rückständigkeit hingegen habe ich bei ihm sehr wohl Tränen gesehen, an der Berliner Mauer zum Beispiel oder, wie könnte es anders sein, wenn es um die tibetische Tragödie ging.

1985 wurde im Kinderdorf das Zentrum für Forschung und Förderung der Erziehung (Center of Research and Development of Education – CRDE) eingerichtet, dessen Aufgabe es war, Richtlinien für unser Erziehungssystem zu erarbeiten sowie dafür zu sorgen, daß unsere Schriften und Schulbücher in eigener Regie veröffentlicht werden konnten. Wir hatten genügend Kinder im TCV, die Englisch und Hindi sprachen, uns war aber daran gelegen, daß sie ihre Muttersprache, Tibetisch, ebensogut beherrschten. Wir fingen damit an, englische Texte ins Tibetische zu übersetzen. Um diese Arbeit allein für den Lehrplan der Grundschule zu bewerkstelligen, verging ein geschlagenes Jahr. Dafür konnte endlich in allen unseren Grundschulen in Indien und Nepal der Unterricht auf tibetisch abgehalten werden.

In jener Zeit erhielt ich Kenntnis eines Schreibens, das mich nicht sonderlich erstaunte. Am 20. Februar 1986 hatte sich ein Englischprofessor an der Universität von Tibet in Lhasa an die chinesischen Behörden gewandt und moniert, daß der Großteil des von der Regierung in Peking für tibetische Schüler vorgesehenen Etats jungen Chinesen vorbehalten sei. Dazu muß ergänzend gesagt werden, daß siebzig Prozent der Tibeter weder lesen noch schreiben können, daß man tibetische Kinder mit Lehrkräften abspeist, die diese Bezeichnung kaum verdienen, daß nach der Dekollektivierung von Ackerbau und Viehzucht manch eine Schule auf dem Land geschlossen wurde, weil entweder Schüler oder Lehrer fehlten.

Mittlerweile hatten wir ein weiteres Projekt im Süden Indiens gestartet. Die tibetische Kolonie hatte uns unweit von Bylakuppe ein Gelände zur Verfügung gestellt, das meiner Ansicht nach den Kindern des TCV Gelegenheit bot, sich in der Landwirtschaft zu versuchen und unter Beweis zu stellen, was sie während ihrer Schulzeit und Ausbildung gelernt hatten. Zunächst produzierte der Bauernhof vor allem Milcherzeugnisse. Dann wurden Obstbäume gepflanzt. Das Ergebnis befriedigte mich um so mehr, als die tibetischen Siedler in der Umgebung jetzt ihrerseits darangingen, Obstbäume zu setzen und den Boden zu bearbeiten.

Mit finanzieller Unterstützung aus Japan hatten wir auf dem Hügel oberhalb des TCV von Dharamsala einen Tempel errichtet. Ein alter Mönch lebte dort, der sich viel mit den Kindern beschäftigte. Auch die Erwachsenen aus dem Dorf suchten ihn häufig auf. Mit der Zeit wurde der gesamte Tempelbereich als »Zone des Friedens« betrachtet, in der Meditation und Gebet respektiert werden.

Am 20. April 1986 erreichte uns die traurige Nachricht vom Tod Dr. Gmeiners, des Präsidenten des Internationalen SOS-Kinderdorfs. Ich war erschüttert. Auch das Personal und die Kinder im TCV zeigten sich tief betroffen und beteten für ihn.

An einem Samstag im Jahr 1986 machte ich mich auf, zum Tempel hinaufzuwandern, als vom Gebirge ein dumpfes Grollen zu hören war, das als Echo im Tal widerhallte – einer unheilverkündenden Zauberformel gleich. Die Gegend um Dharamsala hatte bereits in der Vergangenheit heftige Erdstöße zu verzeichnen gehabt, die schlimmsten im Jahr 1905, als das Dorf noch von Briten bewohnt war. Die Toten, die damals zu beklagen gewesen waren, hatte man im Umkreis einer etwas mehr als einen Kilometer von McLeod Ganj entfernten anglikanischen Kapelle bestattet.

Meine Cousine wollte mich begleiten, und ich befand mich noch bei ihr zu Hause, als mit einemmal die Erde mit ohrenbetäubendem Lärm zu beben anfing. Ich suchte Schutz, indem ich mich an die Tür drückte, und dachte an die Kinder im Dorf. Meine Cousine betete. Draußen gellten Schreie. Das Beben dauerte einige Sekunden, dann verebbte es, und ich stürzte ins Freie, erleichtert, den Haupttempel und die umliegenden Gebäude unversehrt zu sehen. Ich rannte zur Residenz Seiner Heiligkeit, wo ich mit Ausnahme von ein paar Mauerrissen keine weiteren Schäden feststellte. Ich eilte zum Telefon. Die Leitung war nicht unterbrochen. Drei oder vier tiefer liegende Häuser waren teilweise eingefallen, Mauertrümmer hatten die Kinderbetten unter sich begraben. Glücklicherweise war es hellichter Tag, und die Kinder hatten das Mittagessen im Freien eingenommen.

Wie ich später erfuhr, hatte Seine Heiligkeit gerade gelesen, als die Erde zu beben begann. Das Gebäude, das der Dalai-Lama bewohnte, war alt. Bei den Renovierungsarbeiten hatte man den Abstand zwischen Dach und Decke nicht mit Holz und Zement abgedichtet. Durch die Erschütterung waren Ziegel verrutscht; ein herabstürzender hatte um Haaresbreite den Dalai-Lama verfehlt.

Nach diesem Vorfall waren sich alle einig, daß der Dalai-Lama nicht länger an einem derart exponierten Ort am Gebirgshang wohnen konnte. Ein englischer Architekt, der viel Erfahrung mit erdbebensicheren Bauten besaß, kam nach Dharamsala und errichtete für Seine Heiligkeit ein Gebäude, das geeignet war, Urgewalten wie diesem letzten Beben zu trotzen.

Die Nachricht von dem Beben, das eine Stärke von 7,8 auf der Richterskala erreicht hatte, ging wie ein Lauffeuer um die Welt. Bergeweise Briefe trafen bei uns ein und auch Geldspenden, so daß der Wiederaufbau alsbald beginnen konnte. Seither ist Dharamsala von heftigen Erdstößen verschont geblieben.

Für mich hatte dieses Beben ein glückliches Nachspiel. Tempa Tsering arbeitete im Sekretariat Seiner Heiligkeit und im Innenministerium. Nach dem Unglück hatten wir häufig miteinander zu tun. Eines Tages bat er mich, ihn zu heiraten. Als ich mich vor einer definitiven Antwort mit meinen Kindern besprechen wollte, meinten die: »Das ist dein Leben und damit allein deine Entscheidung!« Eine Ansicht, die übrigens auch Gyalo Thondup vertrat.

Eine schlichte Ziviltrauung in Neu-Delhi besiegelte unseren Bund. Kurz darauf wurde Tempa Tsering nach Bangalore versetzt. Auch wenn wir dadurch monatelang getrennt waren, bestand doch Einigkeit darüber, daß unserer Arbeit Vorrang gebührte. In Bangalore zog mein Mann in das Haus der Familie, zu meinen beiden Töchtern Tenzin

Choedon und Kelsang Yangzom. Tenzin Choedak blieb bei mir in Dharamsala, um hier das Gymnasium zu beenden. Die Schulferien jedoch verbrachten wir alle gemeinsam in der indischen Großstadt.

Seit Abschluß seines Studiums 1973 hatte sich Tempa Tsering überaus aktiv für die tibetische Sache eingesetzt und dazu in Bangalore die Leitung von fünf tibetischen Kolonien mit insgesamt zweiunddreißigtausend Bewohnern übernommen. Heute steht er mit an der Spitze des Ministeriums für Information und internationale Beziehungen.

Nach dem Tod von Lhundup Gyalpo hatten viele Tibeter von mir, der Schwester des Dalai-Lama, erwartet, daß ich Nonne werden würde. Damit, daß ich nochmals heiraten würde, hatten sie jedenfalls nicht gerechnet. Aber ich gebe nicht viel auf die Meinungen anderer. Für mich zählt allein Ehrlichkeit. Daß man sich so gibt, wie man ist. Diese Einstellung hatte ich irgendwann einmal während eines langen Gesprächs mit Diki Dolkar deutlich gemacht: »Ich werde niemals versuchen, anders zu sein als ich bin. Aus welchem Grund sollte ich meine wahre Natur verleugnen? Ich möchte mir selbst treu bleiben.«

Zwischen 1986 und 1987 gelangten scharenweise Kinder nach Tibet. Mindestens fünfzehnhundert lebten im Dorf; weitere gingen anderswo zur Schule. Für viele mußten Arbeitsplätze beschafft werden. Nachdem unser Schulsystem weite Verbreitung gefunden hatte, ging es jetzt vorrangig darum, weiterführende Programme zu entwickeln.

Mit der internationalen Entspannungspolitik ging eine Orientierung des westlichen Tourismus nach Tibet einher. Immer mehr Ausländer besuchten Lhasa und andere Regionen. Die Exiltibeter begriffen nach und nach die ganze Reichweite der chinesischen Herrschaft über ihre Heimat, das volle Ausmaß der nun seit bald vierzig Jahren währenden Tragödie.

Die tibetische Exilregierung hatte auch unsere Landsleute im Westen mit Rundschreiben zu Protestdemonstrationen aufgefordert. Die Folge davon war, daß in Lhasa Touristen von den Chinesen befohlen wurde, auf der Stelle das Land zu verlassen. Von diesen Zwischenfällen gibt es genügend Videos und Fotos.

1987 fuhr ich nach Paris, zu einer Demonstration der in Frankreich lebenden Tibeter und Sympathisanten. Wir waren etwa dreihundert und zogen die Champs-Elysées hinunter, zur Botschaft der Volksrepublik China in der Avenue George V. Vor dem Gebäude skandierten wir zunächst Parolen, dann beteten wir laut das von Seiner Heiligkeit verfaßte »Wort der Wahrheit«. An einem Fenster der Botschaft entdeckte ich eine Funktionärin, die uns filmte, sowie andere, die uns fotografierten.

In Lhasa hatten die chinesischen Besatzungsmächte die Demonstrationen vom 27. September und 1. Oktober 1987 gewaltsam niedergeschlagen, desgleichen die vom 5. März des darauffolgenden Jahres. Sogar das Feuer hatten sie eröffnet, vornehmlich auf Mönche und Nonnen. Mehr als zweitausendfünfhundert Personen waren verhaftet worden. Dennoch konnten sie dem erklärten Unmut der Bevölkerung nicht Einhalt gebieten. Allein zwischen dem 27. September 1987 und Ende 1992 wurden in Tibet mehr als hundertfünfzig Demonstrationen dieser Art gezählt. Auch schon vor 1987 hatten zahlreiche Protestaktionen stattgefunden, nur hatte die Internationale Gemeinschaft keine Kenntnis davon erhalten.

Am 12. Dezember 1986 hatte die Volksrepublik China das Abkommen der UNO gegen die Folter ratifiziert, ohne daß sich dadurch in unserer Heimat etwas änderte. Ehemalige politische Gefangene, die nach Dharamsala kamen, berichteten unserem Sicherheitsministerium, was sie alles über sich hatten ergehen lassen müssen: Fußtritte, Kolbenschläge, Bastonnaden, Elektroschocks ... Mit grausamsten, abartigsten Methoden waren ihnen Geständnisse abgepreßt worden, man hatte Hunde auf sie losgelassen, Nonnen vergewaltigt, mit Elektroschocks gequält ... Dreiunddreißig verschiedene Arten der Folter werden gegenwärtig praktiziert.

Was immer die freie Welt an Engagement zugunsten unserer Sache unter Beweis stellt, wärmt mir das Herz – und doch bange ich um all diejenigen, die in Tibet leiden. Die kommunistischen Behörden haben in der Vergangenheit alles daran gesetzt, spontane Protestaktionen im Keim zu ersticken: hier zehn Nonnen, dort eine Handvoll Mönche, die, mit der tibetischen Fahne in der Hand, ihrer Empörung gegen den Eindringling lauthals Luft machten. Viele von ihnen haben ihre Verhaftung und die Folter nicht überlebt. Die, die davongekommen sind, sind gezeichnet von dem, was ihnen zugefügt wurde. Wenn ihnen, nach Jahren im Gefängnis und im Arbeitslager, die Flucht gelingt, nehmen sich sofort der Kashag und die Ärzte ihrer an. Letztere können gelegentlich nicht mehr tun, als sich ihre Ohnmacht angesichts der grauenhaften körperlichen und seelischen Verstümmelungen durch die Folter einzugestehen.

Ein Menschenleben zählt für die chinesischen Besetzer nicht viel, erst recht nicht, wenn es darum geht, unsere Landsleute zu knechten. Zwanzigjährige oder etwas ältere Tibeter, die man gefangengenommen hat, werden durchweg zu lebenslanger Haft oder Schwerstarbeit verurteilt. Die Politik der Volksrepublik China in Tibet ist immer ein zweischneidiges Schwert: Die Verwaltung spricht von religiöser Freiheit, die Repressionsmächte betreiben den Wiederaufbau von Tempeln und Klöstern. Seit ich 1980 in Tibet war, verfolgt mich das, was ich Hunderte Male gehört habe: »Hüten Sie sich vor den kommunistischen Chinesen. Sie meinen nicht, was sie sagen, und sie sagen nicht, was sie meinen. Solange die Chinesen in Tibet sind, darf Seine Heiligkeit nicht zurückkommen ...«

Es war ebenfalls 1987, als sich die Kinder unserer Dörfer an einer vom Internationalen SOS-Kinderdorf initiierten und von den Vereinten Nationen mitgetragenen Aktion zugunsten hilfsbedürftiger Inder beteiligten. Die ältesten dieser freiwilligen Helfer wurden in die benachbarten Ortschaften geschickt, wo sie von dem Geld, mit dem wir sie ausgestattet hatten, Baumaterialien besorgten und für indische Familien, die bisher mehr schlecht als recht in Zelten gewohnt hatten, unter Anleitung von Fachkräften Häuser erstellten. Auch wenn dadurch jedes Kinderdorf mit zwanzig- bis fünfundzwanzigtausend Rupien belastet wurde, begrüßte ich diese Initiative, war sie doch ein kleines Dankeschön an die indische Regierung für alles, was sie für uns getan hatte, und trug außerdem dazu bei, das Band der Freundschaft zwischen der indischen und tibetischen Bevölkerung zu festigen.

Gute Beziehungen unterhielten wir auch zu einer englischen Einrichtung, einer Lehrerfortbildungsanstalt. 1987 hatten die Verantwortlichen eine erste Gruppe nach Dharamsala, in den Ladakh und nach Südindien geschickt, jeweils zu dem Zweck, dort Werkstätten einzurichten und Erfahrungen auszutauschen. Dieses Programm läuft weiterhin und dient in erster Linie dazu, das Unterrichtsniveau in unseren Kinderdörfern zu verbessern. Die englischen Lehrer bleiben im Schnitt fünf bis sechs Wochen bei uns. Damals, 1987, beschlossen wir auch, daß alle fünften Klassen im TCV erstmals eine Prüfung ablegen sollten. Die Aufgabenstellung erfolgte in Dharamsala, wo auch die Arbeiten korrigiert wurden. In drei Fächern wurde geprüft: Mathematik, Englisch und Tibetisch. Dieser Test zum Ende der Grundschule erwies sich als äußerst aufschlußreich, weil wir uns auf diese Weise über den Leistungsstand unserer Schüler und auch über die Auswirkungen unseres Schulsystems informieren konnten.

Was in allen Schulen außerdem verstärkt angeboten wurde, waren Gruppenaktivitäten: tibetische Musik, tibetische Lieder und Volkstänze. Das gab uns Gelegenheit, Wettbewerbe der Schulen untereinander durchzuführen, die in einem Jahr in Dharamsala ausgetragen wurden, im nächsten im Ladakh, wiederum im nächsten in Bylakuppe, und die dazu beitrugen, daß die jungen Menschen, die oft jahrelang an ein und demselben Ort festgenagelt waren, einmal eine andere Umgebung kennenlernten.

Es gehörte zu meinen Aufgaben, immer mal wieder ins Ausland zu fahren – in die Schweiz, nach Frankreich, Holland, England oder in die Vereinigten Staaten – und mich mit den Paten unserer Kinder zu treffen. Aufgrund der Situation in meiner Heimat konnte ich einfach nicht anders als mich bis zur Erschöpfung zu verausgaben, den Menschen Rede und Antwort über das zu stehen, was ich auf meiner Reise durch Tibet erlebt hatte. Darüber zu sprechen ist für mich ein Bedürfnis geworden. Unmöglich, mich dieser Rolle eines Wortführers der Tibeter, die von den Chinesen am liebsten mundtot gemacht würden, zu entziehen, unmöglich, meine Stimme all diesen unglücklichen Gefangenen und Gefolterten nicht zu leihen. Und wann immer ich darauf angesprochen werde, gebe ich auch Auskunft über die Rolle der Frau in Tibet.

Obwohl die chinesischen Behörden mit allen Mitteln versuchen, die Flucht von Kindern zu unterbinden, vergeht eigentlich kein Tag, an dem nicht welche das Dorf erreichen. In einem erbärmlichen Zustand. Jeweils nachts, selbst mitten im Winter, durchqueren sie den Himalaja. Jedesmal bin ich fassungslos, wenn ich mitanhöre, was sie berichten. Aber Mitgefühl ist nicht genug – Handeln ist angesagt. Ich liebe diese Kinder, ich möchte diese Liebe und dieses Mitgefühl unter Beweis stellen. Was wohl am besten dadurch gelingt, daß man ihnen das Einleben in unserem Kinderdorf ein wenig erleichtert und ihnen dann die Ausbildung ermöglicht, die ihnen vorschwebte, als sie aus ihrem besetzten Land flohen.

Die Pflegemütter, die zunächst Tsering Dolma und dann mir zur Seite standen, hatten mittlerweile ein Alter erreicht, in dem sie den hohen Anforderungen nicht mehr gewachsen waren. Für sie haben wir eine Art Altersheim eingerichtet, wo sie von uns versorgt werden. Ein weiteres Heim wurde für die Männer und Frauen, die im Tal von Kulu tagsüber Schwerstarbeit beim Straßenbau geleistet haben und nachts in Zelten schlafen mußten, im Kinderdorf in Pathli Kuhl gebaut. Die meisten dieser Leute waren zusammen mit Seiner Heiligkeit geflohen und hatten alles verloren, auch ihre Angehörigen. Es versteht sich von selbst, daß wir uns ihrer annehmen.

1989. Ich war inzwischen neunundvierzig, hatte also weit über die Hälfte meines Lebens hinter mir. Es war an der Zeit nachzudenken, ein Resümee zu ziehen und sich zu fragen: »Was habe ich aus meinem Leben gemacht?« ... Ich bin jedenfalls sehr froh, daß ich den tibetischen Kindern helfen konnte, selbst wenn mich jedesmal von neuem eine unendliche Traurigkeit überfällt, wenn ich sehe, in welchem körperlichen und seelischen Zustand sie in Dharamsala ankommen.

All diese tragischen Schicksale haben mich nicht abstumpfen lassen; statt dessen habe ich mich bemüht, auch das Positive daran nicht außer acht zu lassen, so schrecklich die Berichte dieser Kinder sind. Anstatt mit dem weniger aufmerksamen Ohr des Erwachsenen zuzuhören, versuche ich, mich in die Lage des jeweiligen Kindes zu versetzen; das verändert sämtliche Perspektiven. Aus reinem Pflichtgefühl heraus seine Arbeit zu erledigen, führt unweigerlich zu einer Routine, bei der das Herz außen vor bleibt. Wenn man sich dagegen einen Draht zu Kindern bewahrt, erspürt man auch das, was sich hinter ihren Worten verbirgt. Deshalb habe ich mir immer gesagt: »Zehn, zwanzig weitere Kinder – na und? Was zählt, ist ihr Leben, nicht, wie viele es sind. Wir müssen uns um sie kümmern, wenn wir es nicht tun, was soll dann aus ihnen werden?« Natürlich habe ich dabei auch an die Pflegemütter gedacht. Jede hat im Schnitt dreißig Kinder zu versorgen. Wenn man ihnen zehn weitere aufhalst, haben sie es noch schwerer. Aber es bleibt uns nichts anderes übrig.

Entweder hat man sehr rückständige Ansichten oder aber man ist in der Lage, sich den Gegebenheiten anzupassen. Wenn man auf die Fünfzig zugeht oder auf die Sechzig oder Siebzig, ist diese Alternative zweifellos die einzig richtige. Man muß mit der Zeit gehen, um nicht alles Neue zu blockieren. Ich für meinen Teil habe nie etwas von vorgefertigten Lösungen gehalten und trete Schwierigkeiten lieber von Fall zu Fall entgegen. Im Ladakh zum Beispiel ist die Situation im Vergleich zum Süden Indiens ganz anders. Dennoch gibt es gewisse Prinzipien, die hier wie dort gelten und an denen nicht gerüttelt wird: bedingungslose Wahrheit, Gerechtigkeit, Mitgefühl und Güte. Dementsprechend stelle ich mich immer wieder selbst in Frage, dränge meine Meinung niemals anderen auf.

17.

DIE STIMME DES FRIEDENS

Der vierzehnte Dalai-Lama hat stets Verhandlungen jeder anderen Lösung vorgezogen. Am 21. September 1987 hat er der Menschenrechtskommission des amerikanischen Kongresses einen Friedensplan vorgelegt, der sich auf folgende fünf Punkte stützt:

1. Ganz Tibet wird in eine Friedenszone umgewandelt.
2. China läßt von seiner die Existenz der tibetischen Nation bedrohenden Umsiedlungspolitik ab.
3. Den Tibetern wird die Einhaltung der Grundrechte und der demokratischen Freiheiten zugebilligt.
4. Wiederaufbau und Schutz der Umwelt in Tibet sowie ein Verzicht Chinas, dieses Gebiet als nukleare Produktionsbasis und radioaktive Mülldeponie zu benutzen.
5. Beginn eingehender Verhandlungen über den zukünftigen Status Tibets und die Beziehung zwischen dem tibetischen und dem chinesischen Volk.

Ich persönlich bedaure, daß die Chinesen die Vorschläge Seiner Heiligkeit und seine zahlreichen Aufrufe, sich über eine akzeptable Lösung des Tibetproblems zu verständigen, in Bausch und Bogen zurückweisen. Die Grausamkeiten, die unserem Volk zugefügt werden, müssen ein Ende haben. Entsprechend weh tut es mir, daß alle Anstrengungen, die mein Bruder unternommen hat, bis heute ohne Erfolg geblieben sind.

Zur großen Überraschung aller wurde 1989 Seiner Heiligkeit dem vierzehnten Dalai-Lama der Friedensnobelpreis verliehen. Ich erfuhr davon aus dem Radio:

»Der fünfköpfige Ausschuß des norwegischen Parlaments hat den diesjährigen Friedensnobelpreis dem vierzehnten Dalai-Lama, Tenzin Gyatso, dem geistlichen und weltlichen Oberhaupt des tibetischen Volkes, zuerkannt.

Das Komitee beruft sich darauf, daß der Dalai-Lama in seinem Bemühen um die Befreiung Tibets Gewalt stets abgelehnt und sich statt dessen für eine friedliche Lösung auf der Basis von Toleranz und gegenseitigem Respekt eingesetzt hat, in der Absicht, das historische und kulturelle Erbe seines Volkes zu bewahren.

Die Friedensphilosophie des Dalai-Lama beruht auf der uneingeschränkten Achtung aller Menschen und der Verantwortung für die gesamte Menschheit und die Natur gleichermaßen.

Mit seinen konstruktiven Vorschlägen hat der Dalai-Lama Verhandlungen zur Lösung internationaler Konflikte, zur Wahrung der Menschenrechte und Beseitigung von Umweltproblemen weltweit vorangetrieben.«

Ich schickte umgehend eine Postkarte an Seine Heiligkeit, der sich damals in den Vereinigten Staaten aufhielt, und gratulierte ihm zu dieser Auszeichnung, die für uns Tibeter zweifellos die höchste seit vielen Jahren darstellte. Natürlich bereiteten wir ihm bei seiner Rückkehr ein großes Fest, zu dem sich Tausende aus ganz Indien, Nepal und Sikkim in den Straßen von Dharamsala drängten. Auf dem Flughafen von Delhi wurde er von einer riesigen Menschenmenge empfangen.

Da am 23. Oktober auch der Jahrestag des TCV anstand, gab es somit gleich zwei Anlässe zum feiern, und entsprechend fröhlich gestaltete sich der Tag.

In Begleitung einer meiner Brüder begab sich Seine Heiligkeit nach Norwegen, um den Nobelpreis in Empfang zu nehmen. Wegen einer infektiösen Gelbsucht konnte ich selbst leider nicht mit nach Oslo fahren. Die Rede, die der Dalai-Lama anläßlich der Verleihung hielt, ist zweifellos einer der engagiertesten Beiträge für Tibet und die Tibeter.

Der Dalai-Lama betonte, wie wichtig ein harmonisches Gleichgewicht zwischen materiellem Aufschwung und geistiger Entwicklung sei, und bot praktische Lösungen an, um die Freiheit seines Volkes und gleichzeitig Stabilität und Frieden in Asien sicherzustellen.

Einzig die Heimkehr nach Tibet hätte die Freude des tibetischen Volkes noch zu steigern vermocht. Dennoch: Die Verleihung des Friedensnobelpreises an den Dalai-Lama hat uns in unserer Entschlossenheit und unserer Motivation bestärkt. Seine Heiligkeit hat in Oslo der Weltöffentlichkeit die Situation in Tibet vor Augen geführt, und die Arbeit unserer Exilregierung und unserer Auslandsvertretungen wurde endlich anerkannt. Seitdem haben wir alle – Verwaltungspersonal, Pflegemütter, Köche, Fahrer – uns geschworen, unseren Aufgaben mit noch mehr Einsatz nachzukommen. Auch die Hoffnung der Flüchtlinge und der Tibeter, die zu Hause nach Freiheit lechzen, war neu erwacht. Jeder war sich bewußt, daß der einzige Weg, sich aus dem Würgegriff der chinesischen Kommunisten zu lösen, nur in der vom Dalai-Lama vorgeschlagenen Gewaltlosigkeit und über Verhandlungen führen kann.

1990 standen Neuwahlen zur tibetischen Abgeordnetenkammer an; außerdem wurde das sogenannte Tibet Constitution Redrafting Commitee gegründet, eine Kommission, deren Aufgabe sein sollte, eine offizielle Verfassung für Tibet auszuarbeiten.

Die Amtszeit der Abgeordnetenkammer unter Leitung eines Präsidenten (gegenwärtig bekleidet der ehrwürdige Samdhong Rinpoche diese Stellung) und eines Vizepräsidenten betrug zunächst drei Jahre, wurde aber inzwischen auf fünf Jahre erweitert. Wahlberechtigt sind alle Tibeter ab dem vollendeten achtzehnten Lebensjahr; gewählt werden kann nur ein Kandidat, der mindestens fünfundzwanzig Jahre alt ist. Die Abgeordneten arbeiten mit den verschiedenen Kolonien zusammen, mit den Exiltibetern, den Ausbildungszentren und Schulen.

Das Exekutivorgan der tibetischen Zentralverwaltung (ACT) ist der Kashag, an dessen Spitze der Dalai-Lama steht. Die Minister – *kalons* – werden von den Abgeordneten vorgeschlagen. Dem Kashag können höchstens sieben, es müssen ihm aber mindestens drei *kalons* angehören, die alle gleichberechtigt sind und ein oder zwei Ministerien innerhalb des ACT leiten. Die Beratungen des Kashag finden unter dem Vorsitz eines *kalon* statt, der jeweils durch Abstimmung für ein Jahr diese Funktion innehat.

1990, nach Auszählung der Stimmzettel, erreichte mich in Bangalore, wo ich mich vorübergehend aufhielt, die Aufforderung, nach Dharamsala zurückzukehren. Der Grund: Ich war mit über 70 Prozent der abgegebenen Stimmen zum *kalon* gewählt worden. Ich suchte umgehend das Sekretariat Seiner Heiligkeit auf und erklärte, dieses Amt unmöglich übernehmen zu können; ich brächte keinerlei Voraussetzungen für einen solchen Posten mit. Es sei das erstemal in der Geschichte Tibets, erwiderte mir der Sekretär, daß man eine Frau zum Minister gewählt habe, ein Umstand, dem große Bedeutung zukomme, ich dürfe mich dieser Verantwortung nicht entziehen. Nach der Unterredung rief ich Tempa Tsering an. Mein Mann redete mir zu, schon weil ich, wie er sagte, gar keine andere Wahl hätte; sollte sich tatsächlich herausstellen, daß ich für dieses Amt ungeeignet sei, könne ich immer noch zurücktreten.

Da es sich um eine Zwischenwahl gehandelt hatte, legte ich also am 12. Mai zusammen mit lediglich zwei weiteren Ministern vor dem Dalai-Lama den Amtseid ab. Mit gemischten Gefühlen, wie ich gestehen muß. Der Eidestext, den ich ablesen mußte, war auf tibetisch ... für mich eine Tortur, da meine Lesekünste nur unzureichend waren und mir jede Menge Fehler unterliefen. Anschließend nahmen wir an der traditionellen Zeremonie mit Tee und Reis teil. Seine Heiligkeit überreichte uns eine *khata*, dann begaben wir uns in den Tempel, um zu beten.

Beim Verlassen der heiligen Stätte erwartete mich eine vielköpfige Menschenmenge; alle wollten mir gratulieren. Ich war über und über mit *khatas* behängt. Als mich eine Delegation aus dem Amdo um eine Unterredung bat, hätte ich am liebsten losgeheult und ihnen gesagt, daß sie zu einem Zeitpunkt, da Tibet mit derart vielen Problemen konfrontiert sei, die Falsche gewählt hätten. Daß es genügend Befähigtere gebe. Daß ich für die Politik nicht geschaffen sei und sich meine Kompetenzen einzig und allein auf den Bildungssektor beschränkten.

Etwas frostig erklärte ich ihnen: »Ich danke Ihnen, daß Sie mich gewählt haben. Auch wenn mich das nicht gerade glücklich macht.«

Daraufhin hielten sie mir meine erfolgreiche Arbeit im TCV vor und daß es wichtig sei, von Regierungsseite aus mehr Gewicht auf die Bildungsarbeit zu legen. Man bat mich, im Kashag meine praktische Erfahrung vor Ort einzubringen. Auch zahlreiche Glückwünsche ehemaliger TCV-Schüler aus den sechziger und siebziger Jahren, die jetzt in Japan, in Nepal, in Bhutan und Europa lebten, gingen mir zu, machten es mir noch schwerer, weil ich ihre Begeisterung nicht teilen konnte.

Tags darauf fand ich mich zu meiner ersten Sitzung im Kashag ein. Ungeübt im Entziffern der auf tibetisch abgefaßten Texte, kam ich mir völlig fehl am Platze vor und mußte, um sie lesen zu können, um Hilfestellung bitten. Nachdem man mich über den Inhalt der Schriftstücke informiert hatte, ging ich mit mir zu Rate. Und kam zu dem Schluß, daß es – zumal Seine Heiligkeit mich ausdrücklich gebeten hatte, meinen Posten im TCV beizubehalten, und weil meine Mitarbeiter dort genug mit anderen Projekten und neuen Programmen zu tun hatten – nur vernünftig war, bei der ersten sich bietenden Gelegenheit aus dem Kabinett auszuscheiden.

Geschlagene viermal mußte ich meinen Rücktritt einreichen. 1991, beim erstenmal, antwortete Seine Heiligkeit mit einem: »Wir brauchen dich.« 1992 gehörte ich noch immer der Regierung an. Im Juli des folgenden Jahres dann nahm ich meinen ganzen Mut zusammen und schrieb dem Dalai-Lama – auf englisch, weil das die Sprache ist, die ich schriftlich am besten beherrsche. Und tatsächlich, diesmal gab Seine Heiligkeit meinem Ersuchen statt, aus dem politischen Leben ausscheiden zu dürfen, und ich konnte mich wieder meiner Arbeit im Kinderdorf widmen.

Während meiner Amtszeit als Ministerin für Bildung und Erziehung hatte ich immerhin ein Tibetisierungsprogramm für die Schulkinder durchgesetzt, die der indischen Regierung unterstellt waren. Im TCV wurde bereits seit 1986 auf tibetisch unterrichtet, denn neben Religion und Kultur gehört auch die Sprache zur Grundlage unserer kulturellen Identität; sie zu erhalten ist nach der langen Zeit im Exil und den abbröckelnden Kontakten zu Tibet um so wichtiger. Heute bin ich der indischen Regierung unendlich dankbar dafür, daß sie Verständnis für unsere Einstellung und unser Vorgehen bewiesen hat. Seit Ende 1993 können unsere Jugendlichen, die eine indische Schule besuchen, anhand der Lehrbücher des TCV auf tibetisch unterrichtet werden. Ein gewaltiger Fortschritt.

Wir haben die Strukturen des TCV unablässig weiterentwickelt. 1991 wurde in Delhi eine vom Internationalen SOS-Kinderdorf finanzierte Jugendherberge eröffnet, eine Heimstätte für die vielen Schüler, die sich früher über die ganze Stadt verteilten und in armseligen Unterkünften lebten. Gegenwärtig sind in der Herberge mit ihren zweihundertzwanzig Plätzen hundertfünfundneunzig Jugendliche beiderlei Geschlechts untergebracht. Nicht weit von diesem Tibetan SOS Youth Hostel erstreckt sich ein großer Park, der von der indischen Bevölkerung zum Meditieren und für Yogaübungen genutzt wird. Da das Gelände während des Monsuns häufig unter Wasser steht, haben wir die Eingangshalle der Jugendherberge, die auch als Begegnungsstätte dient, jedermann zugänglich gemacht.

Wir sind ferner daran gegangen, unsere Jugend mit neuen Technologien vertraut zu machen, sie gleichzeitig aber anzuregen, sich mit der Nutzbarmachung vorhandener alternativer Energien zu beschäftigen. In Tibet gibt es wenig Holz, Gas oder fossile Brennstoffe und um so mehr Wasser und Sonne. In unserem technischen SOS-Bildungszentrum in Nepal haben die Jugendlichen gelernt, Sonnenkollektoren zu bauen. Inzwischen sind alle Kinderdörfer damit ausgerüstet. In Bir, wo die Jugendlichen eine vierjährige Ausbildung durchlaufen, ist ein Informations- und Orientierungszentrum mit einer Bibliothek und einem Ausstellungsraum entstanden. Ein junger Tibeter aus dem TCV hat uns nach Abschluß seiner Studien in den Vereinigten Staaten bei der Verwirklichung dieses Vorhabens geholfen.

Die Jahre sind vergangen. Meine eigenen Kinder sind erwachsen und haben das Haus verlassen. Ich reise sehr viel und kümmere mich um das Tibetan Children's Village. Mein Mann Tempa Tsering, auch er als Sekretär im Ministerium für Information und internationale Beziehungen sehr in Anspruch genommen, hält ständig Kontakt zu den Hilfsorganisationen im Ausland und den Vertretern Seiner Heiligkeit in mehreren Großstädten. Meine älteste Tochter ist in die Abgeordnetenkammer des tibetischen Volkes gewählt worden.

Mit meinen fünfundfünfzig Jahren glaube ich mich so gut zu kennen, als stünde ich vor einem Spiegel. Wenn man an die Wiedergeburt glaubt, ist eine genaue Beobachtung seiner selbst sehr wichtig, will man nicht mit gemischten Gefühlen an seine nächste Existenz denken. Ich glaube heute, in Frieden mit mir selbst zu leben. Von meinen eigenen Fesseln befreit, kann ich handeln. Meine Arbeit im Kinderdorf ist nur die Fortsetzung dessen, was meine älteste Schwester 1960 begonnen hat. Kein egoistisches Interesse verbirgt sich dahinter; ich habe mich dieser Aufgabe nicht zuletzt deshalb gewidmet, weil ich der Familie des Dalai-Lama angehöre.

Unsere Kinder sind das Saatgut der Zukunft, das morgen aufgeht. Solange es Tibeter im Exil gibt, werden wir von den Kindern gebraucht. Unsere Aufgabe, sie bei uns aufzunehmen, bleibt bestehen. Sie wird auch nach unserer Rückkehr nach Tibet weitergehen, und sie ist nicht von meiner Person abhängig, sondern vom guten Willen aller.

Wenn es für mich Zeit ist, abzutreten, wird diese Arbeit von denen fortgesetzt werden, die wir ausgebildet haben. Die Kinder, die unsere Schulen durchlaufen, werden morgen, in der Heimat, vollwertige Mitglieder einer Demokratie sein, mit dem Recht, Entscheidungen zu treffen und Einfluß auszuüben. Ich bin mir sehr wohl bewußt, daß das Leben nicht ewig währt und man sich seine Vergänglichkeit vor Augen halten muß. Noch lebe ich, aber morgen kann ich bereits tot sein. Und wenn ich auch so manchen aus meiner Familie verloren habe – was ist das schon im Vergleich zu den eine Million zweihunderttausend Todesopfern, die die Besetzung Tibets gefordert hat? Seit ich erwachsen bin, ist der Tod für mich allgegenwärtig.

Mit fünfundfünfzig Jahren wage ich nicht zu behaupten, besonders viel über den Buddhismus zu wissen, auch wenn ich an einigen Unterweisungen teilgenommen habe. Entscheidend für mich ist, daß ich in der Lage bin, mich selbst ehrlich beurteilen zu können. In diesem Zusammenhang habe ich mir stets die Frage gestellt: »Tust du das, was du tust, für dich oder für die Kinder?«

Heute weiß ich, daß ich vor der Zukunft keine Angst zu haben brauche.

EPILOG

Auch nach fünfunddreißig Jahren steht das Tibetan Children's Village weiterhin im Dienste der Kinder im Exil. Jedes einzelne findet hier liebevolle Aufnahme und eine Atmosphäre, die für eine gute Ausbildung notwendig ist. Auch dies ist wichtig für die Zukunft unserer Nation.

Indien und zahlreiche andere Länder ermutigen und unterstützen uns in unserer Arbeit. Die vielen Zuwendungen ermöglichen es, daß wir uns weiterhin uneingeschränkt für die tibetische Sache einsetzen und unser kulturelles Erbe erhalten können.

Unsere Kultur zu bewahren sehen wir Tibeter als Pflicht und vorrangige Aufgabe an. Wenn sie auch in unserer Heimat fast unrettbar bedroht zu sein scheint, erhalten wir sie uns zumindest im Ausland, von wo wir auch den Rest der Welt immer wieder auf die unerträgliche Situation in Tibet aufmerksam machen. Jede zusätzliche Anstrengung in dieser Richtung zwingt das kommunistische China, seine Missetaten zu überdenken, und trägt dazu bei, seiner Zerstörungswut Einhalt zu gebieten. Auch die Sympathie, die uns das Ausland beweist, ist uns eine unschätzbare Hilfe.

Die Lebensbedingungen in Tibet sind alarmierend, unerträglich. Unserer demokratischen Exilregierung, auch wenn sie diplomatisch nicht offiziell anerkannt ist, und vor allem dem Mann an ihrer Spitze, Seiner Heiligkeit dem Dalai-Lama, ist es zu verdanken, daß die Tragödie der tibetischen Nation zusehends ins Bewußtsein der internationalen Gemeinschaft rückt.

Meine uneingeschränkte Bewunderung gilt jenen Tibeterinnen, die auf der unlängst stattgefundenen vierten Frauenkonferenz der Vereinten Nationen in Peking so ungeheuer couragiert der Welt die tatsächliche Situation unserer weiblichen Landsleute in Tibet vor Augen geführt haben.

Die kommunistische chinesische Regierung gibt vor, ihre Okkupationspolitik gelockert zu haben. Angeblich sei es den Tibetern jetzt freigestellt, ihre Religion auszuüben. 1995, nach einem langen und sorgfältigen Verfahren, hat der Dalai-Lama den sechsjährigen Gedhun Cheokyi zum neuen Panchen-Lama ernannt. Das agnostische Peking hat daraufhin ganz bewußt diese religiöse Wahl nicht anerkannt und will jetzt willkürlich ein anderes Kind als Reinkarnation der zweitwichtigsten Persönlichkeit in der Hierarchie der Lamas durchsetzen, mit dem Ziel, unser Volk zu spalten. Damit werden die Chinesen einmal mehr Schiffbruch erleiden.

Auch im Exil bleibt der Dalai-Lama das geistliche und weltliche Oberhaupt von ganz Tibet. Die unverbrüchliche Treue der Tibeter ist ihm gewiß. Einzig Seine Heiligkeit besitzt die moralische, historische und traditionelle Autorität, den Panchen-Lama zu erkennen und zu bestimmen. Das totalitäre chinesische Regime dagegen will seine ungerechtfertigten politischen Interessen dadurch befriedigen, daß es versucht, unseren Ritualen und unseren Überzeugungen einen Riegel vorzuschieben. Mag auch das tibetische Volk körperlich unter den Mißhandlungen durch die Invasionstruppen leiden – sein Wille und seine Entschlossenheit bleiben dennoch unbeirrbar.

Die Tibeter, ob in Tibet unterdrückt oder in Freiheit im Exil, beugen sich nicht der Gewaltherrschaft der Besatzungsmacht. Gegenwärtig gelten unsere Gedanken dem wahren Panchen-Lama, der mit seiner Familie im Juli letzten Jahres entführt wurde und dem wir baldige Freiheit wünschen. Wir sind aufs äußerste besorgt um seine Sicherheit und die seiner Angehörigen. Auch das Schicksal

anderer Lamas, die im Zuge dieser Machenschaften festgenommen wurden, bedrückt uns. Der von Peking beru-
fene sogenannte Panchen-Lama kann nicht damit rechnen,
irgendwie Einfluß auf die Tibeter ausüben zu können.

Die Unterjochung Tibets hat sich mittlerweile gefährlich
zugespitzt. Massenvertreibungen haben dazu geführt, daß
wir zwangsläufig eine Minderheit in unserem eigenen Land
bilden und daß dort unsere Kultur vom Aussterben bedroht ist.

Dennoch blicken wir vertrauensvoll in die Zukunft. Unterstützt von den tibetischen Gemeinden in aller Welt und
all jenen, die sich für unsere gerechte Sache einsetzen, betreiben der Dalai-Lama und die Exilregierung unermüdlich und unerschrocken die Fortführung dieses heiligen
Krieges.

Ihr Engagement verleiht uns neue Hoffnung, eines Tages
wieder in unsere Heimat zurückzukehren. Dann wird Tibet, wo wir nach dem Willen des Dalai-Lama in Harmonie
mit der Natur leben können, eine Oase des Friedens sein
und ein leuchtendes Beispiel der Menschlichkeit.

Ich habe dieses Buch geschrieben, um zu einem besseren Verständnis der Tragödie des tibetischen Volkes und
der immensen Schwierigkeiten, mit denen es konfrontiert
ist, beizutragen. Mögen sich all jene, die wie wir an Freiheit und Gerechtigkeit glauben, der Ereignisse in unserer
jüngeren Geschichte bewußt sein und uns ihre Unterstützung zuteil werden lassen.

ANHANG

GLOSSAR

Achala: Respektvolle Bezeichnung für die Schwester.

Amala: Respektvolle Bezeichnung für die Mutter.

Banner von Sipakhorlo: Sipakhorlo, »das Rad des Lebens«, steht als Symbol für den Existenzzyklus im buddhistischen Sinne.

Barkhor: Bereich, der den Tempel von Jokhang umgibt. Die Pilger umrunden ihn betend im Uhrzeigersinn.

Bodhisattwa: Zur Erleuchtung gelangt und auf dem Wege, ein Buddha zu werden, worauf der Betreffende jedoch verzichtet und, um die Lebenden zu erlösen, in der leiderfüllten Welt verbleibt und selbstlos Barmherzigkeit und Mitgefühl unter Beweis stellt.

Bön: Religion, die als die ursprüngliche in Tibet angesehen wird.

Buddhistische Schulen: Der tibetische Buddhismus ist im Mahayana (Großer Wagen) verankert, den Lehren Buddhas, die ab dem 1. Jahrhundert unserer Zeitrechnung große Verbreitung fanden. Im seit dem 8. Jahrhundert in Tibet existierenden tantrischen Buddhismus des Großen Wagens entstehen Richtungen oder Schulen. Die der »Ahnen« oder Nyingmapa, die ab dem 8. Jahrhundert existiert, vereint die ältesten, von Padmasambhava – auch Guru Rinpoche genannt – in Tibet eingeführten Lehren. Die Schule der Kagyupa, »der mündlichen Überlieferung«, entwickelt sich im 9. Jahrhundert. Marpa, der den Beinamen »der Übersetzer« trägt, unterwies seinen berühmten Schüler Milarepa in den Lehren der indischen Meister. Die Sakyapa-Schule, nach ihrem zugehörigen Kloster im Westen Tibets benannt, wurde im 11. Jahrhundert von Khön Konchong Gyalpo gegründet. Die Gelugpa, »die Tugendhaften«, sind aus der Reform von Tsongkhapa im 15. Jahrhundert hervorgegangen. Der Dalai-Lama hängt hauptsächlich der Gelugpa-Richtung an, beschäftigt sich aber auch mit den Lehren der drei anderen Schulen, die ihn ausnahmslos als weltliches und geistliches Oberhaupt aller Tibeter anerkennen.

Cham: Religiöser Tanz im tibetischen Buddhismus.

Chang: Gerstenbier.

Chogyal von Sikkim: Titel des Herrschers von Sikkim.

Chola: Respektvolle Bezeichnung für den älteren Bruder.

Dalai-Lama: *Dalai* ist mongolisch und bedeutet Ozean, *lama* das tibetische Äquivalent für das indische *guru*, gleichbedeutend mit »spiritueller Meister«. Beide Begriffe gekoppelt werden häufig frei mit »Ozean der Weisheit« übersetzt. Dalai-Lama ist jedoch vor allem der Titel des geistlichen Oberhaupts als die herausragende religiöse Gestalt der buddhistischen Welt sowie des weltlichen Oberhaupts Tibets, dessen Regierung er vorsteht. Der Dalai-Lama ist die irdische Verkörperung von Chenrezi, dem Bodhisattwa des Mitgefühls.

Dharma: Lehre des Buddha. Die Ordnung der Dinge, das kosmische System, die absolute Wahrheit. Als *dharmas* bezeichnet man die Sinneswahrnehmungen, die dieser Ordnung unterstehen.

Dri: Weibliches Jak.

Dzomo: Kreuzung zwischen Kuh und Jak.

Gelugpa: Siehe Buddhistische Schulen.

Gueshe: Doktorgrad in buddhistischer Philosophie.

Gyalyap: Respektvolle Bezeichnung für den Vater des Dalai-Lama.

Gyalyum: Respektvolle Bezeichnung für die Mutter des Dalai-Lama.

Hors: Tibetischer Volksstamm in der Region Kham.

Je Tsongkhapa: Begründer der tibetisch-buddhistischen Gelugpa-Schule.

Jokhang: Haupttempel der tibetischen Hauptstadt Lhasa. Der von den tibetischen Buddhisten bevorzugte Tempel.

Jowo: Statue des Buddha Sakyamuni, die heiligste und am innigsten verehrte Tibets.

Kagyupa: Siehe Buddhistische Schulen.

Kalachakra: Gottheit des tantrischen Buddhismus in Tibet und dessen Lehren.

Kashag: Ministerrat.

Khata: Weiße Seidenschärpe, die die Tibeter anstelle von Blumen verschenken.

Lama: Tibetischer Meister des Buddhismus.

Lokhor: Jahresverlauf.

Lonschen: Minister.

Lo-Phud: Opfergaben zum tibetischen Neujahr.

Mala: Rosenkranz, der zum Zählen der Mantras dient und hilft, sich zu konzentrieren.

Mani-Stein: Behauener Stein, dessen Bezeichnung sich von den Mantra-Silben *Om mani padme hum* ableitet, den am häufigsten auf diesen Steinen eingemeißelten. Die Steine sind farbig und können die Größe eines Felsblocks aufweisen; andere, sehr viel kleinere, werden zu Mauern – *mendongs* – aufgeschichtet. Zu finden an heiligen Stätten, in der Nähe von Klöstern und Dörfern.

Mantra: a) Rituelle Eingangsformel sowohl im Hinduismus wie auch im Buddhismus als Unterstützung von Meditation und Gebet. b) Ein Laut, der, wiederholt geäußert oder gedacht, erlaubt, in die tieferen Bewußtseinsschichten vorzudringen. *Om mani padme hum* ist das bekannteste Mantra: Es stammt von Chenrezi, dem Bodhisattwa des Mitgefühls. Es sich ständig zu wiederholen und sich in die Gestalt dieses Bodhisattwa hineinzudenken, führt nach und nach dazu, das allen Menschen angeborene Mitgefühl zutage treten zu lassen.

Momos: Traditionelles Festessen; sieht aus wie Ravioli und wird im Wasserdampf gegart.

Namgyal: Privates Kloster des Dalai-Lama.

Nyingmapa: Siehe Buddhistische Schulen.

Orakel von Nechung: Staatliches Orakel der tibetischen Regierung.

Padmasambhava: Im Uddiyana im nördlichen Indien geboren, schreibt man ihm zu, den Buddhismus nach Tibet gebracht und dadurch die einheimischen feindlichen Mächte unterworfen zu haben. In Samye hat er darüber hinaus beim Bau des ersten buddhistischen Klosters in Tibet mitgewirkt.

Pala: Respektvolle Bezeichnung für den Vater.

Pudja: Gebet, auch: Verehrung, Zeremonie.

Ramoche Tsuklakhang: Einer der heiligsten Tempel des tibetischen Buddhismus, unweit von Lhasa gelegen.

Regent: Regiert das Land bei Abwesenheit oder Minderjährigkeit des Dalai-Lama.

Reinkarnation: Siehe Tulku.

Rinpoche: Respektvolle Bezeichnung für einen besonders fähigen spirituellen Meister, gleichzeitig ein weit verbreiteter Titel. Beispiel: Dalai-Lama, ein mongolischer Begriff, wird auch von den Chinesen und in der westlichen Welt verwendet; die Tibeter hingegen nennen den Dalai-Lama Gyalwa Rinpoche, »Teurer Beschützer«.

Rügyen: Behang aus Knochen, von den Gläubigen bei der Tantra-Zeremonie getragen.

Sakyapa: Siehe Buddhistische Schulen.

Sang: Tibetisches Geld. Ab 1912 waren in Tibet eigenes Geld und eigene Briefmarken im Umlauf. Auf Holzblöcken (Xylographen) wurden Geldscheine per Handarbeit und einzeln, Briefmarken in jeweils Zwölferserien aus im Land hergestelltem Papier in den unterschiedlichsten Farbtönen und Qualitäten gedruckt.

Shap-pe: Hoher tibetischer Beamtentitel.

Shotoen: Joghurt-Fest.

Sungchöra: Unterrichtsraum im Bereich des Barkhor.

Tashi Delek: Tibetische Redewendung in der Bedeutung von guten Tag, alles Gute.

Tchang Seb-Char: Zwischen dem Zentrum von Lhasa und dem Potala gelegen. Hier wohnte die Familie des Dalai-Lama vor der chinesischen Invasion.

Thamzing: Von den chinesischen Kommunisten eingesetztes Volksgericht; der Angeklagte steht mehrere Stunden lang vor der zu diesem Anlaß versammelten Bevölkerung. Familie, Kinder und Freunde sind gezwungen, an diesem Volksgericht teilzunehmen. In die Selbstkritik, zu der man den Beschuldigten nötigt, mischen sich Beschimpfungen; er wird geschlagen und bespuckt. Verhöhnt und gedemütigt, bittet der so Erniedrigte nicht selten um einen raschen Tod.

Thanka: Malerei auf Seide und Stoff, übernommen von der religiösen indischen Kunst aus der Zeit der Pala-Dynastie. Als Anhänger der indischen religiösen Lehren haben die Tibeter peinlich genau die Weisungen der indischen und später die der nepalesischen Künstler befolgt. Im 7. Jahrhundert, während der Regentschaft des Königs Song-Tsen-Gam-po, entwickelte sich in Zentraltibet die *thanka*-Malerei. Um dieselbe Zeit gewinnt in Tibet auch die Seidenraupe an Geltung, ebenso wie Steinmühlen, Papier und Tinte, und es werden Regeln für die tibetische Schrift und die Grammatik aufgestellt.

Torgya: Zeremonie am Ende des Jahres, durch die alles Unheil abgewendet werden soll.

Tsampa: Geröstetes Gerstenmehl.

Tschupa: Tibetisches Gewand.

Tse-Schule: »Gipfelschule«; Bezeichnung für den Potala.

Tsi-pon: Finanzminister.

Tsokrampa: *Gueshe* (Doktor) zweiten Grades, dessen Examen in Lhasa, während des Tsokchö-Festes, stattfindet.

Tulku: Der Gedanke der Reinkarnation ist in die buddhistische Philosophie eingegangen. Reinkarnation ist demnach keine Lehre Buddhas, sondern wird von allen Asiaten, welchen Glaubens sie auch sein mögen, als natürliches Phänomen, als selbstverständlich erachtet. Was Buddha dazu ergänzend beigetragen hat, ist, daß kein »ich« oder »Seele« in einen anderen Körper wandert, sondern daß es sich vielmehr um eine »kinetische Energie« handelt, die bewirkt, daß sich ein Leben von einem vorhergehenden ableitet. Wenn jemand ein hohes Maß geistiger Entwicklung erreicht hat, ist er, so heißt es, in der Lage, im Augenblick seines Todes diesen Energiefluß in eine ganz bestimmte Richtung zu lenken und das zu werden, was man auf tibetisch *tulku* nennt, ein »reinkarnierter Lama«. Ein *tulku* ist also nicht dieselbe Person wie der vorherige Lama, sondern die verkörperte Fortsetzung dessen positiver Eigenschaften, seiner Weisheit und Gnade. Diese Auffassung galt im Buddhismus seit jeher, wurde niemals in Zweifel gezogen. Erst im 11. Jahrhundert hat ein Lama namens Karmapa die Umstände für sein *tulku* erläutert: Dadurch, daß er den gleichen Namen wie sein Vorgänger trug, hat er die erste Generation von »Wiedergeborenen« begründet. Nachdem die Lehre im spirituellen wie auch weltlichen Bereich Eingang fand, hat sie sich im Laufe der Jahrhunderte weiterentwickelt, bis schließlich im 15. Jahrhundert die Linie der Dalai-Lamas aus ihr hervorging und im 17. Jahrhundert auch die der Panchen-Lamas.

BIBLIOGRAPHIE

Charles Bell, *Tibet, Past and Present*, Oxford 1968; *Portrait of the Dalai-Lama*, London 1946.

Commission Internationale de Juristes, Genf.

Philippe Cornu, *L'Astrologie tibétaine*, Les Djinns 1990.

Department of Information and International Relations, Dharamsala.

Department of Religion and Culture, *Chö-Yang*, Nrn. 1, 2, 3, 4, and 5, Dharamsala.

Luciano Petech, *Aristocracy and Government in Tibet (1728–1959)*, ISMEO, Rom 1973.

Planning Council, *First Integrated Plan*, Dharamsala; *Integrated Plan, 1995–2000*, Dharamsala.

D. L. Snellgrove & H. Richardson, *A Cultural History of Tibet*, London 1968.

Thubten Jigme Norbu, *Tibet is My Country.*

Tibetan Young Buddhist Association, *Tibet, the Facts*, Dharamsala 1980.

W. D. Tsepon Shakabpa, *Tibet, a Political History*, New York 1984.

Seine Heiligkeit der vierzehnte Dalai-Lama, *Kindness, Clarity and Insight*, New York 1984; *Mon pays et mon peuple*, Genf 1984. *Au loin la liberté*, Paris 1990. *Enseignements essentiels*, Paris 1984.

STAMMBAUM DER FAMILIE

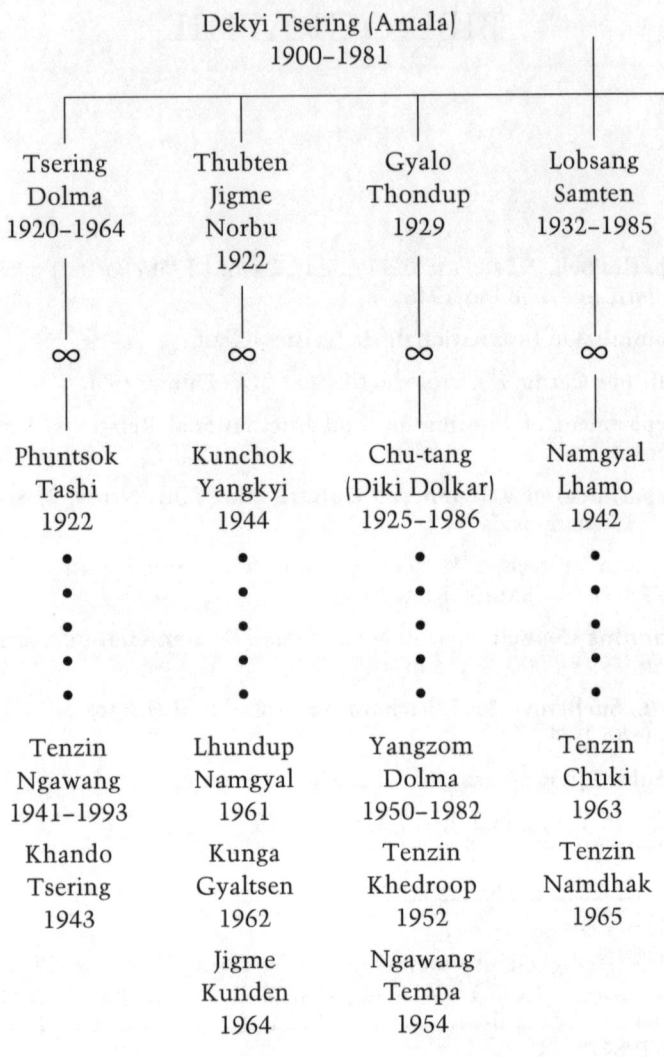

Dekyi Tsering (Amala)
1900–1981

Tsering
Dolma
1920–1964

Thubten
Jigme
Norbu
1922

Gyalo
Thondup
1929

Lobsang
Samten
1932–1985

∞

∞

∞

∞

Phuntsok
Tashi
1922

Kunchok
Yangkyi
1944

Chu-tang
(Diki Dolkar)
1925–1986

Namgyal
Lhamo
1942

Tenzin
Ngawang
1941–1993

Lhundup
Namgyal
1961

Yangzom
Dolma
1950–1982

Tenzin
Chuki
1963

Khando
Tsering
1943

Kunga
Gyaltsen
1962

Tenzin
Khedroop
1952

Tenzin
Namdhak
1965

Jigme
Kunden
1964

Ngawang
Tempa
1954

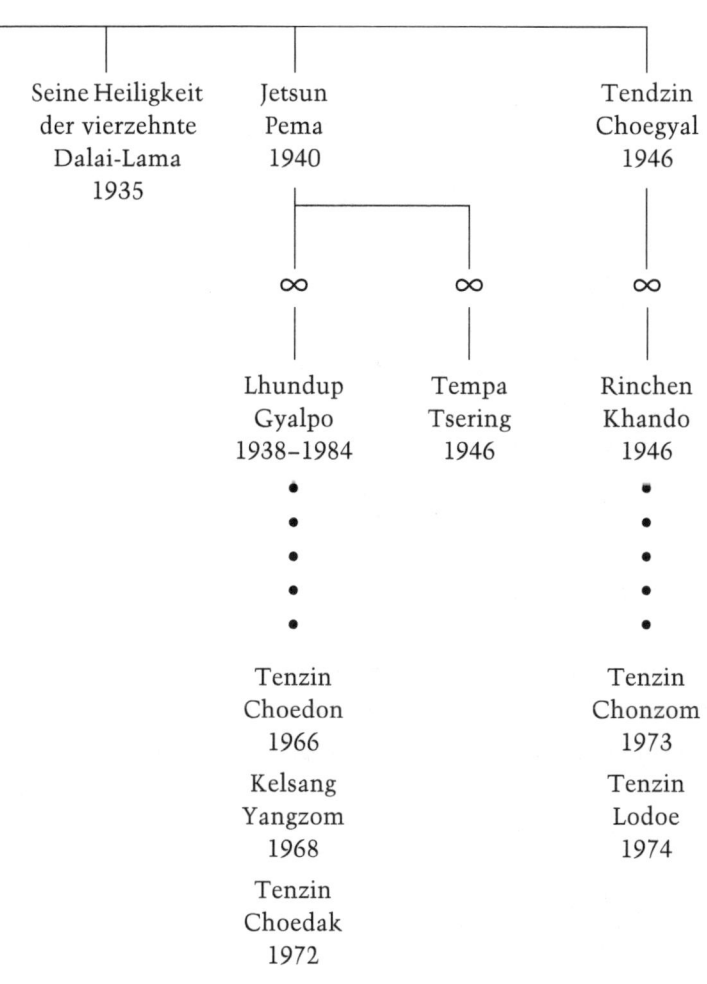

Choekyong Tsering (Pala)
1899–1947

| Seine Heiligkeit der vierzehnte Dalai-Lama 1935 | Jetsun Pema 1940 | Tendzin Choegyal 1946 |

∞ ∞ ∞

| Lhundup Gyalpo 1938–1984 | Tempa Tsering 1946 | Rinchen Khando 1946 |

Tenzin Choedon 1966

Tenzin Chonzom 1973

Kelsang Yangzom 1968

Tenzin Lodoe 1974

Tenzin Choedak 1972

∞ = verheiratet   • = Kinder

DIE DALAI-LAMAS

Erster Dalai-Lama: Gendün Drub (1391–1475)

Zweiter Dalai-Lama: Gyalwa Gendün Gyatso (1475–1542/1543)

Dritter Dalai-Lama: Gyalwa Sonam Gyatso (1543–1588)

Vierter Dalai-Lama: Yönten Gyatso (1589–1617)

Fünfter Dalai-Lama: Ngawang Lobsang Gyatso (1617–1682)

Sechster Dalai-Lama: Rigdzin Tsangyang Gyatso (1683–1706)

Siebter Dalai-Lama: Kelsang Gyatso (1708–1757)

Achter Dalai-Lama: Jampel Gyatso (1758–1804)

Neunter Dalai-Lama: Lungtok Gyatso (1806–1815)

Zehnter Dalai-Lama: Tsultrim Gyatso (1816–1837)

Elfter Dalai-Lama: Khedrup Gyatso (1838–1856)

Zwölfter Dalai-Lama: Trinle Gyatso (1856–1875)

Dreizehnter Dalai-Lama: Thubten Gyatso (1875–1933)

Vierzehnter Dalai-Lama: Tenzin Gyatso (6. Juli 1935)

TIBET AUF EINEN BLICK

Fläche	2,5 Millionen km²
Hauptstadt	Lhasa
Bevölkerung	6 Millionen Tibeter, (geschätzte) 7,5 Millionen Chinesen
Religion	Die tibetische Bevölkerung ist zu 90 Prozent buddhistisch; ebenfalls praktiziert werden der Bön (die Urreligion Tibets), der Islam und der Katholizismus
Sprache	Tibetisch (gehört zur Familie der tibetobirmanischen Sprachen). Die vorgeschriebene Amtssprache ist Chinesisch
Grundnahrungsmittel	Tsampa (geröstetes Gerstenmehl)
Nationalgetränk	Tee mit einer Prise Salz und einem Stich Butter; Chang (Gerstenbier)
Durchschnittliche Höhe	4300 m
Höchster Berg	Chomo Langma (Mount Everest), 8848 m
Einheimische Tiere	Jak, Dri (weibliches Jak), Bharal (Blauschaf), Moschus, Tibetantilope, Tibetgazelle, Kyang (Wildesel), Ica, Panda, Schneeleopard
Einheimische Vogelarten	Schwarzhalskranich, Lämmergeier, Großer Haubentaucher, Kahlkopfgans, Regenbogenente, Ibis

Hauptsächliche Umweltbedrohungen	Massives Abholzen von Wäldern im Osten Tibets, Ausrottung großer Säugetiere, exzessive Ausbeutung von Bodenschätzen und anderen natürlichen Rohstoffen
Durchschnittliche Niederschläge	Sehr unterschiedlich. Im Westen zwischen 1 mm im Januar bis 25 mm im Juli. Im Osten zwischen 25 und 50 mm im Januar und 800 mm im Juli
Bodenschätze	Bauxit, Uran, Eisen, Kupfer, Chrom, Kohle, Salz, Glimmer, Lithium, Zinn, Gold und Erdöl
Wichtigste Flüsse	Zachu (Mekong), Drichu (Jangtse), Machu (Huang He), Gyalmo Ngulchu (Salween), Tsangpo (Brahmaputra), Senge Khabab (Indus), Langchen Khabab (Sutlej)
Wirtschaft	Tibeter: hauptsächlich Landwirtschaft und Viehzucht
	Chinesen: vornehmlich tätig in der Regierung, im Handel sowie im öffentlichen Dienst
Provinzen	U-Tsang (Zentraltibet), Amdo (Nordosttibet) und Kham (Südosttibet), Ngari im Südwesten, Chang Tang im Norden
Angrenzende Länder	Indien, Nepal, Bhutan, Burma, Ostturkestan und China
Flagge	Ein Berg, Schneeleoparden, eine Sonne mit roten und blauen Strahlen. In Tibet verboten
Staatsoberhaupt	Seine Heiligkeit der vierzehnte Dalai-Lama. Im Exil in Dharamsala, Indien
Geistliches Oberhaupt	Seine Heiligkeit der vierzehnte Dalai-Lama (vollständiger Titel: Jetsun Ngawang Lobsang Yeshi Tenzin Gyatso Sisum Wangyur Tsungpa Mepai Dhe Palsangpo)

Exilregierung	Demokratisch (parlamentarische Regierungsform)
Regierung in Tibet	Kommunistisch
Verhältnis zu China	Kolonialstaatlich
Rechtsstatus	Besetzt

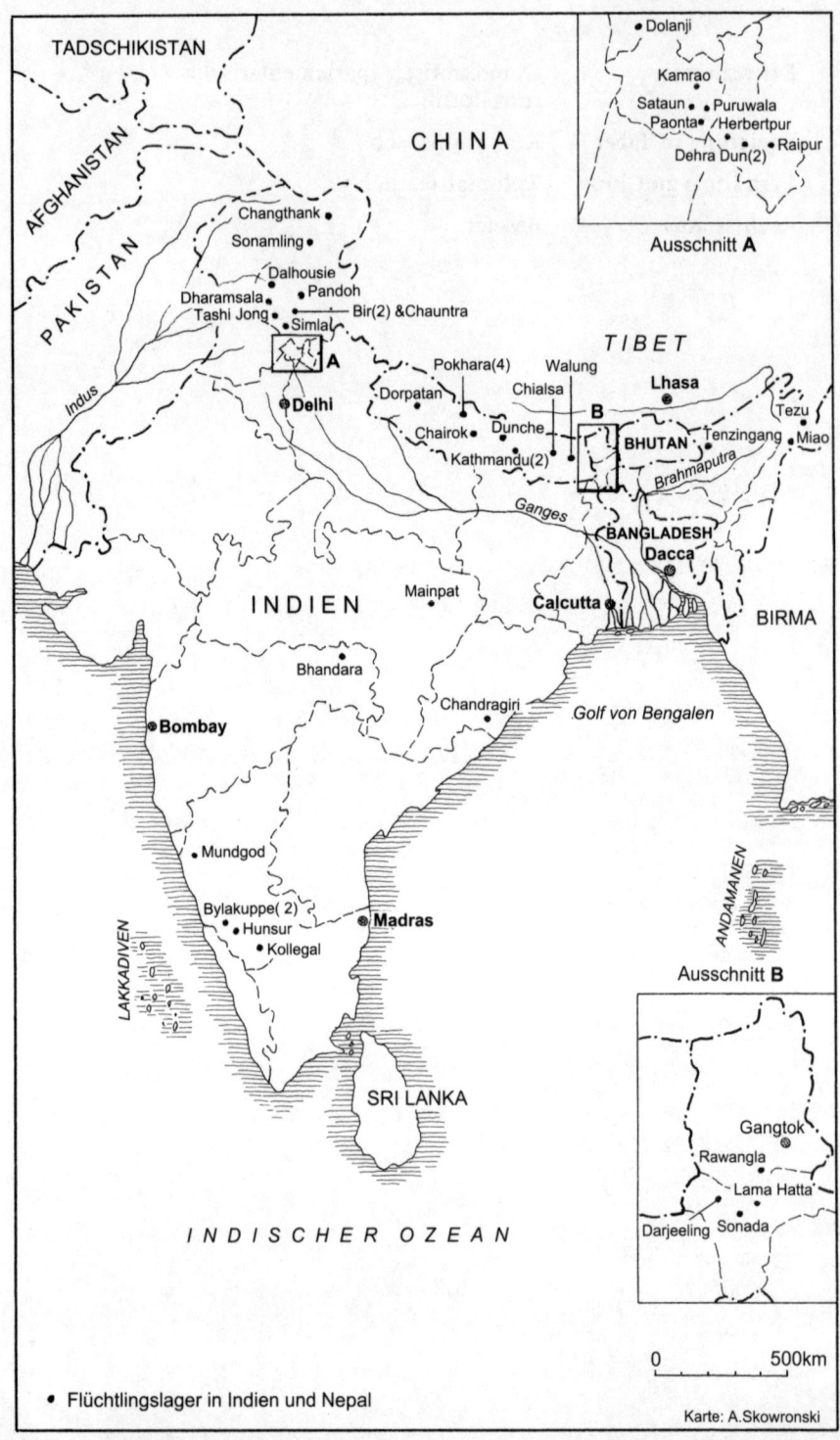

TADSCHIKISTAN

CHINA

AFGHANISTAN

PAKISTAN

Indus

Changthank •
Sonamling •
Dalhousie •
Dharamsala • Pandoh •
Tashi Jong • Bir(2) & Chauntra
Simla

A

⊙ Delhi

Pokhara(4)
Dorpatan •
Chairok •
Dunche •
Kathmandu(2)

Walung •
Chialsa •

TIBET

Lhasa

B

BHUTAN
Tenzingang •
Tezu •
Miao •

Brahmaputra

Ganges

BANGLADESH
Dacca ⊙

BIRMA

INDIEN

Mainpat •

Calcutta ⊙

Bhandara •

Chandragiri •

Golf von Bengalen

● Bombay

Mundgod •

Bylakuppe(2) •
Hunsur •
Kollegal •

● Madras

ANDAMANEN

LAKKADIVEN

SRI LANKA

INDISCHER OZEAN

• Flüchtlingslager in Indien und Nepal

Dolanji •
Kamrao •
Sataun • Puruwala •
Paonta • Herbertpur
Dehra Dun(2) • Raipur

Ausschnitt A

Ausschnitt B

Gangtok ⊙
Rawangla •
Lama Hatta •
Darjeeling • Sonada •

0   500km

Karte: A.Skowronski

EXILTIBET AUF EINEN BLICK

Bevölkerung	Etwa 130000 (Indien 100000, Nepal 20000, Bhutan 2000, Schweiz 2000, Vereinigte Staaten 1500, Kanada 500)
Regierung	Demokratisch. Öffentliche Wahlen sowie Abstimmung nach Wahlkreisen
Staatsoberhaupt	Seine Heiligkeit der vierzehnte Dalai-Lama
Ministerien	Erziehung, Finanzen, Gesundheit, Inneres, Information und internationale Beziehungen, Religiöse Angelegenheiten und Kultur, Sicherheit
Regierungssitz	Dharamsala (Himachal Pradesh)
Sitz des Parlaments	Dharamsala. Abgeordnetenkammer des tibetischen Volkes: 46 Sitze
Internationale Büros	Tokio, Canberra, Katmandu, Neu-Delhi, Budapest, Moskau, Paris, London, New York, Washington, Genf
Regierungsangestellte	Über 2000
Regierungseigene Presseorgane	*Sheja, Tibetische Freiheit* (tibetisch), *Tibetisches Bulletin* (englisch, hindi, französisch), *Tibet Tsushin* (japanisch), *News Tibet* (englisch)
Unabhängige Presseorgane	*Mangtso, Rangzen, Dha-Sar* (tibetisch), *Actualités tibétaines* (französisch), *Tibetisches Geschehen* (tibetisch), *Tibetan Review, Tibet Journal, Rangzen, Lungta*

(englisch), *Junges Tibet, Tibet Forum* (deutsch), *Xizang Luntan* (chinesisch). Zudem werden in mehr als dreißig Ländern von uns unterstützenden Gruppen regelmäßig Informationsbriefe veröffentlicht

Alphabetisierung	60 Prozent (92 Prozent der tibetischen Kinder besuchen die Schule)
Armee und Polizei	Keine
Staatliche Einkünfte	Freiwillige jährliche Beitragsleistung, Handelserträge und Spenden
Feiertage	10. März: Tag des Nationalaufstands; 6. Juli: Geburtstag seiner Heiligkeit des Dalai-Lama; 2. September: Tag der Demokratie; 2. Oktober: Geburtstag von Mahatma Gandhi; 10. Dezember: Weltgedenktag der Menschenrechte; Losar: das tibetische Neujahr (beweglicher Feiertag)
Institute	Tibetisches Institut für Volkskunst; Bibliothek tibetischer Werke und Archive; Tibetisches Institut für Medizin und Astrologie; Zentralinstitut für tibetische Hochschulstudiengänge; Institut Amnye Machen ...
Tibetische Organisationen	Verband der tibetischen Jugend; Vereinigung tibetischer Frauen; Tibetische Freiheitsbewegung ...
Sprache	Tibetisch sowie die Sprache des Aufnahmelandes
Häufigste Krankheiten	Tuberkulose, Malaria und Magen-Darm-Beschwerden
Wirtschaftszweige	Ackerbau, landwirtschaftliche Erzeugnisse, Handwerksbetriebe, Einzelhandel, Teppichweberei
Rechtsstatus	Staatenlos. Ein verschwindender Prozentsatz Tibeter verfügt über einen

310

ausländischen Paß; die meisten besitzen eine indische Aufenthaltsbescheini-
gung

(Alle diese Angaben wurden freundlicherweise vom Tibet-Büro
in Paris zur Verfügung gestellt.)

ÜBERBLICK ÜBER DIE
TIBETISCHE GESCHICHTE

	In China	In Tibet
1935		Geburt des Dalai-Lama
1937	Beginn des Krieges mit Japan	
1940		Inthronisation des vierzehnten Dalai-Lama. Geburt von Jetsun Pema
1947		Tod des Vaters von Jetsun Pema
1949	Proklamation der Volksrepublik China	Aufbruch von Jetsun Pema nach Indien
1950		Der Dalai-Lama zieht sich ins Tal von Chumbi zurück. Die Vereinten Nationen beraten über die Tibetfrage
1951		Einmarsch der Volksarmee der Befreiung in Tibet. 23. Mai: 17-Punkte-Abkommen
1954		Der Dalai-Lama reist nach Peking und kehrt nach einjährigem China-Aufenthalt nach Lhasa zurück
1956		Der Dalai-Lama begibt sich auf eine Reise nach Indien
1959		Der Dalai-Lama verläßt Lhasa und begibt sich ins Exil nach Indien. 10. März: Aufstand der Tibeter

	In China	In Tibet
1960		Der Dalai-Lama zieht nach Dharamsala um. Die tibetische Zentralverwaltung (ACT) wird eingerichtet. Eröffnung der Nursery for Tibetan Refugee Children
1961		Jetsun Pema zum weiteren Studium in die Schweiz
1964		Tsering Dolma, älteste Schwester des Dalai-Lama und Jetsun Pemas, stirbt
1965		Die Vereinten Nationen beraten erneut über die Tibetfrage
1966	Beginn der Kulturrevolution	
1971	Die Volksrepublik China wird Mitglied der UN	Gründung des Tibetan Children's Village (TCV)
1976	Tod Mao Tse-tungs	
1977	Deng Xiaoping kommt erneut an die Macht	
1978	Friedensvertrag mit Japan	
1979		Erste vom Dalai-Lama entsandte Delegation in Tibet
1980		Jetsun Pema führt die dritte Delegation nach Tibet
1981		Die Mutter des Dalai-Lama und Jetsun Pemas stirbt
1982		Vierte Delegation in Tibet
1985		Der Dalai-Lama legt in Washington den fünf Punkte umfassenden Friedensplan vor

	In China	In Tibet
1987		Aufstände in Lhasa
1988		Weitere Demonstrationen in Lhasa
1989	Schwere Ausschreitungen auf dem Platz des Himmlischen Friedens (Tienanmen)	Der Dalai-Lama erhält den Friedensnobelpreis. Tod des Panchen-Lama. Ausnahmezustand in Tibet
1990		Jetsun Pema wird *kalon*, der erste weibliche Minister der Exilregierung
1995	Peking verwirft die Wahl des Dalai-Lama und bestimmt seinerseits eine Reinkarnation des Panchen-Lama	Jetsun Pema wird von den Parlamentariern der tibetischen Volksversammlung im Exil zur »Mutter Tibets« ernannt. Im Mai Anerkennung des Panchen-Lama durch den Dalai-Lama

DIE TIBETAN CHILDREN'S VILLAGES
STAND: 31.12.1995

Art der Einrichtung	In-terne	Ex-terne	Perso-nal	ältere Perso-nen	Ge-samt
I. Dörfer					
1. TCV Dharamsala	1990	187	23+297	37	2534
2. SOS TCV Ladakh	575	997	138	36	1746
3. SOS TCV Bylakuppe	838	24	133	9	1004
4. SOS TCV Bir/Suja	586		57		643
II. Internate					
1. TCV Schule, Patlikuhl	564	58	67	12	701
2. TCV Schule, Unter-Dharamsala	674	55	79	2	810
3. TCV Schule, Hanley, Ladakh	123	52	12		187
4. TCV Schule, Sumdho, Jangthang	71		5		76
5. TCV Schule, Bir	460		73	2	535
III. TCV-Tagesschulen					
1. TCV Tagesschule, McLoed Ganj		154	9		163
2. TCV Schule, Kulu		44	5		49
3. TCV Tagesschule, Pandoh		18	2		20
4. TCV Tagesschule, Menlha, Ladakh		129	8		137

Art der Einrichtung	In-terne	Ex-terne	Perso-nal	ältere Perso-nen	Ge-samt
5. TCV Tagesschule, Choglam, Ladakh		51	6		57
6. TCV Tagesschule, Agling, Ladakh		319	22		341
7. TCV Tagesschule, Nyuma, Ladakh	8	34	4		46
8. TCV Tagesschule, Petub, Ladakh		23	2		25
IV. Kinderkrippen 1. TDL 1st Nursery, Bylakuppe		106	8		114
2. TDL 2nd Nursery, Bylakuppe		118	8		126
3. Kailaspura, Bylakuppe		111	8		119
4. Arlikukmari, Bylakuppe		56	6		62
5. Gulledhalla, Bylakuppe		123	9		132
6. Purang Camp, Bylakuppe		11	2		13
7. Lakshimpura, Bylakuppe		8	2		10
8. Chawkur-Bylakuppe		50	5		55
9. Hunsur Krippe »A«		101	9		110
10. Hunsur Krippe »B«		60	7		67
V. Berufsausbildungs-stätten 1. TCV Handicraft Training Centre, Dharamsala	70		18		88
2. TCV Handicraft Training Centre, Ladakh	25	41	14		80

Art der Einrichtung	In-terne	Ex-terne	Perso-nal	ältere Perso-nen	Ge-samt
3. TCV Vocational Centre, Ladakh			22		22
4. TCV Farm Project, Bylakuppe			8	2	10
5. TCV Handicraft Centre, Dharamsala			12		12
VI. Weiterführende Studien 1. Tibetan SOS Youth Hostel, Delhi	180		15		195
2. Tibetan Youth Hostel, Bangalore	48		3		51
3. Verschiedene Internate		293			293
4. Lehrerfort-bildungsstätte Dharamsala Cantt	24		11		35
VII. Betreuung außerhalb des TCV 1. TCV Dharamsala		922			922
2. TCV Ladakh		139			139
3. TCV Bylakuppe		102			102
Insgesamt	6236	4386	1109	100	11831

DANKSAGUNG

Mein Dank gilt

Dawa Thondup, dem Vertreter Seiner Heiligkeit des Dalai-Lama in Frankreich, den Beneluxländern und auf der Iberischen Halbinsel, für seine Initiative und Hilfe,

Gilles Van Grasdorff für die Hilfe, die Geduld und das Verständnis, die er mir gegenüber unter Beweis gestellt hat,

Gilbert Leroy für seine Mitarbeit,

Hélène Morel, meiner Verlegerin und Freundin,

Daniel Radfort für die Unterstützung und das Interesse, das er diesem Buch entgegengebracht hat,

Tashi Lhamo, Kesang Lhamo, Sonam Yangzom und **Lhamo Youdon,** die viel Zeit und Mühe darauf verwandt haben, die Aufzeichnungen über die Vergangenheit auf ihre Richtigkeit hin zu überprüfen und sie abzutippen,

Wangpo Bashi für seine Mitwirkung,

Rachel Breviere für ihre Mitwirkung,

Vincent Dupont für seine Unterstützung,

Ngawang Dakpa für seinen Beitrag als Übersetzer, Kritiker, Ratgeber sowie seiner Familie, die mich so herzlich in Paris aufgenommen hat,

Tenzin, Yangzom und **Choedak,** meinen Kindern, für ihren Eifer, ihr Interesse und Verständnis,

Tempa Tsering, meinem Mann, der mich immer wieder angespornt und beraten hat,

und ganz besonders Seiner Heiligkeit dem Dalai-Lama, dem mein Leben bestimmenden Quell der Inspiration und Kraft.

AUCH SIE KÖNNEN DAS TIBETAN CHILDREN'S VILLAGE UNTERSTÜTZEN

– *durch Übernahme der Patenschaft für ein Kind*
Dazu leisten Sie einen monatlichen Beitrag von mindestens US$ 30, den Sie uns per Scheck oder Überweisung zukommen lassen.

– *durch Mitfinanzierung verschiedener Projekte des TCV*
Dazu lassen Sie uns eine beliebige Summe per Scheck oder Überweisung zukommen.

– *durch Sachspenden*
Schicken Sie uns warme Kleidung (für Kinder und Erwachsene), Medikamente, deren Verfallsdatum nicht abgelaufen ist – insbesondere Impfstoff gegen Tuberkulose; Spielsachen. Diese Spenden werden dann an die verschiedenen Einrichtungen des TCV weitergeleitet.

• *Für weitere Auskünfte wenden Sie sich bitte an*
Dharamsala Cantt-176216. Distt. Kangra, H.P. – Indien

• *Schecks sind auf das TCV unter folgender Adresse auszustellen:*

Dharamsala Cantt-176216. Distt. Kangra, H.P. – Indien

• *Überweisungen (empfohlene Handhabung) sollten auf das Konto Nummer C-310 300 792 bei der American Express Bank erfolgen; Empfängeradresse wie oben.*

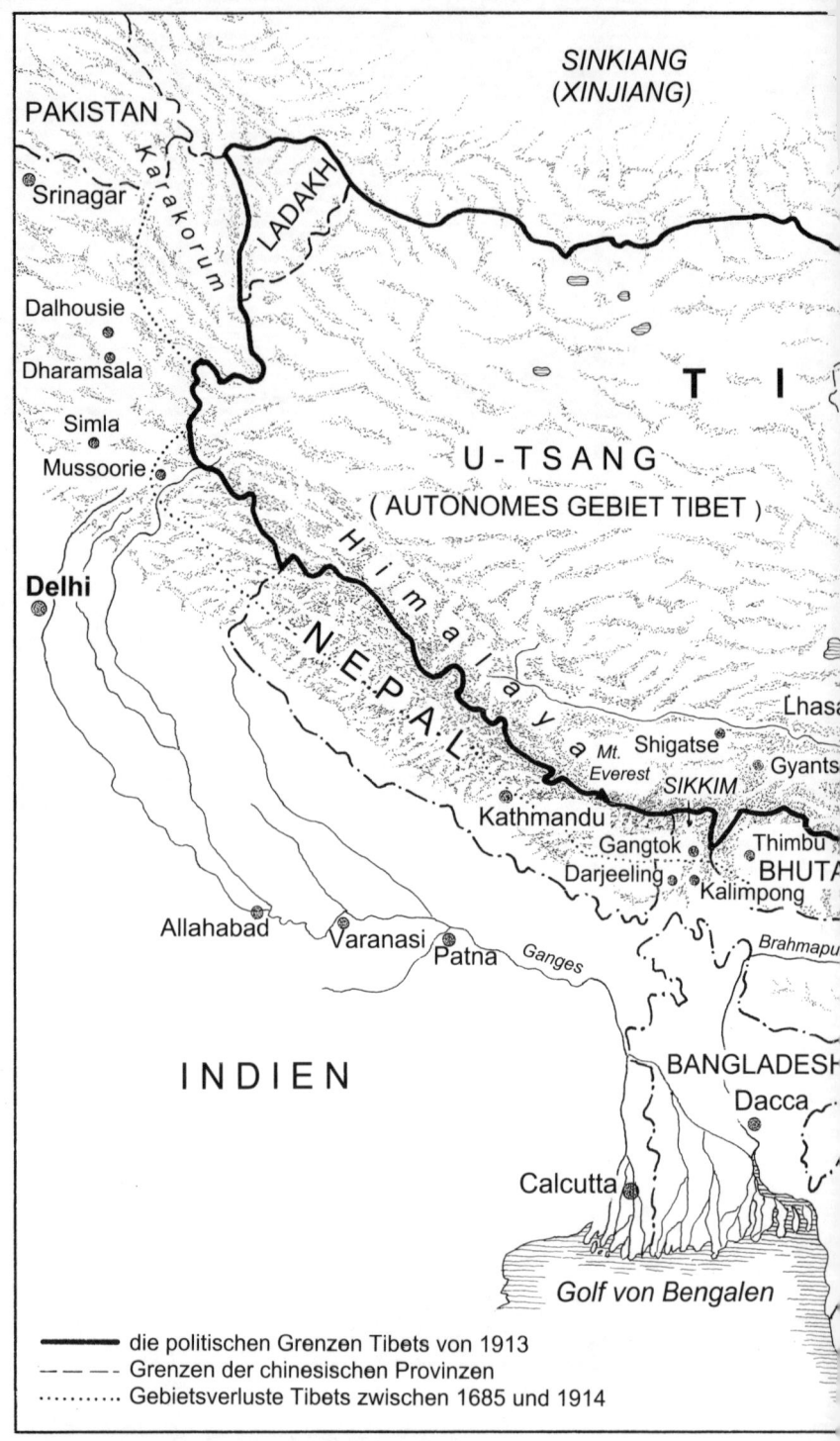

die politischen Grenzen Tibets von 1913
— — — Grenzen der chinesischen Provinzen
·········· Gebietsverluste Tibets zwischen 1685 und 1914